Arnulf Krause

# Runen

Arnulf Krause

# Runen

Geschichte – Gebrauch – Bedeutung

marixverlag

# Inhalt

# 1. Runen heute

## Runen in der Literatur und eine kurze Einführung

### *Mondrunen und andere Runenrätsel*

Mai 1863 in Hamburg: Der stadtbekannte Professor Otto Lidenbrock, als Mineraloge und Geologe unter Gelehrten und Kollegen hochgeachtet, stürzt überhastet in sein altes Haus in der Königstraße 19, wo er von Haushälterin Marthe und seinem Neffen Axel mit Bangen erwartet wird. Schließlich gilt der Hausherr als cholerisch-rastloser Pedant, der mit seinem umtriebigen Wesen alle und jeden schikaniert. Diesmal entpuppt er sich als polyglotter Literaturkenner, der in einem Antiquariat ein altes Manuskript aufgetan hat. Es stammt von der Hand des isländischen Gelehrten Snorri Sturluson und enthält dessen Geschichte der norwegischen Könige. Nun, viele Leserinnen und Leser werden den Fortgang kennen; denn es handelt sich bei der beschriebenen Szene natürlich um den Beginn von Jules Vernes (1828–1905) berühmtem Roman *Reise zum Mittelpunkt der Erde (Voyage au centre de la terre),* der 1864 in Paris erschien. Darin steht keine technisch-utopische Innovation des 19. Jahrhunderts im Mittelpunkt der Handlung, etwa die Fahrt in einem Unterseeboot durch die Weltmeere oder ein Raketenflug zum Mond, sondern eine Expedition geradezu aberwitziger Ausmaße – eben die Reise zum Mittelpunkt der Erde. Den Professor und den Ich-Erzähler Axel treibt es über Kopenhagen bis ins ferne Island im Nordatlantik. Dort lassen sie sich von dem stoischen Eiderjäger Hans zum Gletscher des Snæfellsjökull führen, einen derzeit und seinerzeit inaktiven Vulkan, in dessen Krater die drei Reisenden hinabsteigen. Der weitere Weg ist aus Roman und zahlreichen Verfilmungen hinlänglich bekannt: Er führt in die Tiefen unseres Planeten, durch Höhlenschlünde, vorzeitliche Meere und Magmaströme – bis die beiden Hamburger und der Isländer mehr oder weniger wohlbehalten vom Stromboli auf Sizilien wieder »ausgespuckt« werden. Diese abenteuerliche Romanreise würde hier nicht weiter interessieren, spielten Runenzeichen zu Beginn der Handlung nicht eine bedeutende Rolle. Denn Professor Lidenbrock schleppt ein Manuskript nach Hause, das vollständig in Runen(text) geschrieben ist. Nebenbei bemerkt: In der Tat sind mittelalterliche Runenmanuskripte erhalten geblieben, aber von Snorri Sturluson hat sich derartiges nicht gefunden, bediente sich der isländische Politiker und Gelehrte (1179–1241) doch des lateinischen Alphabets. Solch historische Fehler ändern natürlich nichts an der Qualität des Verne'schen Romans. Zudem ist es nicht Snorris Manuskript, das die Handlung ins Rollen bringt, sondern ein Pergamentzettel des Alchemisten Arne Saknussemm aus dem 16. Jahrhundert. Diese Figur hat Jules Verne übrigens erfunden. Unrealistisch ist sie nicht, denn die skandinavischen Gelehrten dieser Zeit beherrschten sehr wohl die Runenschrift und waren an ihr als antiquarischer Besonderheit brennend interessiert. Arne jedenfalls verfasste seine Mitteilung nicht nur in Runen, sondern auch noch in einer Geheimschrift. Axel bleibt es vorbehalten, deren Sinn – zu seinem Schrecken – zu entschlüsseln. Danach weist nämlich der isländische Alchemist den Eingang zur »Reise zum Mittelpunkt der Erde« eben in den Krater des Snæfellsjökull an einem ganz bestimmten Zeitpunkt des Jahres. Und dort unten stoßen die Reisenden in der Tat auf weitere Runenzeichen Arne Saknussems. Dem französischen Romancier, der dem technischen Fortschritt aufgeklärt und offen gegenüberstand, dienen die alten Runenzeichen als Medium des Geheimnisvollen und Rätselhaften – das sich aber mit Vernunft entschlüsseln lässt.

Bei dem englischen Altertumsforscher und Schriftsteller Montague Rhodes James (1862–1936) sieht das schon ein wenig anders aus. Der Kenner mittelalterlicher Manuskripte – deren Katalogisierung an den Universitäten von Cambridge und Oxford gehört zu seinen wissenschaftlichen Verdiensten – schrieb für sein Leben gern Geistergeschichten. Er siedelte sie an authentisch wirkenden Schauplätzen an und ließ ab und an einen spleenigen Gelehrten in einem Antiquariat ein altes Buch finden (Otto Lidenbrock lässt grüßen). Davon geht dann allerdings kein mit Verstand zu lösendes Geheimnis aus, sondern die Manifestation des Bösen und eine dunkle Bedrohung. In einer seiner Erzählungen greift er auf Runen zurück, worauf bereits der Titel hinweist: *Casting the Runes* (1911; deutsch *Drei Monate Frist*). Diese Horrorgeschichte wurde sogar 1957 in Großbritannien verfilmt. In *Night of the Demon* (deutsch *Der Fluch des Dämonen*) bekommt es ein amerikanischer Wissenschaftler mit englischen Teufelssektlern zu tun, die ihm prompt einen Zettel zustecken, auf dem Runen geschrieben stehen. Sie sollen einen Dämon heraufbeschwören und verheißen dem Amerikaner einen nahen Tod. Nun – alles geht gut aus und der böse Protagonist wird letztendlich anstelle des Forschers vom Dämon zerrissen. Aber den Runen haftet hier etwas Dunkles und Bedrohendes an, sie dienen schlichtweg als Medium böser Mächte.

Verne und James – zwei Beispiele für die Verwendung der Runenzeichen als rätselhaftes literarisches Motiv. Daneben fanden sie seit der Romantik auch andernorts Verwendung. So schreibt der deutsche Romantiker Ludwig Tieck (1773–1853) sein symbolreiches Kunstmärchen *Der Runenberg* (1804) nicht über die Runen als Schriftzeichen, wohl aber um die zutiefst damit zusammenhängende Wortbedeutung des »Geheimnisses« (dazu unten mehr). Zwanzig Jahre später veröffentlicht der schwedische Bischof Esaias Tegnér (1782–1846) mit der *Frithiofs saga* (1825) nicht nur den ersten Weltbestseller der schwedischen Literatur, sondern auch ein Epos, in dem ab und an Runen geritzt werden. Kein Wunder, handelt das Werk doch von einer sentimental-verklärten Liebesgeschichte aus der fernen Wikingerzeit. Je mehr sich die germanischsprachigen Länder in Skandinavien, aber auch Deutschland und England mit ihrer Geschichte poetisch und nationalpolitisch auseinandersetzten, umso mehr wurden Runen als die archaischen und ideologischen Relikte der germanischen Vorzeit und der frühmittelalterlichen Wikinger wahrgenommen. Wie sehr dieses Interesse gerade in den deutschsprachigen Ländern zum Missbrauch der alten Zeichen geführt hat, wird noch in einem späteren Kapitel zu beleuchten sein. Nach dem Ende des Zweiten Weltkriegs jedenfalls genossen die Runen zumindest in Deutschland einen schauderhaften Ruf. Denn in den ideologischen Pseudowissenschaften des »Dritten Reiches« galten sie gleichsam als staatstragende Ideogramme. Dies fand einen prägnanten Ausdruck darin, dass man in jener Zeit sogar das allgegenwärtige Hakenkreuz als runische Eigentümlichkeit ansah. Dementsprechend griffen nach 1945 diverse neofaschistische Gruppen auf andere »echte« Runenzeichen zurück. Runen waren darum übel beleumdet und wurden ihrer mutmaßlich rechtslastigen Symbolik wegen heftigst angefeindet.

Dass die Runen mittlerweile eine Rehabilitation erfahren haben, ist dem Lebenswerk eines englischen Gelehrten geschuldet: John Ronald Reuel Tolkien (1892–1973) lehrte unter anderem an der Universität Oxford die mittelalterliche englische Sprache und Literatur. Aber nachhaltigen Ruhm hat er durch seine Fantasy-Romane *The Hobbit: Or There and Back Again* (1937; deutsch *Der Hobbit oder Hin und Zurück*, 1998) und *The Lord of the Rings* (1954/55; deutsch *Der Herr der Ringe*, 1969/70) errungen; ein Ruhm übrigens, der zu Beginn des 21. Jahrhunderts durch Peter Jacksons Verfilmungen der Romane als Doppeltrilogie ungeahnte globale und digitale Dimensionen annahm (*Der Herr der Ringe* 2001–2003, *Der Hobbit* 2012–2014). Sowohl in der Romanvorlage als auch in der Verfilmung des *Hobbits* finden Runen Verwendung, werden auf Haustüren geritzt und auf alten Karten mühsam entschlüsselt. Tolkien greift allerdings nicht auf beliebige historische Zeichen zurück, sondern benutzt seine eigenen Runen. Denn mittlerweile ist hinlänglich bekannt, dass der englische Wissenschaftler in seiner Freizeit über ein halbes Jahrhundert an einer eigenen fiktiven Welt bastelte, die wir heute unter dem Namen *Middle-earth* (›Mittelerde‹) kennen – obwohl Tolkiens Phantasiewelt viel größer war und darum weit darüber hinaus reichte. Er bevölkerte sie mit einer Unzahl von Wesen wie Zwergen, Elben, grässlichen Orks, kleinwüchsigen Hobbits und Menschen. Zahlreiche Elemente sind historischen Vorgaben keltischer sowie germanischer Mythen und Sagen verpflichtet, denn Tolkien siedelte sein Fantasy-Universum sehr bedacht in einer historischen Frühzeit Nordwesteuropas an. Insbesondere beherrschte er die altgermanischen Sprachen vom frühen Gotischen über das Altenglische bis zum Altnordischen, die dann neben keltischen Idiomen und dem Finnischen in seine Welt einflossen. Der Gelehrte aus Oxford verstand sich nämlich erst in zweiter Linie als Geschichtenerzähler; zuerst sah er sich immer als Erfinder von Sprachen (unter denen das »Elbische« gleichsam sein Meisterstück wurde). Und von der Kenntnis der alten germanischen Sprachen war es lediglich ein kleiner Schritt zur Verwendung der Runenschrift – die Tolkien in ihren diversen Reihen vorzüglich beherrschte. Darunter standen ihm die altenglischen Futhorc-Runen (vgl. Kap. 8) besonders nahe, deren etliche er zu einer kalligraphischen Schönschrift gestaltete. In »Mittelerde« benutzen vor allem die Zwerge die Runen, »besonders in persönlichen oder geheimen Aufzeichnungen« (*Hobbit*, S. 7). Tolkien schrieb ihnen gleich mehrere Runenarten zu, die *Angerthas Daeron* (›Lang-Runenreihen von Daeron‹), *Angerthas Moria* (›Lang-Runenreihen von Moria‹) und sonst wie heißen. Mit diesen die Schrift betreffenden Tiefen von Mittelerde hat Tolkiens gewöhnlicher Leser zwar nichts zu tun, an dessen *dwarfrunes* (›Zwergenrunen‹) kommt er indes nicht vorbei. Der Verfasser stellt seinem *Hobbit* (eigentlich als Kinderbuch konzipiert) nämlich eine kurze Einführung über die verwendeten alten Schriftzeichen voran, die sich auf eine von Tolkien selbst gezeichnete Karte im Buch-Innendeckel bezieht – »Thrors Karte« ist gewissermaßen eine Schatzkarte voll von rätselhaften Runen. Dies gilt vor allem für die *moonrunes* (›Mondrunen‹), die sich überhaupt erst bei Mondlicht lesen lassen, manchmal sogar nur während der Mondphase, in der die Runen geschrieben wurden. Übrigens sind Runen auch auf Grabinschriften und Schwertklingen zu lesen, womit Tolkien den authentischen historischen Vorbildern folgt. Bei den »Mondrunen« ließ er seiner Phantasie freien Lauf; aber wer weiß: zahlreiche Runenfunde und -inschriften mit komplizierten Verschlüsselungen harren noch ihrer Dechiffrierung. Vielleicht war Tolkien der realen Forschung bereits ein gutes Stück voraus!

## *Was sind Runen?*

Nach dem von den Brüdern Grimm initiierten und mittlerweile klassischen *Wörterbuch der deutschen Sprache* sind unter Runen »schriftzeichen der germanischen geheim- und zauberschrift« zu verstehen. Obwohl sogar eine jüngere Definition sich dem Wörterbuch anschließt und Runen als »ein esoterisches Mittel mystisch orientierter Kommunikation« (Harald Haarmann. Universalgeschichte der Schrift. Frankfurt/Main 1990, S. 462) beschreibt, möchte man sie heute doch nüchterner sehen. Darum sind unter Runen erst einmal germanische Schriftzeichen zu verstehen – nicht mehr und nicht weniger. Im Gegensatz zu älteren Einschätzungen gelten sie nicht (nur) als geheimnisumwittert und magisch, sondern eben auch als geeignet zur Übermittlung profaner und nüchterner Alltagsbotschaften. Dadurch nimmt man dem vielberufenen Runenzauber freilich nichts, denn so manche Inschrift stellt für die Forschung eine harte Nuss dar, die nicht immer geknackt werden kann: magisch-sakral oder profan ist dann die entscheidende Frage. Was aber sind denn nun »germanische Schriftzeichen«? Letzteres soll im folgenden Kapitel (Die Runenschrift für Anfänger) eine Klärung erfahren. Vorweg seien allerdings die Begriffe »Germanisch« und »Germanen« kurz beleuchtet.

Die Volksbezeichnung der Germanen versteht man mittlerweile als eine Sammelbezeichnung für eine Vielzahl von Stämmen, deren Gemeinsamkeiten erst im Verlauf der letzten 500 Jahre v. Chr. greifbar werden. Sprachhistorisch und damit für die Runen von großer Relevanz entwickelt sich in dieser Zeit das gemeinsame Urgermanisch aus dem Indogermanischen oder Indoeuropäischen, dem die meisten europäischen Sprachen angehören. Daraus bilden sich letztlich die modernen germanischen Sprachen (in Skandinavien Dänisch, Schwedisch, Norwegisch, Färöisch und Isländisch; das Englische, schließlich Deutsch und Niederländisch, um die verbreitetsten zu nennen). Namentlich greifbar sind die Germanen erst seit dem 1. Jahrhundert v. Chr., als sie Gaius Julius Caesar in seiner Schrift *Über den Gallischen Krieg* (58–51 v. Chr.) berühmt machte. Seitdem sind die Germanen in den beiden Jahrhunderten um die Zeitenwende im nördlichen Deutschland und im südlichen Skandinavien archäologisch wie historisch identifizierbar. Auch wenn die betreffenden Stämme niemals eine politische Einheit bildeten, zeichnen sich doch in sprachlicher und kultureller Hinsicht deutliche Gemeinsamkeiten ab. Diese bestanden in nah verwandten Sprachen, im Fehlen einer urbanen Kultur mit städtischen Zentren und Münzwesen, in einer vom Adel und seinen Kriegergefolgschaften geprägten Stammesgesellschaft, in ähnlichen religiösen Vorstellungen und Gottheiten, in der Kunst des »Germanischen Tierstils« und nicht zuletzt im Gebrauch der Runenschrift. Die germanischen Stämme zeichnen sich nachweislich von ca. 120 v. Chr. bis 1100 n. Chr. durch Wanderungen und Landnahmen aus, aber auch durch gegenseitige Bündnisse und Zusammenschlüsse. Als erste gelangten die Kimbern und Teutonen aus Dänemark ab 113 v. Chr. bis nach Oberitalien, wo sie von den Römern unter großen Mühen geschlagen wurden. Den Abschluss der germanischen Völkerwanderungen bildeten die Raubzüge, Landnahmen, Auswanderungen und militärischen Interventionen der skandinavischen Wikinger (Wikingerzeit 793–1066 n. Chr.), die nachhaltig auf den Britischen Inseln, im Nordatlantik (Island, Grönland u. a.), in der Normandie (nach den Normannen, den »Nordmännern« bezeichnet) sowie im Baltikum und Russland agierten. Besondere Bedeutung erlangten die im 3. Jahrhundert n. Chr. sich zusammenschließenden Großstämme der Alamannen, Franken und Sachsen, später die Thüringer und Bajuwaren. Gleichzeitig bildeten sich in Osteuropa Stammesbündnisse, wie die West- bzw. Ostgoten, Burgunden und Vandalen. Diese Ostgermanen begründeten während der Völkerwanderungszeit (375–568 n. Chr.) auf römischem Reichsgebiet vorübergehend eigene Reiche: die Westgoten in Südwestfrankreich respektive Spanien, die Vandalen in Nordafrika, die Ostgoten in Italien und die Burgunden am Mittelrhein bzw. in der nach ihnen benannten Region um den Genfer See und Ostfrankreich. Die aus dem Rhein-Weser-Gebiet über den Rhein vorgedrungenen Franken gründeten gegen 500 n. Chr. das nach ihnen benannte Reich, das sich rund 300 Jahre später unter Karl dem Großen über Frankreich, das westliche Deutschland, Oberitalien sowie weitere Gebiete Europas erstreckte und zu einer Keimzelle des mittelalterlichen Abendlandes wurde. Auch die um 450 n. Chr. nach England ausgewanderten Angeln, Sachsen und Jüten begründeten dort mit ihren sieben Königreichen langwährende Herrschaften.

Die germanischen Stämme gliedert man in verschiedene Untergruppen: Die West- bzw. Südgermanen setzen sich zusammen aus den Elbgermanen (u. a. Langobarden, Hermunduren und Semnonen), den Nordseegermanen (Friesen, Angeln und Sachsen) und den Rhein-Weser-Germanen (Franken). Aus ihnen bildeten sich die späteren Großstämme der Franken, Alamannen, Sachsen, Thüringer, Bajuwaren und Langobarden. Die Nordgermanen in Skandinavien entwickelten sich zu den Völkern der Dänen, Schweden, Norweger, Isländer und Färöer. Zu den Ostgermanen gehörten insbesondere die West- und Ostgoten, die Vandalen, die Burgunden und Rugier. Unter all diesen Stämmen war der Gebrauch von Runen verbreitet, allerdings zu verschiedenen Zeiten und in unterschiedlich starker Verwendung. Je nachdem muss bei Runeninschriften zwischen den diversen germanischen Sprachen unterschieden werden, etwa gemeingermanisch, gotisch, altenglisch, altnordisch oder altsächsisch.

Die Germanen kannten vor der erst viel späteren Annahme des Christentums und dem damit verbundenen Gebrauch des lateinischen Alphabets weder Manuskripte bzw. Bücher noch eine geläufige Buchschrift. Was sie sich mitzuteilen und zu erzählen hatten geschah mündlich – und das nicht selten über mehrere Generationen hinweg. Umso bemerkenswerter ist es, dass sie dann doch mit Sicherheit nachweisbar seit dem 2. Jahrhundert n. Chr. eigens entwickelte Schriftzeichen verwendeten. Die Runen dienten dementsprechend nicht als Buchschrift, sondern wurden für Inschriften genutzt. Über ein ganzes Jahrtausend finden sie sich auf den unterschiedlichsten Gegenständen in wechselndem Umfang. Diese Inschriften reichen von einem einzigen Zeichen bis zur längsten bis dato gefundenen

Runenritzung, die mit sage und schreibe 750 Zeichen einen längeren Text umfasst (Runenstein von Rök). Über viele Jahrhunderte verwendet man jedoch nur kurze Inschriften, die etwa auf Schwertklingen, Lanzenblättern, Schmuckstücken wie Ringen und Fibeln sowie auf Gebrauchsgegenständen, bspw. Kämmen oder Holzmöbeln, zu finden sind. Mit den Brakteaten verzieren die Schriftzeichen prachtvolle Medaillons aus Gold, die als Amulette getragen wurden. Sogar auf einem menschlichen Schädelfragment ist man auf Runen gestoßen, die offensichtlich magischen Zwecken dienten (Schädelknochen von Ribe). Die Germanen ritzten ihre Zeichen demgemäß auf ganz unterschiedlichen Materialien wie Metall (Gold, Silber, Eisen, Bronze u. a.), Knochen, Leder und Holz, wobei letzteres leider nur selten erhalten geblieben ist.

Schließlich wären noch die zweifelsohne spektakulärsten Runenträger zu nennen, nämlich zu diesem Zweck aufgerichtete Steine sowie natürliche Felsblöcke und -platten. Diese aufwändige Sitte pflegten anscheinend nur die Nordgermanen, bei denen sie seit der Völkerwanderungszeit nachweisbar ist. Höhepunkt und Blütezeit der Runensteine ist aber erst die Epoche der Wikinger vom Ende des 8. bis ins 11. Jahrhundert. Mit dem Schwerpunkt Dänemark und Schweden, erheblich weniger in Norwegen, errichteten die Skandinavier regelrechte Runendenkmäler, die oftmals mit reichen Ornamenten und Bildmotiven verziert wurden. Zumeist dienen die Inschriften dem Gedenken von Verstorbenen, nicht selten unter Hinweis auf ihre ruhmreichen Taten. Auf dem großen Runenstein von Jelling rühmt sich um 960 der damals noch lebende dänische König Harald Blauzahn seiner politischen Taten, was dieses prächtige Monument zu einer steinernen Gründungsurkunde Dänemarks macht. Harald rühmt sich insbesondere der Einführung des Christentums, und in der Tat schienen die neue Religion und die alte Runenschrift (deren Schöpfung immerhin dem Gott Odin zugeschrieben wurde) gut miteinander auszukommen. Niemals sind mehr Runensteine gesetzt worden als im 11. Jahrhundert im schwedischen Uppland von christlichen Auftraggebern! Folgerichtig fanden die Runen auch später noch im mittelalterlichen Skandinavien Verwendung, so auf Kirchenglocken und liturgischen Geräten, selbst auf Taufbecken und das unter Anrufung Gottes und Marias. Aber schließlich wird der sogenannte epigraphische Gebrauch der Runen vollends von der lateinischen Schrift verdrängt. Übrig bleiben die Buchrunen der Pergament- und späteren Papierhandschriften, die dem Interesse von Gelehrten zu verdanken sind. Bereits um 800 verzeichneten Kleriker Runen in ihren Manuskripten – im Bewusstsein es mit einer heidnischen Schrift zu tun zu haben, deren Kenntnis und Anwendung die Missionierung im Norden wohl erleichtern sollte. Dem folgte eine gelehrte Tradition, die auf Island noch bis ins 18. Jahrhundert hinein zu bezeugen ist. Die Bauern im abgelegenen schwedischen Dalarna sollen sogar noch bis ins 19. Jahrhundert das Runenschreiben als Volksbrauchtum gepflegt haben, wobei es zweifelhaft ist, ob sich die verwendeten Zeichen in dieser Form auch schon für die Wikingerzeit belegen lassen. Bleibt noch hervorzuheben, dass wir für das erwähnte Jahrtausend epigraphischen Runengebrauchs von drei Runenreihen ausgehen: Unter allen Germanenstämmen fand das sogenannte ältere Futhark Verwendung; bei den Südgermanen bis ins 7. Jahrhundert n. Chr., bei den Nordgermanen bis gegen 800, die dann zum jüngeren Futhark wechseln, das als die Runenreihe der Wikinger weite Verbreitung fand. Angelsachsen und Friesen entwickelten parallel dazu mit dem Futhorc eine eigene Reihe von Runenzeichen.

Wo hat man die diversen Objekte mit Runenritzungen gefunden? Zuerst einmal natürlich in jenen Gebieten, in denen Germanen auf kurz oder lang siedelten. Das gilt für Mitteleuropa, aber auch für weiter östlich gelegene Länder, wo die Ostgermanen während der Völkerwanderung zumindest vorübergehend eine Heimat fanden, sowie für weite Teile Skandinaviens. Den umtriebigen Wikingern des frühen Mittelalters ist es geschuldet, dass Runeninschriften auch weiter entfernt entdeckt werden konnten. Demnach reicht das Verbreitungsgebiet von Grönland im Norden bis nach Piräus und Istanbul im Süden, von Irland im Westen bis zum Dnjepr und dessen Mündungsgebiet im Osten. In diesem riesigen Gebiet fanden sich bislang rund 6500 Runendenkmäler, also Gegenstände ganz unterschiedlicher Größe mit mal kürzeren, mal längeren Inschriften. Die meisten entstanden im Skandinavien der Wikingerzeit, nämlich mehr als 90 %: In Schweden zählt man 3600 Runeninschriften (darunter 2500 Runensteine), gefolgt von Norwegen (1600) und Dänemark (850). Island und Grönland bieten immerhin noch jeweils um die 100 Inschriften, während es in anderen Wikinger-Siedlungsgebieten wie den Färöer- und Orkney-Inseln sowie Irland insgesamt nur ein paar Dutzend sind. Dagegen fanden sich bislang nur etwa 370 im älteren Futhark verfasste Inschriften, davon etwa 80 in Deutschland und anderen Ländern des Kontinents südlich Skandinaviens. Den ostgermanischen Goten rechnet man lediglich 10 zu. Auch die Futhorc-Funde sind mit 110 an der Zahl recht überschaubar (davon 90 in England).

## *Raunen Runen?*

Ob diese Frage töricht ist, sei dahingestellt. Jedenfalls schwingt bei dem Wort »Rune« eine Geschichte und Bedeutung mit, die ihm seit langem eine geradezu magisch-mystische Aura verleiht (man vergleiche nur oben Tiecks *Runenberg*). Andererseits bleibt festzuhalten, dass man im Deutschen den Gebrauch dieses Wortes verlernt hatte. Im 17. Jahrhundert schließlich nahmen deutsche Gelehrte die eifrigen Runenforschungen ihrer skandinavischen Kollegen zur Kenntnis. Diese kannten das Wort und bezeichneten damit die Schriftzeichen ihrer Altvorderen. In Deutschland tat man es ihnen gleich und entlehnte einfach das nordische Wort ins Deutsche. Seitdem findet es sich zunehmend in der gelehrten und schöngeistigen Literatur, so schreibt etwa Justus Georg Schottelius (1612–1676) in seinem Werk *Teutsche Sprachkunst* (1641) von »runen und skalder«. Damit griff man allerdings nicht auf ein der deutschen Sprache völlig fremdes Wort zurück, sondern erahnte und entdeckte eine sehr alte Verwandtschaft.

Im 6. Jahrhundert n. Chr. bietet sich der italienische Dichter Venantius Fortunatus, Bischof von Poitiers, als Kronzeuge des Wortes an. Er reiste viel im fränkischen Merowingerreich umher und lernte so manche germanische Eigenart kennen. Darum erwähnt er auch eine *barbara runa* (›barbarische Rune‹), die man auf eschene Tafeln schreiben bzw. ritzen könne. Dass er damit völlig richtig ein germanisches Wort zitiert, belegt dessen Vorkommen in den altgermanischen Dialekten: In der frühesten Überlieferung des Gotischen heißt es im 4. Jahrhundert n. Chr. *rūna,* ebenso wie später im Altenglischen, Altsächsischen und Althochdeutschen. Dem altnordischen Wort *rún* wird die Bedeutungsvielfalt ›geheimes Wissen, magisches Zeichen, Schriftzeichen, Buchstabe, Schrift‹ zugeschrieben (Walter Baetke. Wörterbuch der altnordischen Prosaliteratur). Die Grundbedeutung aller dieser Wortformen scheint »Geheimnis« gewesen zu sein. So findet es noch im hochmittelalterlichen Mittelhochdeutsch Verwendung (*rûne;* vgl. althochdeutsch *rūnen* ›heimlich flüstern‹). Dass »Runen« und »raunen« eng zusammengehören, belegt unser neuhochdeutsches Wort Geraune, das nämlich als gotisch *garūni* und altsächsisch sowie althochdeutsch *girūni* ›Geheimnis‹ und ›geheime Beratung‹ bedeutete. Dieses Geheimnisvolle liegt ebenso unserem Verb »raunen« zugrunde wie der Alraune des Volksglaubens, der Wurzel der Mandragora, der man wegen ihrer menschenähnlichen Gestalt ganz besondere Wirkungen zuschrieb. Warum war aber nun das Wort Rune der neuhochdeutschen Sprache verlorengegangen? Weil sie es in der wahrscheinlichen Bedeutung der alten Schriftzeichen überhaupt nicht mehr kannte. Als *rūna* wäre es nach der Lautentwicklung ohnehin zu »Raune« geworden, was unterblieb. Deshalb verwenden wir im Deutschen (wie auch im Englischen) das alte nordgermanische Wort, dem eine grundsätzliche Nähe zum Geheimnis nicht abzusprechen ist.

# 2. Wie werde ich Runenmeister?

## Die Runenschrift für Anfänger

### *Von Runenmeistern und Runenmeisterinnen*

Beginnen wir mit einem Runenstein, der zu den ältesten seiner Art zählt, vielleicht sogar der älteste überhaupt ist: Der Stein von Einang erhebt sich mit einer Höhe von knapp anderthalb Metern in der Landschaft Valdres in der südostnorwegischen Region Oppland im Innern des Landes. Dieses Gebiet östlich des 46 km langen Binnensees Slidrefjord zeichnet sich durch eine archäologische Besonderheit aus. Es befindet sich dort eines der größten Gräberfelder Norwegens, das uns in die Zeit vor 1500 Jahren zurückführt. Mehr als 650 Grabhügel sind bis heute erkennbar (ursprünglich müssen es erheblich mehr gewesen sein). Vor bzw. während der Völkerwanderungszeit befand sich hier, nördlich des heutigen Oslo, offensichtlich eine zentrale Begräbnisstätte der einheimischen Nordgermanen. Die Reste der üblichen Grabbeigaben, unter anderem Schildbuckel und Schwerter, sprechen dafür, dass hier zahlreiche Krieger bestattet wurden. Inmitten der mal kleineren, mal größeren Grabhügel thronte der Stein von Einang auf einem der gewaltigsten, dessen Durchmesser 15 m betrug. Solche großen Hügelgräber kennzeichneten die Bestattungsorte der regionalen Häuptlings- und Adelsschicht. Manchmal errichtete man auf der Spitze eines Grabhügels einen sogenannten Bautastein, dessen Höhe mehrere Meter betragen konnte. Der Stein allein gemahnte zur Erinnerung an den Toten. Dieser Tradition folgte auch der Einang-Stein, allerdings mit einer Neuerung: In seinen Schiefer ritzte man gut sichtbare, etwa 7 cm hohe Runenzeichen. Deren Reihenfolge verläuft von oben nach unten; die ersten Runen sind mit abgesplittertem Schiefer verloren gegangen. Doch glaubt man, dass die Inschrift folgendermaßen lautete:

[ekgo(oder u)] *daga*[s]*tiR runo faihido,* ›Ich Gudagast malte die Rune.‹

Ein Mann namens Gudagast (der Name muss erschlossen werden) nennt sich also als derjenige, der diese Inschrift »gemalt« hat (zu »malen« und »ritzen« vgl. unten). Man geht davon aus, dass dieser Mann ein Runenmeister war, der sich hier vielleicht gegen 400 n. Chr. gleichsam verewigt hat. Außerordentlich bemerkenswert ist dabei die Tatsache, dass sich auf dem Grabhügel nur dieser eine Bautastein erhob mit eben jener Runeninschrift. Der Name des Toten wird nicht genannt, von seinen Ruhmestaten als Krieger ist nichts zu lessen. Nur der Runenmeister Gudagast bleibt mit seinen Runen der Nachwelt erhalten. Das spricht für seine Bedeutung, denn er vollbrachte sein Werk vor den Verwandten des Toten, womöglich mit Wissen des ganzen Stammes.

Von den Runen muss eine eigentümliche Macht ausgegangen sein, die Schutz und Frieden des Grabes gewährleistete. Das heißt zum einen, dass die Inschrift die Ruhe des Toten vor Grabfrevel sicherte (Grabbeigaben lockten auch unter den Germanen Diebe an); zum anderen verhieß sie jedoch auch den umwohnenden Menschen Schutz vor dem Toten, der als Wiedergänger umgehen konnte. Dieser Glaube ist durchaus unter den Germanen bezeugt. Die Anbringung von Runen war hier also kein harmloser Akt, den jedermann beherrschte. Ein Runenmeister musste her, der hohe Verantwortung trug und insofern ein hoch geachteter Mann war.

Das altisländische Wort *rúnameistari* ist erstmals in einer Pergamenthandschrift aus der Zeit um 1325 überliefert (*Codex Wormianus* der *Snorra Edda*). Fast ein Jahrtausend nach der Runenritzung des Einang-Steines hat man den Runenmeister zumeist mit dem Runenschreiber gleichgesetzt. Und so wollen wir es auch in diesem Kapitel handhaben. Aber nach allem, was man weiß, waren eben die alten Runenmeister ganz anders aufgestellt. Allein das Schreiben von Runen, die rein technische Ausführung also, gehörte zu ihren geringsten Aufgaben, die sie womöglich sogar als Auftragsarbeit weitergaben. Ob das

Einritzen in Stein oder Metall, das Schneiden in Holz oder das Meißeln in Stein – dafür waren handwerkliches Geschick und eine sichere Hand gefragt. Streng genommen musste ein Runenschreiber gar nicht die Runen beherrschen, er konnte genauso gut nach einer Vorlage und den Anweisungen des Meisters arbeiten. Dieser hingegen musste zweifellos die germanische Schrift beherrschen, aber er musste auch über jenes tiefgründige Wissen verfügen, das Thema dieses Kapitels und weiterer Teile dieses Buches ist. Dieses Wissen befähigte ihn, eine Inschrift unter vielerlei Gesichtspunkten zu entwerfen: etwa, wer der Tote war und was seine Nachkommen wünschten, wo sich sein Grab befand und was dies für die Gemeinschaft der Sippe oder des Stammes bedeutete.

Dafür benötigte der Runenmeister die genaueste Kenntnis darüber, welchen Laut eine Rune überhaupt repräsentierte. Dies entsprach unserer Verwendung des lateinischen Alphabets, machte aber nur einen Teil des Runenwissens aus. Denn wie wir noch sehen werden, stand die einzelne Rune nicht nur für einen Laut, sondern auch für einen ganz bestimmten Begriff. Von dem, was damit an Wissen verbunden war, kennen wir zweifelsohne nur einen Bruchteil. Jedenfalls gehörte es zum Herrschaftswissen und umfasste etliche Aspekte des Gemeinschaftslebens wie Abstammung, Mythen, Götterglaube und magische Rituale. Darum dürften die Meister und ihre Schüler erheblich mehr als bloße »Schreiberlinge« gewesen sein. Sie gehörten zur Geisteselite ihrer Gemeinschaft, deren Wissen vom Weltganzen bis zum kürzesten Runenstrich reichte. Wahrscheinlich umgab den Runenmeister so etwas wie eine religiöse Aura. Seine Schriftzeichen wurden nämlich auf den Gott Odin zurückgeführt, der sich gemäß dem Mythos für ihren Erwerb selbst geopfert hatte. Insofern konnten Runen als göttliche Zeichen verstanden werden. Diesen religiösen Aspekt verstärkte das Wissen um magische Runen und ihre Wirkung, womit man folglich die höheren Mächte zwingen und Heil oder Unheil bewirken konnte.

Auf dem Stein von Einang deutet alles auf einen machtvollen Runenmeister hin. Bei vielen anderen Inschriften kann man sich einer solchen Zuweisung allerdings nicht sicher sein; denn der Begriff ist bekanntlich erst viel später üblich geworden. In Runeninschriften findet er sich nicht! Dafür sprechen dann allenfalls sogenannte Runenmeister-Formeln, in denen jemand seinen Namen nennt, dazu noch einen Decknamen wie zum Beispiel *ungandiR,* ›der Zauberlose‹, und das Ganze mit einem Verb verbindet, das dem Wortfeld der Schreib- bzw. Ritztechnik zugeschrieben werden kann. Das sind vor allem *wrītan (›reißen, ritzen, anbringen‹; vgl. englisch *to write*), *faihian (›färben, malen‹) und *wurkian (›herstellen, fertigen‹; vgl. »wirken«). Dem folgt dann nicht selten noch ein Objekt wie »Runen« (Ich N. N. ritzte die Runen). Solche oder ähnliche Formulierungen kann man vor allem auf schwedischen Runensteinen des 11. Jahrhunderts lesen. Mehr als 100 überlieferte Einzelnamen sprechen von ebenso vielen Runenmeistern. Diese dürften zu jener Zeit ihren ursprünglich magischen Nimbus längst verloren und nur als gute Handwerker gegolten haben.

Wiederum ein halbes Jahrtausend früher stoßen wir auf ein Wort, das in Runenritzungen den Runenmeister bezeichnete und bis heute von einer Aura des Geheimnisvollen umgeben ist. Das bezeugt ein weiterer eindrucksvoller Runenstein, der Stein von Järsberg, unweit des Nordufers des Vänersees in der mittelschwedischen Provinz Värmland gelegen. Dort erhebt sich der Gneisgranit fast zwei Meter über den Boden. Wahrscheinlich war er ursprünglich Teil eines beeindruckenden Steinkreises, der am uralten Verbindungsweg zwischen dem schwedischen Mälarsee und dem norwegischen Vestfold (am Oslofjord) einen markanten Blickfang darstellte. Dort reisten Menschen zwischen zwei wohlhabenden Zentren ihrer Länder. Ob das etwas mit der Errichtung des Steins zu tun hat, ist nicht bekannt. Jedenfalls scheint er kein Grab gekennzeichnet zu haben, als er irgendwann um das Jahr 500 n. Chr. aufgestellt wurde. Die Runen, bis zu 13 cm hoch, lassen sich in wechselnder Richtung wie folgt lesen:

*UbaR h*[a]*itē HrabnaR h*[a]*itē ek erilaR rūnōR wrītu,* ›Ub heiße ich, Hrabn heiße ich, ich Eril schreibe die Runen‹. Der mutmaßliche Runenmeister nennt sich hier mit drei Namen: »Ub« stellt man gern zum altnord. *úfr,* ›tückisch‹, und versteht es als seinen Decknamen. »Hrabn« (›Rabe‹) ist ein häufiger Personenname, wonach der Meister so genannt worden sein dürfte. »Eril« schließlich ist sein Titel und auf den kommt es uns an. Denn als *erilaR,* ›Eril‹, bezeichneten sich die alten Runenmeister mit einem Wort, das nur in acht Inschriften des 6. Jahrhunderts n. Chr. überliefert und wohl als Berufs- und Standesbezeichnung zu verstehen ist. Immer findet es in der Formulierung *ek erilaR* ›ich Eril‹ Verwendung. Die Ursprünge des Wortes sind ebenso unbekannt wie seine eigentliche Bedeutung. Manchmal stellt man es in Zusammenhang mit dem germanischen Stammesnamen der Eruler bzw. Heruler (dazu mehr in Kap. 4). Auch mit der späteren altnordischen Häuptlingsbezeichnung Jarl wollte man es verwandt sehen (was mittlerweile jedoch als unwahrscheinlich gilt). Bleibt nur, was die Skandinavier um das Jahr 500 n. Chr. darunter verstanden – und das war die weitreichende Standesbezeichnung des Runenmeisters. Einige der Inschriften bestehen sogar nur aus der Formulierung *ek erilaR,* etwa auf der knapp 14 cm langen Fibel von Bratsberg im norwegischen Telemark. Dieser silberne Prachtschmuck für eine wohlhabende Adlige trug auf seiner Rückseite eben jene Wendung. Sollte der Eril-Name der Trägerin Glück bringen oder sie vor bösen Mächten schützen?

Sehr wahrscheinlich beherrschten auch Frauen die Runenmeisterschaft, obwohl sich dies nicht eindeutig klären lässt. Allerdings genossen Seherinnen und Wahrsagerinnen unter den Germanen seit frühesten Zeiten hohen Respekt. Mit der Erfindung und Verbreitung der Runenschrift könnten insofern auch sie auf deren Magie zurückgegriffen haben. Die runenkundigen Wikinger kannten solche weisen Frauen unter der Bezeichnung Völva (eigentlich ›Stabträgerin‹). Um das Jahr 1000 soll eine solche Seherin namens Thorbjörg litilvölva (›die kleine Seherin‹) in den grönländischen Wikingerkolonien ihrem Geschäft nachgegangen sein. Die isländische *Saga von Erik dem Roten* (*Eiríks saga rauða*) schildert in epischer Breite ihren Besuch auf einem Bauernhof, wo sie sich auf einen Zauberstuhl setzt, man ihr ein Zauberlied singt und sie schließlich die Zukunft weissagt. Runen werden in dieser literarisch ausgeschmückten Szenerie nicht erwähnt, aber sie hätten vorzüglich zu Thorbjörg gepasst. Von Grönland wechseln wir nun auf die Baar an den Ostrand des Schwarzwaldes: Dort finden wir unter den Alamannen Beweise dafür, dass Frauen zumindest Runen ritzen konnten. Bei Neudingen wurden die Reste eines Grabes geborgen, in dem um 530 n. Chr. eine wohlhabende Alamannin mit reichen Beigaben bestattet worden war. Darunter befanden sich sogar Holzmöbel und die Reste eines Webstuhls. Auf einem 43 cm langen Holzteil entdeckte man darüber hinaus eine Runeninschrift: *lbi imuba hamale bliþguþ uraitruna,* ›Liebes (liubi) von Imuba für Hamal (oder von Hamal für Imuba), Blidgund schrieb die Runen‹. Eine Frau (Imuba) oder der Mann (Hamal) wünscht dem Partner bzw. der Partnerin alles Liebe. Diese sehr persönliche Mitteilung bedurfte offensichtlich einer Runenritzerin namens Blidgund, was die weibliche Runenkompetenz beweist.

Ein prägnantes Beispiel bietet der zwei Meter hohe Runenstein von Jättendal im schwedischen Hälsingland (nördlich des Mälarsees). Dort ließen im 11. Jahrhundert zwei Kinder für ihren verstorbenen Vater dieses granitene Denkmal zum Gedächtnis setzen. Und wer »malte« das Ganze in den Stein? Es war eine Frau namens Gunnborga, genannt die Gute. Überhaupt spielen Frauen dieser Gegend bei der Errichtung von Runensteinen eine herausragende Rolle; zumeist zwar als Auftraggeberinnen, aber die eine oder andere dürfte eben auch runenkundig gewesen sein.

Beispiele für weibliches Geheimwissen über Runen bietet die spätere Literatur vor allem in Island. In den *Heldenliedern der Älteren Edda* (niedergeschrieben um 1270) erweckt der Nibelungenheld Sigurd die Walküre Sigrdrifa aus ihrem Dauerschlaf. Als Dank dafür nennt sie ihm eine Fülle von Runenweisheiten, etwa »Rederunen«, »Bierrunen« oder »Siegrunen« (*Sigrdrifalied* 6: »Siegrunen musst du kennen, wenn du Sieg haben willst, und auf den Griff des Schwerts ritzen, einige auf die Spitze, einige auf das Schwertblatt, und nennen musst du zweimal Tyr«). Die Heldin Gudrun ritzt gar Geheimrunen, um ihre

Brüder Gunnar und Högni vor ihrem Mann zu warnen (*Grönländisches Atlilied* 4). Und dann ist es Högnis Frau Kostbera, die die Runen entschlüsseln kann (*Grönländisches Atlilied* 9: »Kundig war Kostbera, sie kannte die Runen …«). Auch Zauberinnen, wohlhabende Bauersfrauen und Ammen sind in den isländischen Sagas der Runenschrift kundig (die Beispiele finden sich in der *Bósa saga*, der *Egils saga* und der *Grettis saga*). Bei aller literarischen Ausmalung belegen sie das enge Verhältnis der Frauen zu den Runen. Nichts spricht folglich gegen die Vorstellung von Runenmeisterinnen.

## *Das ABC der Runenschrift*

In diesem Kapitel wollen wir uns allein mit dem älteren Futhark und seinen 24 Zeichen beschäftigen, deren überlieferte Reihenfolge offensichtlich nichts mit der unseres Alphabets zu tun hat. Dass diese Reihe historisch authentisch ist, bezeugen 16 bislang entdeckte Inschriften, die sie überliefern – ab und an mit kleinen Varianten, aber im Großen und Ganzen der Reihenfolge treu bleibend. Sie findet sich vollständig oder verkürzt insbesondere in Schweden und Dänemark auf sogenannten Goldbrakteaten, aber auch auf Schmuckfibeln aus der Loire-Gegend und Ungarn, die zumeist als Grabbeigaben und in Schatzfunden erhalten geblieben sind. Das größte und vielleicht älteste Objekt ist die Steinplatte von Kylver auf der schwedischen Ostseeinsel Gotland. Das rund ein Meter lange und ca. 10 cm dicke Kalksteinstück deckte das Innere eines Grabes, wobei anscheinend die Runenreihe nach Innen zum Toten wies. Die Runenritzung schreibt man dem 5. Jahrhundert n. Chr. zu.

Die 24 Zeichen gliedert man gewöhnlich in drei Gruppen zu acht Runen, wobei die einzelne Gruppe als ætt (f., altnord. ›Geschlecht‹, Plural ættir) bezeichnet wird. Erst isländische Gelehrte verwenden diesen Begriff nachweislich im 17. Jahrhundert. Dass aber die Isländer keine willkürliche Einteilung vorgenommen hatten, zeigen Futhark-Inschriften auf schwedischen Brakteaten, die just diese Anordnung markieren. Anders ist die Benennung der drei ættir zu bewerten, die nach ihren jeweiligen Anfangsrunen und den damit verbundenen Lauten nach Göttern erfolgt: Freyrs ætt (Freyr-Gruppe), Hagals ætt (Hagal-Gruppe, allerdings als Göttername nicht bekannt) und Týrs ætt (Tyr-Gruppe). Ob diese Gruppen-Benennung wirklich authentisch ist, muss letztlich ungewiss bleiben.

Für die einzelnen Runenzeichen besteht ein einfaches Bauprinzip: Es setzt sich aus drei Teilen zusammen, nämlich Stab ᛁ, Zweig ʹ und Haken ᚲ, die unterschiedlich kombiniert werden können. Zu den »Kombinationsregeln« (Düwel 2008, S. 5) gehört, dass die meisten Runen aus ein bis zwei Stäben bestehen, so ᛁ, ᚢ und ᚷ. Dazu kann man Zweige stellen wie bei ᚠ, ᚨ bzw. ᚺ und ᚾ (wir wollen es jeweils mit Beispielen bewenden lassen) oder Haken ᚦ, ᚹ und Doppelhaken ᛈ, ᛒ (auch mit Doppelstab ᛞ, ᛗ oder zwei Stäbe und ein Hakendach ᛟ). Haken können sogar allein Runenzeichen bilden: ᚲ, ᛜ oder ᛊ (Doppelhaken). Zweige bedürfen hingegen immer eines Stabes, nur mit Haken können sie nicht kombiniert werden. Wie die Futhark-Reihe zeigt, können Zweige recht verschieden an Stäbe antreten, etwa oben, unten oder in der Mitte; sie können den Stab sogar durchschneiden. Die hier präsentierten Runen stellen selbstredend Idealformen dar, wie sie wohl auch die Runenmeister kannten. Bei der Anwendung mögen sie dann nicht selten mit den Tücken des Materials zu kämpfen gehabt haben, sodass etwa eckige Formen zu runden wurden und umgekehrt. Zweifelsohne existierte kein »Duden« der Runenschrift und Varianten bot sich somit viel Raum. Außerdem kannte man noch einige Tricks, mit deren Hilfe man Platz sparte. Das gilt insbesondere für die Binderunen, bei denen zwei Runen einen gemeinsamen Stab miteinander teilten, so ᛗ + ᚨ [ᛗᚨ]. Die seltenen Sturzrunen stehen auf dem Kopf (z. B. die t-Rune). Die Wenderunen verlaufen gegen die vorherrschende Schriftrichtung der Inschrift (z. B. die f- und die b-Rune).

Was die Schriftrichtung im Allgemeinen anbelangt, so hatten die Runenmeister offensichtlich freie Hand – jedenfalls sind keine Regeln überliefert. Die meisten Inschriften sind wie unsere lateinische Schrift rechtsläufig; das heißt, sie werden von links nach rechts geritzt. Die entgegengesetzte Richtung, linksläufig also, ist aber auch möglich. Innerhalb einer Inschrift kann die Schriftrichtung sogar mehrmals wechseln, also eine Zeile von links nach rechts, die nächste von rechts nach links usw. *Boustrophedon* nennt man dies mit einem griechischen Begriff, »wendend wie der Ochse beim Pflügen« oder auch Pflugwenderichtung. Außerdem durften Runen senkrecht von oben nach unten geschrieben werden und manchmal finden sie sich sogar in Schlangenlinie. Das spricht für Pragmatismus und Kreativität der Runenmeister, ist aber heutzutage einer einfachen Entschlüsselung solcher Inschriften nicht immer dienlich. Dabei helfen Runen mit einer Richtungsvorgabe, etwa die ersten sechs Zeichen der Runenreihe (ᚠᚢᚦᚨᚱᚲ), die alle von links nach rechts geschrieben werden (Vorsicht bei einzelnen Wenderunen!). Übrigens bediente man sich sogar einer gewissen Interpunktion, mit deren Hilfe Abschnitte und der Inschriftenschluss kenntlich gemacht wurden: Punkte (zwischen einem und bis zu fünf Punkten) markieren nebst kleinen senkrechten Einkerbungen die Trennung von Abschnitten bzw. den Schluss. Als regelrechte Schlussmarken dienen häufig nichtrunische Zeichen, über deren Bedeutung seit langem gestritten wird. Da war der Runenmeister sicherlich klüger: Er (oder sie) wusste, ob es sich dabei um bloße Verzierung oder um ein tiefsinniges Symbol handelte.

Kommen wir zu dem, wofür die Runen stehen und was letztlich ihren Sinn ausmacht, nämlich die Verwendung als Schrift, mit deren Hilfe man sprachliche Äußerungen fixieren und damit mitteilen bzw. bewahren kann. Die Runen stellen eine Buchstabenschrift dar, was heißt, dass die Laute einer Sprache ihren Ausdruck in den Buchstaben finden, hier also in den Runen. Jede Rune repräsentiert einen Sprachlaut, folgt also methodisch unserem lateinischen Alphabet. Eine geniale Erfindung, die auf die Phönizier zurückgeht und von den Griechen und Römern übernommen wurde (der Frage, ob es von diesen wiederum die Germanen übernommen haben, widmet sich das 4. Kapitel). Die Runenmeister mussten sich jedenfalls nicht mit dem kaum überschaubaren Zeichenvorrat von Silbenschriften oder logographischen Schriften mit diversen komplexen Elementen wie Begriffen und Symbolen herumschlagen (man denke nur an die altägyptischen Hieroglyphen), sondern allein mit 24 Runen. Für deren Entsprechungen von Graphem, also Rune, und Phonem, also Laut, sei auf die nachfolgende Tabelle verwiesen. Im Großen und Ganzen eignet sich die lautliche Zuordnung noch für die modernen germanischen Sprachen, was die Anwendung der Runen ziemlich einfach macht. Problemrunen sind allenfalls ᚦ, das etwa dem englischen stimmlosen »th« entspricht, und ᛉ, das mit z oder r wiedergegeben wird und anzeigt, dass sich stimmhaftes s zu einer r-Art entwickelt hat. Außerdem gilt es noch zwei Runenzeichen für i-Laute zu berücksichtigen (ᛁ, ᛇ), deren Interpretation in der Forschung allerdings heftig diskutiert wurde. Für Inschriften sei angemerkt, dass Doppelvokale und -konsonanten nur mit einer Rune geschrieben werden. Außerdem lässt man Nasallaute (m, n) in bestimmten Umgebungen ungeritzt (Beispiel *bliþguþ*, ›Blidgund‹).

Mit welchen germanischen Sprachen muss man überhaupt bei Inschriften des älteren Futhark rechnen? Im 1. Kapitel habe ich die Vielzahl germanischer Dialekte und Sprachen bereits vorgestellt. Für das ältere Futhark kommen demzufolge einmal das »Urgermanische«, »Germanische« oder »Gemeingermanische« infrage. Die außerrunischen Schriftzeugnisse dafür sind beschränkt. Caesar erwähnt als germanische Wörter *alces* ›Elche‹ und *uri* ›Auerochsen‹; der Gelehrte Plinius der Ältere nennt *gantae* ›Gänse‹ und *sapo* ›Seife‹; Tacitus schließlich *glesum* ›Bernstein‹ (vgl. neuhochdeutsch Glas). Der bekannte germanische Wortschatz der ersten Jahrhunderte n. Chr. ist recht begrenzt und wird darum von der Sprachwissenschaft um rekonstruierte Formen ergänzt. Diese werden üblicherweise durch ein Sternchen * vor dem Wort als erschlossene Form kenntlich gemacht.

Als erste germanische Sprache brachte der Missionar Wulfila das Westgotische in eine Schriftform für längere Texte, als er im 4. Jahrhundert n. Chr. die Bibel in eben diese Sprache übersetzte. Dafür schuf er sogar ein eigenes gotisches Alphabet, dessen Buchstaben er der griechischen Schrift und germanischen Runenzeichen entnahm. Fragmente dieser Bibelübersetzung sind in mehreren Handschriften erhalten geblieben, auf die dann vergleichend zurückgegriffen werden kann. Neben dem erschlossenen Germanisch und dem Gotischen lassen sich Runeninschriften noch dem nordgermanischen Urnordisch bzw. Runennordisch zuweisen, außerdem westgermanischen Dialekten wie Anglo-Friesisch, Altniederdeutsch und Althochdeutsch bzw. Voralthochdeutsch.

Wie bereits ausgeführt, steht jede Rune nicht nur für einen Laut, sondern repräsentiert auch einen bestimmten Begriff, der als Runenname bezeichnet wird. Dabei gilt, dass der jeweilige Anlaut des Begriffs den Lautwert der Rune wiedergibt; so verhält es sich beispielsweise bei der g-Rune ᚷ und ihrem Namen *gebō ›Gabe‹ oder bei der d-Rune ᛞ *dagaz ›Tag‹. Ausnahmen von diesem sogenannten akrophonischen Prinzip bilden lediglich ᛉ für z/r sowie den dazugehörigen Begriff *algiz ›Elch‹ und ᛜ für ng sowie den Runennamen *ingwaz (vgl. die folgende Tafel).

| Rune | Lautwert | Runenname | Bedeutung | Sprachzeugnisse |
|---|---|---|---|---|
| ᚠ | f | *fehu | Vieh, Besitz | got. fe, ae. feoh, an. fé |
| ᚢ | u | *ūruz | Auerochs | got. uraz, ae. ūr, an. úr Schlacke |
| ᚦ | th | *þurisaz | Riese | got. thyth, ae. þorn Dorn, an. þurs |
| ᚨ | a | *ansuz | Ase | got. aza, an. óss Flussmündung, áss Ase |
| ᚱ | r | *raidō | Ritt, Fahrt, Wagen | got. reda, ae. rād, an. reiđ |
| ᚲ | k | *kaunan | Geschwür, Krankheit | got. chozma, an. kaun |
| ᚷ | g | *gebō | Gabe | got. geuua, ae. gyfu |
| ᚹ | w | *wunjō | Wonne | got. uuinne, ae. wyn |
| ᚺ ᚻ | h | *haglaz | Hagel | got. haal, ae. hægl, an. hagall |
| ᚾ | n | *naudiz | Not, Zwang | got. noicz, ae. nyd, an. nauđ |
| ᛁ | I | *īsaz | Eis | got. iiz, ae. īs, an. íss |
| ᛃ | j | *jēran | Jahr, Ernte | got. gaar |
| ᛇ | ï | *īwaz | Eibe | ae. ēoh, īh |
| ᛈ | p | *perþō | viell. Fruchtbaum | got. pertra, ae. peorđ |
| ᛉ | z/R | *algiz | Elch, Schutz | got. ezec |
| ᛊ ᛋ | S | *sōwilō | Sonne | got. sugil, ae. sigel, an. sól |

| | | | | |
|---|---|---|---|---|
| ᛏ | t | *tīwaz | Týr | got. tyz, ae. tīr, an. týr |
| ᛒ | b | *berkanan | Birkenreis | got. bercna, ae. beorc, an. bjarkan |
| ᛖ | e | *ehwaz | Pferd | got. eyz, ae. eh |
| ᛗ | m | *mannaz | Mensch | got. manna, ae. man, an. mađr |
| ᛚ | l | *laguz | Wasser | got. laaz, ae. lagu, an. lögr |
| ᛜ | ŋ | *ingwaz | Ing | got. enguz |
| ᛞ | d | *dagaz | Tag | got. daaz, ae. dæg |
| ᛟ | o | *ōþalan | Erbbesitz | got. utal, ae. ēþel |

*Abb. 1: Das ältere Futhark*

Bevor wir uns intensiver mit den Begriffen auseinandersetzen, an dieser Stelle einige Anmerkungen zur Überlieferung der Begriffswerte der einzelnen Runenzeichen: Leider führt uns diese nicht in die historische Zeit der Runenmeister zurück, sondern in die christlich-gelehrte Auseinandersetzung mit den Runen. Und da sind es lateinische Handschriften seit dem 8./9. Jahrhundert, die sich mit Runen beschäftigen. Diese *runica manuscripta* (Runenhandschriften) listen unter anderem Runenzeichen und ihre Begriffswerte auf. Dies geschieht aber bei weitem nicht einheitlich, sondern in Variationen und mit Rückgriff auf verschiedene Runenreihen, wie das jüngere Futhark der Wikingerzeit und die altenglische Runenreihe »Futhorc«. In manchen dieser Wiedergaben ist festzustellen, dass Runennamen anscheinend ausgetauscht wurden, wenn sie den christlichen Klerikern und Gelehrten nicht glaubenskonform waren. Heidnische Runennamen wurden dann durch neutrale ersetzt: Für die th-Rune ᚦ beispielsweise setzte man anstelle von *þurisaz ›Thurse‹ (Riese) die unverfänglichen Begriffe altengl. *þorn* ›Dorn‹ und got. *þiuþ* ›Gutes‹. Und die a-Rune ᚨ (*ansuz ›Ase‹, also heidnische Gottheit) stand nun für altengl./lat. *ōs* ›Mund‹ und altnord. *óss* ›Flussmündung‹. Insbesondere die Runengedichte der mittelalterlichen Gelehrten (vgl. Kap. 9) zeigen erhebliche Varianzen und Unsicherheiten, sodass sich häufig die Frage nach dem eigentlichen Sinn der Runenauflösungen stellt. Einen hochinteressanten Text stellt dabei das *Abecedarium Nordmannicum* als Runengedicht aus der Zeit um 830 dar. Hier haben gelehrte Kleriker mutmaßlich im Kloster Fulda ihre Informationen aus Dänemark zusammengetragen. Sie griffen dabei auf ein Gemisch mehrerer germanischer Dialekte zurück und zeigen zudem ihre Kenntnis des nur noch 16 Zeichen umfassenden jüngeren Futharks. Und wozu das Ganze? Wohl, um die christliche Missionierung der Germanen durch Aneignung der bedeutenden Kulturträger Schrift und Sprache (darüber hinaus freilich auch der Religion) voranzutreiben.

Aus der vorchristlichen Gebrauchszeit der Runen sind nur wenige Indizien erhalten geblieben, die für die Existenz und Anwendung von Runennamen sprechen. In Inschriften stellt sich bei einzelnen Runen manchmal die Frage, ob es sich um eine Abkürzung oder um die Rune mit der Bedeutung ihres Namens handelt. Sicher ist man sich beim Stein von Stentoften, wo der runische Doppelhaken ᛃ offensichtlich für urgerman. *jēran ›gutes Jahr‹ steht. Diese Unsicherheiten der Überlieferung gilt es demnach zu berücksichtigen. Aber die mit den Runennamen verbundenen Probleme hat man bislang nicht in den Griff bekommen. Die Runenmeister scheinen sich solcher Namen durchaus bedient zu haben. Ob das Ganze für sie eine übergeordnete Bedeutung hatte ist genauso ungewiss wie die Erklärung der Runenreihe und ihrer Reihenfolge. Dienten ihnen die einzelnen Bezeichnungen der Runen lediglich als Gedächtnisstützen oder verbirgt sich dahinter ein geschlossenes System mit magischer und kultischer Bedeutung? Runenforscher haben immer wieder stimmige Einteilungskriterien aufzustellen versucht. Einige Beispiele: Tiere (Auerochse, Elch, Pferd), Pflanzen (Eibe, Birkenreis, Fruchtbaum), Schadensmächte (Thurse, Krankheit, Hagel, Not, Eis), positive Begriffe (Gabe, Wonne, gutes Jahr, Besitz), Götter (Ase, Tyr, Ingwaz). Ebenso sind andere Gruppen denkbar wie menschengestaltige Wesen, Naturerscheinungen u. a. Die Forschung scheint es zumindest aufgegeben zu haben, dem Rätsel der Runenmeister auf die Spur zu kommen. Wenn diese überhaupt ein Geheimnis hüteten und nicht ganz profan dachten!

Aber einige Runennamen fallen doch auf und sollten kurz hervorgehoben werden; so der Sachverhalt, dass das ältere Futhark mit Besitzbegriffen beginnt und endet: ᚠ steht für ›Vieh und Besitz‹, das bzw. den man erwerben und abgeben kann; ᛟ steht hingegen für ›Erbbesitz‹, zu dem die Germanen als familien- und sippenbezogene Bauern und Krieger ein besonderes Verhältnis pflegten. Interesse dürften auch jene Runen wecken, die überirdische Wesen repräsentieren. Von beachtlicher Bedeutung war dabei die schadenstiftende Rune ᚦ des ›Thursen‹. In der nordgermanischen Mythologe verwandte man diesen Namen als Bezeichnung der Riesen, jener uralten Wesen mit unberechenbaren Kräften, die außerhalb der Götter- und Menschenwelt leben. Sie galten als bedrohlich und wurden mit Naturkräften wie Hagel und Eis, aber auch Feuer verbunden. Eine oder mehrere Thurs-Runen zu ritzen galt offensichtlich als äußerst schädigend für denjenigen, dem dies zugedacht war. Die in der Zeichenreihe unmittelbar auf die Thurs-Rune folgende Asen-Rune ᚨ durfte hingegen als positiv angesehen werden. Stand doch ihr Name für den alten Götternamen der Ansen/Asen (das german. Grundwort *ans- könnte mit den Bedeutungen ›Pfahl, Balken‹ oder ›Lebenskraft‹ zusammenhängen; altnord. *Æsir*, Sg. *áss*; got. *Ansis*; angels. *ēsa*), der wichtigsten Götterfamilie, der fast alle Götter wie Odin, Frigg oder Balder angehörten. ᛏ steht für den nordischen Himmels-, Kriegs- und Thinggott Tyr (*Tīwaz, altengl. *Tīw*, althochdt. *Ziu). Er gilt als durch und durch gute Gottheit, der man Tapferkeit und Beherztheit nachsagte. Er sollte den Sieg in der Schlacht bestimmen, weshalb ihn vor allem die Krieger anriefen. Als Namensgeber der Rune ᛜ tritt schließlich noch der Gott Ingwaz auf, von dem man recht wenig weiß. Sein alter Name hängt wohl mit dem jüngeren Yngvi zusammen, einem Beinamen des Fruchtbarkeitsgottes Freyr. Unter diesem Aspekt dürfte auch Ingwaz verehrt worden sein.

Was bleibt für das Runenmeister-Wissen mit Gewissheit und jenseits aller Spekulation übrig? Es ist die Kenntnis um die Runenreihe, die lautliche Bedeutung der einzelnen Runen und das Wissen von ihren Begriffen und Namen – was immer sich darüber hinaus dahinter verborgen haben mag.

# 3. Der Runengott Odin

## Mythen, Zauber und Magie

### *Die Herkunft der Schrift*

Zu allen Zeiten und in allen Kulturen nahm man die Schrift als etwas ganz Besonderes wahr, mit dessen Hilfe Gedanke und Rede dauerhaft fixiert werden konnten. Darüber hinaus eignete sie sich insbesondere aber auch zur Erfassung von Verwaltungs- und Lagerverzeichnissen komplexer Wirtschaftssysteme (so etwa im Alten Ägypten oder Mesopotamien). Die Frage nach den Ursprüngen dieser bemerkenswerten Kulturtechnik lag dabei auf der Hand. Sie beschäftigt die Forschung bis heute und wird übrigens gerade bei den Runen seit langem heftig diskutiert (vgl. Kap. 4). Neben dieser modernen wissenschaftlichen Fragestellung gibt es uralte mythische Antworten, die die Erfindung (oder Findung) der Schrift Weisheitsgöttern zuschreiben. So galt den Ägyptern der ibisköpfige Gott Thot nicht nur als Gottheit von Weisheit und Magie, sondern auch als Erfinder der Hieroglyphen. Folgerichtig sind die Schreibutensilien Tafel und Binse seine üblichen Attribute (so nach der altägyptischen Epigraphik und Platons Phaidros-Dialog). In China gilt der sagenhafte drachenschwänzige Kaiser Fu Xi bis heute als herausragender Kulturheros, also Kulturbringer, dem neben den Grundlagen von Gesellschaft und Philosophie auch die Schrift zu verdanken ist. Ebenso brachten die Hellenen ihr griechisches Alphabet mit göttlichen Gewalten in Verbindung, genauer mit dem umtriebigen Götterboten Hermes, dem ohnehin allerlei Erfindungen zugeschrieben wurden. Schriftwissen und mythischer Urgrund dürfen anhand dieser Beispiele als weltweites traditionelles Erklärungsmuster gelten. Wie wir im Folgenden sehen werden, schließen sich dem die Germanen mit ihrer Runenschrift an.

## *Der Runengott Odin*

Seit wann die Germanen bzw. ihre Runenmeister Odin als Herrn der Runen ansahen, ist nicht zu klären; denn von der Frühzeit des Gottes selbst ist zu wenig bekannt. Ursprünglich dürfte er unter dem Namen *Wōþanaz verehrt worden sein, dessen Verwandtschaft mit dem neuhochdeutschen Wort »Wut« erkennbar ist (die Bedeutung ist folglich ›wütend, rasend, besessen‹). Der west- bzw. südgermanische Göttername Wodan wurde in den nordgermanischen Dialekten zu Odin (altnord. *Óđinn*). Was wir von Letzterem wissen, verdanken wir überwiegend den altnordischen Götterliedern der *Älteren Edda* und der *Edda des Snorri Sturluson* aus dem 13. Jahrhundert sowie den Gedichten norwegischer und isländischer Skalden, die bereits seit dem 9. Jahrhundert entstanden, aber erst erheblich später niedergeschrieben wurden. Sie alle vermitteln das Bild einer vielschichtigen Gottheit, die als Oberhaupt aller Götter gilt. Als Schöpfer der Welt und der Menschen sah man ihn an, aber auch als Gott der Krieger, die er als Gefallene zu sich nach Walhall holt; außerdem als Gott der Dichtkunst, den die Skalden besonders verehrten, da Odin den Poesie spendenden Skaldenmet einem Riesen (Suttung) entwendete. Schließlich beherrschte er Zauber und Magie sowie heilende Kräfte.

In allem ist Odin ein Gott des Wissens, das er zum einen kundtut und das er sich zum anderen aneignen will. Von Seherinnen erfragt er deren Visionen, so in den Götterliedern der *Weissagung der Seherin (Völuspá)* und in *Balders Träume*, wo er ins Totenreich der Hel kommt und eine tote Seherin mit Magie zum Sprechen bringt. Mit dem Riesen Wafthrudnir misst er sich erfolgreich in einem Wettstreit *(Wafthrudnirlied).* Und unter dem Decknamen Grimnir wird er von einem König Geirrod gefoltert, um sein Wissen preiszugeben *(Grimnirlied).* Vor Opfer und Schmerz scheut er nicht zurück, um selbst Wissen zu gewinnen. Dem ist auch seine Einäugigkeit geschuldet: Als er den weisen Riesen Mimir um einen Trank aus dessen Klugheit verheißender Quelle bittet, erhält er diesen nur gegen ein Auge als Pfand *(Gylfis Täuschung).* Schlussendlich muss er auch für die

Gewinnung des Runenwissens ein Opfer bringen: Von Odins Selbstopfer erfahren wir im sogenannten *Runengedicht Odins*, das Teil der *Sprüche des Hohen* (altnord. *Hávamál*) ist, des mit 164 Strophen längsten Götterliedes der *Älteren Edda*. Ganz überwiegend umfasst es Spruchweisheiten Odins, nämlich Lebensregeln und Verhaltensratschläge, Zaubersprüche und anderes mehr. Demzufolge hing der Gott neun Nächte an der Weltesche Yggdrasill:

> »Ich weiß, dass ich hing am windigen Baum neun ganze Nächte, vom Speer verwundet und Odin geopfert, selber mir selbst, an dem Baum, von dem niemand weiß, aus welchen Wurzeln er wächst. Weder Brot reichten sie mir noch Trinkhorn, ich blickte nach unten; ich nahm die Runen auf, nahm sie schreiend, ich fiel wieder herab.« (Str. 138 f.)

Viel ist über Bedeutung und Herkunft dieses seltsamen Selbstopfers gemutmaßt und gerätselt worden, das sich von anderen göttlichen Schriftfindungen unterscheidet (vgl. die obigen Beispiele). Am ehesten möchte man die Schilderung mit schamanistischen Praktiken in Zusammenhang bringen, von denen man in Skandinavien durch die benachbarten Finnen-Samen erfahren haben könnte. Jedenfalls galten Lanzen- und Hängeopfer auch als typische Opferarten für den Gott, der dementsprechend als »Gott der Gehängten« *(Hangatýr)* und »der Hängende« *(Hangi)* bezeichnet wurde. Die *Sprüche des Hohen* bieten noch weitere Informationen zu den Schriftzeichen: Den »Göttern« und »hohen Ratenden« werden sie zugeschrieben (Str. 80, 142), und Fimbulthul (›der mächtige Weise‹, Odin) wird angewiesen, sie schweigend zu »färben« (Str. 80, 142). Dieser weiß wiederum um die Macht der Runen. Kennt er doch einen Zauberspruch, »wenn ich oben am Baum eines Gehängten Leiche baumeln seh: Dann ritz ich und färb die Runen, dass dieser Mann kommt und mit mir spricht.« (Str. 157). Soweit die Überlieferung der isländischen Gelehrten des hohen Mittelalters.

Wie steht es aber um ältere und authentische Nachrichten zum germanischen Runengott? Dazu muss man wissen, dass römische Gelehrte wie Tacitus um 100 n. Chr. den *Wōþanaz der Germanen mit ihrem Gott Merkur (lat. *Mercurius*) gleichsetzten, dem römischen Gott des Handels, dessen Bild im Großen und Ganzen wiederum mit dem griechischen Hermes verschmolzen ist. Ähnlichkeiten zeigen sich in den Attributen der beiden Götter, etwa Mantelumhang, breitem Hut und Stab bzw. Speer. Dazu traten die ähnlichen Aufgaben, wie die des Seelenführers oder seine Funktion als Gott der Redekunst bzw. Dichtung. Ob auch die Schrift dazu gehörte?

## *Wodan und Odin in Runen*

Von lateinischen Inschriften auf römischen Weihesteinen etwa des Rheinlands kann man nur mutmaßen, dass der erwähnte Mercurius mit dem germanischen Wodan identisch ist. Dieser letztgenannte Name findet sich schriftlich erst spät, nämlich auf einer silbervergoldeten, ca. 13 cm langen Bügelfibel des 6. Jahrhunderts. Diese sogenannte Runenfibel fand sich in einem alamannischen Grab in Nordendorf bei Augsburg. In ihrer kurzen, aber hochinteressanten Inschrift lässt sich auch die Ritzung ᚹᛟᛞᚨᚾ, *Wodan*, entziffern (zur gesamten Inschrift vgl. Kap. 5). Noch jünger ist der erste Beleg für die nordische Namensform, nämlich die Inschrift von Ribe in Südwest-Jütland (Dänemark): ᚢᚦᛁᚾ, *uþin,* fand sich ausgerechnet auf dem Teil eines menschlichen Schädelstücks und dürfte in der ersten Hälfte des 8. Jahrhunderts eingeritzt worden sein (vgl. Kap. 6).

Das wäre es fast schon mit Wodans bzw. Odins Nennungen in Runeninschriften, hätte nicht die Forschung in den letzten Jahrzehnten eine auf den ersten Blick unscheinbare, aber durchaus ergiebige Quellengruppe aufgetan: Unter den Brakteaten (lat. *bractea,* ›dünnes Metallblech‹) versteht man kreisrunde, mithilfe etwa eines Bronzemodels einseitig geprägte Metallscheiben von gewöhnlich höchstens 3 cm Durchmesser. Sie wurden insbesondere während der Völkerwanderungszeit des 5. und 6. Jahrhunderts n. Chr. aus Gold gefertigt und fanden sich in Schatzfunden und als Beigaben in Frauengräbern zumeist in Skandinavien, aber auch in England und Norddeutschland. Dabei dienten sie den einheimischen Germanen nicht etwa als Münzen, sondern als Schmuckstücke und vor allem als Heils- und Glücksbringer. Handwerker stellten diese Brakteaten unter fachkundiger Anweisung (vgl. unten) offensichtlich in bestimmten Herrschaftszentren Skandinaviens her, den sogenannten Reichtumszentren. Dort hatten jeweils einzelne Adelssippen das Sagen, die den Handel kontrollierten und ihm einen beachtlichen Wohlstand verdankten. Außerdem dürften an diesen Orten auch Götter verehrt worden sein. Dazu gehörten in Dänemark Gudme (Fünen) und Lejre (Seeland), in Norwegen Borg (Lofoten) sowie Maere (Tröndelag) und in Schweden Uppåkra (Schonen). Die mittlerweile fast 1000 gefundenen Metallblättchen wären nicht auf großes Interesse gestoßen, zeigten sie nicht einzelne Darstellungen, deren Motive immer wieder zu finden sind und die sich deshalb sogar mehreren Haupttypen zuordnen lassen:

- Die A-Brakteaten zeigen einen einzelnen Männerkopf im Profil.
- Die B-Brakteaten weisen bis zu drei Menschengestalten auf, zu denen manchmal noch Tiere treten.
- Die C-Brakteaten zeigen wiederum einen Männerkopf im Profil, diesmal aber über einem vierbeinigen Tier, wahrscheinlich einem Pferd, manchmal mit Vögeln.
- Die D-Brakteaten verzichten auf menschliche Figuren und weisen lediglich Tiergestalten auf, die oftmals verschlungen sind.
- Die F-Brakteaten zeigen ebenfalls nur Tiere, nämlich vierbeinige, die wie die C-Brakteaten Pferde darstellen könnten.

Lange konnte man mit diesem bunten Durcheinander und Allerlei nichts anfangen, bis schließlich der Münsteraner Forscher Karl Hauck (1916–2007) sich aufmerksam durch die ansteigende Brakteatenflut hindurcharbeitete und eine zündende Idee hatte: Ihr zufolge sind die Darstellungen keinem Zufall geschuldet, sondern erweisen sich als Bildchiffren, die zu einer regelrechten Brakteatenikonologie zusammengefasst werden können. Und im Mittelpunkt dieses Bildersystems steht der Gott Odin.

Mittlerweile geht man davon aus, dass sich die germanischen Künstler an römischen Goldmünzen orientierten, die in jener Zeit als Sold oder Beute in den Norden gelangten. Sie zeigten üblicherweise auf der Vorderseite ein Porträt des Kaisers und auf der Rückseite eine Darstellung der geflügelten Siegesgöttin Victoria mit dem Lorbeerkranz. Diese Münzen imitierten die Germanen, und da sie keinen eigenen Herrscher von kaiserlichem Rang kannten, griffen sie auf ihren höchsten Gott Wodan/Odin zurück. Gemäß dieser mittlerweile weithin akzeptierten Interpretation zeigen die A-Brakteaten den Gott als obersten Götterherrscher, während die Exemplare der B- und C-Gruppe einzelne Mythen darstellen, die erst in viel späteren schriftlichen Quellen überliefert werden. Innerhalb der B-Brakteaten wird von sogenannten Drei-Götter-Brakteaten ausgegangen, die in knappster Form den Mythos von Balders Tod erzählen. Ausführlich erfahren wir davon erst in der *Edda des Snorri Sturluson* um 1220, der zufolge der hinterlistige Loki dem allseits geliebten Odinssohn Balder mittels eines Mistelzweiges den Tod bringt. Die C-Brakteaten spielen höchstwahrscheinlich auf eine Mythenepisode an, in der Wodans heilende Kräfte von herausragender Bedeutung sind. Die Geschichte dazu liefert uns der zweite Spruch der beiden althochdeutschen *Merseburger Zaubersprüche,* die im 10. Jahrhundert im Kloster Fulda als Relikte der heidnischen Vergangenheit niedergeschrieben wurden. Er besteht aus einem sogenannten Pferdesegen, der die Beinverrenkung eines Pferdes mittels Heilzauber behebt. Dabei versuchen sich mehrere mythische Figuren daran, die Beinverletzung von Balders Fohlen zu heilen. Aber erst Wodan gelingt dies mit seinem Spruch, wodurch er sich als der wahre Heilgott erweist.

Nun würden die Brakteaten bei aller Bedeutung für den Runengott Odin hier nicht weiter interessieren, fänden sich nicht auf einem Teil von ihnen Runen oder zumindest runenähnliche Zeichen. Auch dabei scheint man den römischen Vorbildern gefolgt zu sein, die Inschriften in lateinischen Großbuchstaben (die Capitalis-Schrift) trugen. Wenig verwunderlich also, dass man in den skandinavischen Reichtumszentren der Völkerwanderungszeit auf die eigenen Runen zurückgriff. Immerhin tragen etwa ein Viertel aller Brakteaten solche Schriftzeichen. Der geringen Größe der Objekte ist es geschuldet, dass sich die Inschriften bisweilen nur mühsam entziffern lassen. Dieses Problem erkannten freilich auch die Runenritzer, die Kürzungen gebrauchten, um die Zeichen überhaupt auf den dünnen Goldscheiben unterbringen zu können. Da eine solche Arbeit exzellente Kenntnis sowohl der Mythen, als auch der Runen voraussetzt, darf man auch hier von der Arbeit eines Runenmeister ausgehen, den man wohl gleichfalls als »Brakteatenmeister« bezeichnen darf. Freilich auch, weil die Brakteaten vorrangig als Amulette dienten, die wegen ihrer erhofften magischen Wirkung getragen wurden. Dabei dürften die »Odinsbilder« ebenso eine Rolle gespielt haben wie die Runen. Aber es war wohl nicht zwingend, dass die letzteren vollständig und damit korrekt lesbar wiedergegeben wurden. Ihre Aufgabe, Schutz vor bösen Mächten und Kräften zu bieten, erfüllten sie auch als »Pseudo-Zeichen«. Viele Brakteaten-Runen sind darum nur schlecht lesbar und ergeben erst im Kontext mit den Darstellungen einen Sinn.

Im Folgenden soll ein Blick auf einzelne Brakteaten und ihre Inschriften geworfen werden – ein Detailblick, der sowohl das Problem der Interpretation als auch die Fülle an möglichen Informationen verdeutlicht, die sich auf den winzigen Objekten entschlüsseln lassen. Eines vorweg: Sicher ist sich die Forschung selten, und der Name Wodans oder Odins findet sich ausdrücklich nirgends. Aber sein Geist als »göttlicher Runenmeister« scheint doch immer wieder präsent zu sein.

Das belegt bereits der B-Brakteat von Nebenstedt I (er gehört zur B-Gruppe und ist Teil einer Gruppe von elf Brakteaten, was die Nummerierung ausdrückt). Er wird dem 5. Jahrhundert n. Chr. zugeschrieben und landete später mit den anderen in einem Moor bei Nebenstedt (Landkreis Lüchow-Dannenberg/Niedersachsen), wahrscheinlich als Mooropfer (für Wodan?). Im Zentrum steht eine nach links schreitende Männerfigur mit einem übergroßen Auge (das andere ist nicht zu sehen). Die rechte Hand geht zum weit geöffneten Mund, die linke liegt auf der Scham. Die Runen finden sich zum Teil am Rand des Brakteaten. Sie sind nach links gerichtet, verlaufen also gegen den Uhrzeigersinn. Darunter finden sich Sturz- und Wenderunen, was Lesung und Deutung erschwert. Eine mögliche Lesart löst die Inschrift wie folgt auf:

*GlīaugiR wīu r*[ū]*n*[ō]*R l*[aukaR], ›Ich, der Glanzäugige, weihe die R[u]n[e]n. L[auch]‹ (Düwel 2008, S. 47 ff.). Schauen wir uns *GlīaugiR* in Runen an (allerdings normalisiert rechtsläufig): ᚷᛚᛇᚨᚢᚷᛁᛉ. Wer ist dieser »Glanzäugige«, an dem soviel für das Verständnis der Inschrift hängt? Die einen meinen, es sei der Runenmeister. Die anderen sehen darin Wodan selbst, der nach dem Fund der Runen (vgl. Odins Selbstopfer) diese einer Weihung unterzieht. Was spricht für den Gott? Einmal natürlich seine Rolle als Runengott, der im Bildprogramm der Brakteaten häufig präsent ist. Zweifelsohne stellt die abgebildete Figur ihn dar. Wie verhält es sich aber nun mit der Inschrift? Ein Argument dafür, dass hier auf Wodan verwiesen wird, wäre die Tatsache, dass unter den viel später überlieferten mehr als 170 altnordischen Decknamen Odins auch *Báleygr*, ›Flammenäugiger‹ zu finden ist. Wie auch immer: Ohne Wodan-Odin ergibt der Brakteat von Nebenstedt nicht viel Sinn (das l[aukaR] wird unter Runenmagie zu besprechen sein).

Im dänischen Sønder Rind (bei Viborg, Jütland) stieß man auf zwei Brakteaten des B-Typs, die einen Krieger mit Speer und Schwert zeigen. Ihm zu Füßen liegt ein dämonenhaftes Tier (vielleicht ein Greif), über das er Sieger bleibt. Und dazu die berührende Runeninschrift *winiR ik* (ᚹᛁᚾᛁᛉᛁᚲ) ›Freund [bin] ich‹. Dies alles möchte man so verstehen, dass der als Dämonenbekämpfer dargestellte Gott Odin sich als Freund des- oder derjenigen zu erkennen gibt, der oder die den Brakteat als Amulett trägt. Und welchen wirkmächtigeren magischen Schutz könnte es geben als die Freundschaft des Runengottes!

Auch der A-Brakteat von Sievern (bei Bremerhaven in Niedersachsen, 5. Jahrhundert n. Chr.) verweist auf Wodan und präsentiert sein nach rechts blickendes Götterhaupt im Profil. Er trägt offensichtlich einen prächtigen Helm und scheint zu sprechen. Der Brakteat entstammt wiederum einer Gruppe von elf Stück, die in einem Moor niedergelegt wurden. Diese elf

Goldbrakteaten könnten sogar einmal ein prachtvolles Collier gebildet haben. Das würde in die Fundregion passen, in der etliche Häuptlingssitze, Kultplätze und Befestigungsanlagen gelegen haben sollen. Auch die berühmte Germanensiedlung Feddersen Wierde ist von dort nicht weit entfernt. Die kurze linksläufige Runeninschrift des A-Brakteaten lautet *rwrilu* und ist wohl zu verstehen als *r*[ūnōR] *wrītu* (dabei muss sich aber der Runenschreiber einmal verschrieben haben und statt der t-Rune ᛏ die l-Rune ᛚ geritzt haben), ›Runen schreibe ich‹. Erneut stellen sich die Interpreten die Frage, ob sich hier der menschliche Runenmeister verewigt hat oder ob er den göttlichen Runenmeister Wodan sprechen lässt, der sich als Finder und Schreiber der Runen zu erkennen gibt.

Weit entfernt von Sievern stieß man im schwedischen Västergötland auf den A-Brakteaten von Trollhättan. Wieder zeigt sich eine Götterfigur im Profil, Wodan/Odin, die hier jedoch in der rechten erhobenen Hand einen runden Gegenstand aufzeigt, der als Brakteat verstanden werden kann. Dann würde Wodan sich als Stifter der Goldbrakteaten zu erkennen geben und deren geradezu heilige Bedeutung unterstreichen. Die rechtsläufigen Runen ᛏᚨᚹᛟᛚᚨᚦᛟᛞᚢ werden als *tawō laþōdu* gelesen, ›Ich nehme eine Einladung (Zitation) vor‹. Wen Wodan hier einlädt – der Runenmeister dürfte nicht gemeint sein – muss letztlich offenbleiben.

Schließlich noch zu dem prächtigen Goldbrakteaten aus dem Raum Køge (Seeland II, Dänemark, 5./6. Jahrhundert n. Chr.), der als Objekt der C-Gruppe auf Balders Fohlensturz anspielt (vgl. oben). Dementsprechend erscheint hinter dem dargestellten Pferd das Haupt Odins mit prächtigem Haarschmuck und einer Speerspitze. Linksläufig ist dann am Rand die Runeninschrift zu lesen: Auf *hariuhahaitika / farauisa / gibuauja* folgen zwei Sonderzeichen, deren Bedeutung umstritten ist. Die Inschrift lässt sich wie folgt transkribieren und in einen Satzzusammenhang übertragen: *Hariūha haitika, Fārawīsa, gibu auja*, ›Hariūha heiße ich, der Fārawīsa, [ich] gebe Glück (oder Schutz)‹.

Es scheint kaum verwunderlich, dass auch die Bedeutung dieser Runen unter Runologen umstritten ist. Aber zumindest ist man sich doch weitgehend darüber einig, dass die Runenworte dem dargestellten Gott Odin in den Mund gelegt werden. Er bezeichnet sich mit zwei Namen und verspricht dem Amuletträger seinen Schutz. Das passt zu der später überlieferten Vielnamigkeit des Gottes, wie sie vor allem im oben bereits erwähnten *Grimnirlied* überliefert ist.

Was aber bedeuten die beiden Namen? *Hariūha* bezeichnet Odin als den ›Heer-Hohen‹, als Herrn des Heeres – und in der Tat wird Odin häufig so oder ähnlich umschrieben (etwa altnord. *Herjaföðr*, ›Heervater‹). Das korrespondiert mit der abgebildeten Speerspitze, also mit dem Verweis auf seine Opfer- und Kriegswaffe. Dass dies ein kennzeichnendes Attribut des Gottes ist, belegt in der *Edda des Snorri Sturluson* sein Speer *Gungnir* (altnord. ›Schwankender‹), den gemäß der Mythologie Zwerge geschmiedet haben sollen. Zudem zeigen Bildsteine auf der Ostseeinsel Gotland (um 800) Odin als Speerreiter zu Pferde. *Fārawīsa* könnte ›der Gefährliches Wissende‹ bedeuten und einen ganz anderen Aspekt des Gottes herausstellen, nämlich seine Klugheit in geheimem Wissen. Oder sollte man das Wort als *Farawīsa* mit der Bedeutung ›Fahrtenkundiger‹ verstehen? Als geheimnisvoll Herumziehender tritt Odin noch in den spätmittelalterlichen *Vorzeitsagas* (Fornaldarsögur) Islands auf.

Kommen wir zu dem abschließenden Sonderzeichen. Gern hat man es als dreimalige Tyr-Rune ↑ interpretiert, die auf den alten Kriegsgott verweist (vgl. Kap. 2). Möglicherweise bezieht sich das Zeichen aber auch auf den Odinsnamen *Fimbultyr*, ›gewaltiger Gott‹, der in der *Weissagung der Seherin* erwähnt wird (Str. 60). Dort heißt es, nach Ragnarök, dem »Schicksal der Götter«, hätten sich die überlebenden Asen-Götter getroffen und sich »Fimbultyrs alter Runen« erinnert. So bietet der C-Brakteat von Raum Køge ein treffliches Beispiel dafür, wie die anderthalb Jahrtausende alten Goldplättchen mit ihren Bildprogrammen und Runen eine Fülle von Nachrichten aus der Glaubens- und Lebenswelt der Germanen bieten, in deren Mittelpunkt der Runengott Odin stand.

## *Donar bzw. Thor und andere Götter in Runeninschriften*

An Odins Bedeutung für die Runen reicht keine andere Gottheit heran. Gleichwohl findet sich in Inschriften auch dann und wann der Name des Gewittergottes Donar (aus german. *þunraR, ›Donner‹), der so populär war, dass die Germanen nach ihm den Donnerstag benannten. Die Römer setzten ihn anscheinend mit Herkules und Jupiter gleich und mehr erfahren wir dann auch lange Zeit nicht von ihm. Bis sein Name im 6. Jahrhundert n. Chr. gemeinsam mit dem Wodans in die Nordendorfer Fibel eingeritzt wird (vgl. oben). ᚹᛁᚷᛁᚦᛟᚾᚨᚱ, *Wigiþonar*, ›Kampf-Donar‹ heißt der wegen seiner Stärke gerühmte Gott dort. Besonders deutlich wird dies in den nordgermanischen Mythen der beiden Eddas, in denen der stärkste Asengott als Thor (altnord. *Þórr*) in Erscheinung tritt. Diesen Schriftzeugnissen zufolge verteidigt er die Götterwelt gegen die Riesen und führt außerdem einen ständigen Kampf gegen die Midgardschlange, die die Erde umgürtet. Einmal versuchte er sie sogar von einem Boot aus zu angeln. Dieser Mythos *(Thors Fischzug)* war zur Zeit der Wikinger sehr bekannt und findet sich bereits auf einem gotländischen Bildstein aus dem 8. Jahrhundert (Ardre VIII); später auch auf einem Steinkreuz im englischen Gosforth (Cumbria, 10. Jahrhundert) und auf dem schwedischen Runenstein von Altuna (um 1050). Außerdem soll die berühmte Szene die Hallenwände des isländischen Häuptlings Ólafr pá (Olaf Pfau) geschmückt haben.

Aber der Name des Donnergottes lässt sich auch in der einen oder anderen skandinavischen Runeninschrift entziffern. Als Beispiel mag der Runenstein von Glavendrup dienen, der um 900 auf der dänischen Insel Fünen mit Runen versehen wurde. Er ist fast 1,90 m hoch und bietet mit 210 Zeichen die längste dänische Runenritzung in ein Steinmonument. Als Teil einer uralten, 60 m langen »Schiffssetzung«, also aufrecht stehender Steine auf einem schiffsförmigen Grundriss, erhebt er sich auf einem Grabhügel (bis heute geht von dieser beeindruckenden Komposition ein stimmungsvoller Zauber aus).

Auf dem Stein finden sich weder Bilddarstellungen noch Ornamente – nur Runen, aber die sind bemerkenswert: In erster Linie ist er ein Gedenkstein, den – so die Inschrift – eine Witwe, Ragnhild, mit ihren Söhnen für ihren Mann errichtete, der als Gode bezeichnet wird und damit ein mächtiger Häuptling war. Danach folgt der Hinweis auf den Runenschreiber namens Soti, der die Runen für seinen toten Herrn ritzte. Schließlich eine sogenannte Weiheformel, deretwegen der Glavendrup-Stein hier von Interesse ist. Sie lautet: *þur uiki þasi runaR* ›Thor weihe diese Runen‹ – eine Formel, die sich auch andernorts findet und in der Wikingerzeit durchaus verbreitet war. Abschließend folgt eine Fluchformel, die demjenigen Übles androht, der sich an dem Stein vergreift.

Die Weiheformel ᚦᚢᚱ ᚢᛁᚴᛁ ᚦᛅᛋᛁ ᚱᚢᚾᛅᚱ, *þur uiki þasi runaR*, verweist üblicherweise darauf, dass Thor auch als Fruchtbarkeitsgott verehrt wurde – hier scheint er dem Runenstein sein Fortbestehen sichern zu sollen. Oftmals tritt neben eine Runenritzung das Symbol seines berühmten Hammers, der in den altnordischen Mythen als *Mjöllnir* (altnord., urnord. *melluniaR, vielleicht ›Blitzer‹, ›glänzende Blitzwaffe‹ oder ›Zermalmer‹) bezeichnet wird. Die mythische Wunderwaffe verfehlt, einmal geworfen, niemals ihr Ziel und kehrt anschließend in Thors Hand zurück. Darüber hinaus soll sein Gebrauch auch für Blitz und Donner verantwortlich sein. In der historischen Realität sah man Hämmer bzw. Äxte als bedeutende Weihegegenstände und Kultobjekte im Fruchtbarkeitskult. Insbesondere im 10. Jahrhundert findet sich das Hammermotiv gehäuft. Zudem wurden kleine Thorshämmer populär, die man als Amulette trug und womöglich dem christlichen Kreuz entgegensetzte.

Früher als Odins und Thors Namen tauchen in Runeninschriften interessanterweise göttliche Kollektivnamen auf. Auch in der späteren altnordischen Überlieferung Islands werden die Götter mehrmals als Gruppe angerufen, vor allem als ›Beratende‹ und als ›Bindende‹ (altnord. *bönd*). Besonders interessant ist dabei der Name der ›Rater‹ (altnord. *regin*, eigentl. ›die sich Beratenden‹), denen offensichtlich eine herausragende Bedeutung zukam. Das große Visionsgedicht *Weissagung der Sehe-*

*rin* nennt sie mehrmals an exponierter Stelle: »Da schritten alle Rater zum Richterstuhl, die heiligsten Götter, und beratschlagten [...]« (Str. 6 u. a.). Und dann erschaffen eben diese Götter die Welt.

Das Götterlied dürfte um 1000 entstanden sein – Runeninschriften nennen den Namen allerdings erheblich früher. Denn er findet sich bereits auf einem Granitstein (ca. 70 × 50 cm), der im schwedischen Noleby (auch Fyrunga, Västergötland, südwestlich des Vänersees) gefunden wurde und dessen Schriftzeichen der Zeit um 600 n. Chr. zugeordnet werden. Von der ursprünglichen Bedeutung des Steins nebst Inschrift ist nichts bekannt und die Runen selbst sind teilweise schwierig zu verstehen. Möglicherweise handelt es sich um ein Totengedenken oder eine magische Beschwörung. Sicher zu deuten sind allerdings die ersten (rechtsläufigen) Runen: ᚱᚢᚾᛟᚠᚨᚺᛁᚱᚨᚷᛁᚾᚨᚲᚢᛞᛟ, *rūnō fāhi raginaku*(n)*dō*, ›eine Rune male ich, eine von den Ratern stammende‹. Auf dem 200 Jahre später errichteten, bild- und textreichen, knapp 1,80 m hohen Runenstein von Sparlösa (ebenfalls in Västergötland) findet sich wiederum diese Formulierung, allerdings mit einer Aufforderung an den Leser der Inschrift: *Ok rađ runaʀ þar ræginkundu þar, svađ Alrikʀ lubu fađi*, ›und rate die Runen da, die von den Ratern stammenden, die Alrik lubu malte‹. Wie bereits erwähnt, wurden offensichtlich die Rater-Götter neben Odin als Schöpfer der Runen angesehen. Mehr wissen wir darüber leider nicht.

In der Mythologie der beiden Eddas spielt die Götterfamilie der Asen (altnord. *Æsir*, Sg. *Áss*) eine herausragende Rolle. Ihr gehören fast sämtliche Göttergestalten an, so Odin und seine Frau Frigg, die Odinssöhne Thor und Balder sowie viele andere. Ihre Bedeutung findet zudem im Namen der Götterwelt Asgard einen prägnanten Ausdruck. Der Name taucht auch außerhalb der Dichtung allenthalben auf, so in Personennamen wie Ansila und Ansgeir oder in den schwedischen Ortsnamen Asperg und Åslunda. Und er ist anscheinend sehr alt, denn man glaubt ihn bereits in den ersten Jahrhunderten n. Chr. aus dem Namen der Göttin Vihansa herauslesen zu können, der in lateinischer Schrift auf einer römischen Bronzetafel überliefert wird. Später kennen die Goten *(Ansis)* und Angelsachsen *(ēsa)* das Wort. Das germanische Grundwort *ans- könnte mit den Bedeutungen ›Pfahl, Balken‹ oder ›Lebenskraft‹ zusammenhängen und an die Verehrung von Pfahlgöttern erinnern. Wenig verwunderlich darum, dass auch eine der ältesten Runenritzungen diesen uralten Götternamen kennt. Die Bronzeschnalle von Vimose auf der dänischen Insel Fünen entstammt einem Mooropferfund von ca. 200 n. Chr. Sie ist reichlich versehen mit der a-Rune ᚨ, die bekanntlich ohnehin den Runennamen »Ansuz« (Ase) trägt. Die Schnalle sollte anscheinend einem Asen (ᚨᛊᚢ, *asu*) geweiht werden, womit Odin gemeint sein dürfte. Und noch in der Wikingerzeit ritzte man das Wort – mutmaßlich im 9. Jahrhundert – in einen Walknochen, den man in Engstad in Tröndelag (Norwegen) fand. Das Ganze lässt sich wohl als *Garđáss* lesen, also etwa Hof-Ase, Schutzgott des Gehöfts.

## *Runenmagie*

Die Runen galten mit Sicherheit nicht nur als götterentstammt und durch Odins Selbstopfer gewonnen, sondern sie verfügten in den Augen ihrer Anwender auch über magisches Potential. Was heißt, dass man sich mit ihrer Hilfe übernatürliche Kräfte nutzbar machen und Schaden oder Nutzen bzw. Schutz hervorrufen konnte. Eines der anschaulichsten Beispiele für solch eine Handlung bietet die isländische *Saga von Egill Skallagrimsson*. Um 1230 verfasst schildert sie eine Szene, die in der Mitte des 10. Jahrhunderts angesiedelt ist. Der Sagaheld Egill fühlt sich vom norwegischen Machthaber Eirik Blutaxt bedroht. Darum will er die Landgeister Norwegens verwirren und vertreiben und somit Land wie König schaden. Der Schadenszauber folgt einem gewissen Ritual. Egill nahm sich eine Haselstange und bestieg eine Felsnase, die landeinwärts wies. Dann steckte er einen Pferdeschädel auf die Stange und sprach: »Hier stelle ich eine Schmähstange auf gegen König Eirik und Königin Gunnhild« – dann drehte er den Pferdekopf gegen das Land – »ich richte diese Verwünschung gegen die Landgeister, die in diesem Lande wohnen, dass sie alle wirre Wege gehen sollen, weder Haus noch Heimstatt finden, bis sie König Eirik und Gunnhild aus dem Land vertrieben haben.« Dann stieß er die Stange in eine Felsspalte und ließ sie dort stehen. Er richtete das Pferdehaupt gegen das Land und ritzte Runen in die Stange ein, die seinen Schmähspruch festhielten.

Die mittelalterliche Sagahandschrift verzeichnet leider nicht die von Egill eingeritzten Runen; sehr wohl wäre für diesen Zauber die dreimalige Thurs-Rune ᚦᚦᚦ infrage gekommen, die bekanntlich nach den bedrohlichen Riesen der Thursen benannt wurde. Überhaupt potenzierte die mehrmalige Ritzung der gleichen Runen die magische Wirkung: Die dreimalige Tyr-Rune ᛏᛏᛏ unterstrich die Bitte nach Sieg, die dreimalige Fehu-Rune ᚠᚠᚠ den Wunsch nach Reichtum und Glück. Aber das war wohl längst nicht alles. Ein Heldenlied der *Älteren Edda*, das *Sigrdrifalied* (Sigrdrífumál, auch *Die Erweckung der Walküre*), schildert ein Abenteuer des jugendlichen Helden Sigurd, der die von einem Schlafdorn Odins gestochene Walküre Sigrdrifa (Brynhild) erweckt und sie bittet, ihm Weisheiten zu verraten. Das tut sie mit einer Fülle von Zauberrunen, etwa Schlafrunen, Heilungsrunen, Liebesrunen, Siegrunen, Bierrunen, Geburtsrunen, Brandungsrunen, Astrunen, Rederunen, Weisheitsrunen, Buchenrunen, Machtrunen und nicht zuletzt Schadens- und Falschheitsrunen. Ob sie alle in der magischen Praxis Verwendung fanden, ist ungewiss. Vielleicht dienten sie lediglich als literarische Motive, die ein altertümliches Ambiente vermitteln sollten. Aber grundsätzlich falsch war das nicht; denn in der Tat finden sich in viel älteren Zeugnissen Runenformeln mit entsprechenden Wörtern.

Das gilt insbesondere für sogenannte Formelwörter, die gewissermaßen eine verkürzte, konzentrierte Zauberformel boten. So etwa ᚨᛚᚢ, *alu* (›Abwehr, Schutz, Tabu‹; verwandt mit altnord. *öl* ›Bier, Rauschtrank‹), das auf Brakteaten, Steinen sowie Amuletten des 3. bis 8. Jahrhunderts zu finden ist. Das Wort sollte dem Träger des Amuletts Schutz bieten vor Wiedergängern und anderen schädlichen Wesen und Einflüssen. Auch

ᛚᚨᚦᚢ, *laþu* (›Ladung, Einladung‹) lässt sich immer wieder auf Brakteaten entziffern und dient wahrscheinlich dem Zweck, Helfer Odins herbeizurufen. Ab und an tragen Amulette und Brakteaten (etwa solche aus Hüfingen am Ostrand des Südschwarzwalds) das Formelwort ᛟᛏᚨ, *ota* (vielleicht ›Schrecken, Furcht‹), das entsprechend seiner Bedeutung dazu diente, feindliche Mächte abzuschrecken. Das Interessanteste dieser magischen Runenfolgen ᛚᚨᚢᚲᚨᛉ mag das Wort *laukaR*, ›Lauch, Lebenskraut‹ (altnord. *laukr*) sein. Denn der Lauch genoss als Heilpflanze mit magischer Wirkung großes Ansehen. Selbst in der eddischen Überlieferung wird er als Mittel gegen vergifteten Met empfohlen. Viele Brakteaten tragen darum das Runenwort *laukaR*, das Glück und Heil verheißen sollte. In einem späten literarischen Text gehen Lauch und Leinen eine bemerkenswerte Verbindung ein: Die *Geschichte von Völsi* (*Völsa þáttr*, altnord. ›Penis‹) in der altnordischen *Saga Olafs des Heiligen* (13./14. Jahrhundert) erzählt davon, wie einer Bauernfamilie Nordnorwegens der Hengst eingeht und dessen Fleisch gegessen wird. Die Bäuerin konserviert das Pferdeglied, indem sie es in Lauch, Leinen und Kräuter wickelt. Der Penis wächst weiter an und wird jeden Abend reihum gegeben, wobei jeder eine Strophe spricht. Dabei wird jeweils darum gebeten, Mörnir (dessen Bedeutung unklar ist) möge das Opfer annehmen.

Was immer die Bedeutung dieser späten Überlieferung eines womöglich uralten heidnischen Rituals war, ein Opfer an Fruchtbarkeitsgöttinnen oder pure Phantasie des christlichen Mittelalters, ihre Formel findet sich bereits in einer Runenritzung, die ein Jahrtausend älter ist. Das ca. 10 cm lange Schabmesser von Fløksand (Hordaland, Norwegen, um 350 n. Chr.) blieb als Grabbeigabe erhalten und weist auf seiner Klinge eben jene Wendung *līna laukaR*, ›Leinen (und) Lauch‹ auf, die die *Geschichte von Völsi* verständlich und anschaulich macht. Die magische Formel dürfte den Wunsch nach Fruchtbarkeit und Wohlstand ausgedrückt haben; denn der Runenträger, also das Schabmesser, wurde auf einem Bauernhof verwendet, vielleicht um Fleisch von der Tierhaut zu entfernen oder um Flachs zu bearbeiten. Für diese Bedeutung spricht übrigens, dass nachträglich neben die Inschrift die f-Rune ᚠ für Reichtum und Glück geritzt wurde.

Der möglichen magischen Inhalte und Bedeutungen gibt es zahlreiche in Runeninschriften (auf etliche werden wir in den folgenden Kapiteln noch zu sprechen kommen). Hier noch zwei Runenritzungen, deren magische Bedeutung offensichtlich scheint: Dazu gehört die Steinplatte von Kylver (vgl. Kap. 2), die bislang die älteste Futhark-Reihe überliefert. Sie diente bekanntlich der Abdeckung eines Grabes. Wie ist dabei zu erklären, dass die Inschrift zum Toten wies? Doch wohl am sinnvollsten damit, dass man schon der bloßen Runenreihe magische Wirkung unterstellte und den Toten damit bannen wollte (vgl. zur Angst vor Wiedergängern S. 18). Und dann das Amulett von Lindholmen im südschwedischen Schonen, das im 5. Jahrhundert n. Chr. als Mooropfer hinterlegt wurde: Dabei handelt es sich um ein 16 cm langes Stück Tierhorn, in das unter anderem eingeritzt wurde *ek Erilaʀ sā (Wīl)agaʀ ha*[i]*teka*, ›Ich, der Erilaʀ hier, heiße Wīlagaʀ (der Listige)‹. Und dann ritzte der listige Runenmeister achtmal die a-Rune ᚨ, dreimal die z/r-Rune ᛉ, dreimal die n-Rune ᚾ, dann die b-Rune ᛒ, die m-Rune ᛗ, die u-Rune ᚢ und dreimal die t-Rune ᛏ. Das Ganze schließt mit dem Formelwort *alu*. Wenn hier keine Magie waltet! Ansonsten ergibt die Ritzung jedenfalls wenig Sinn. Der Runenmeister dürfte sich hier auch als geübter Magier erweisen. Und der Rückgriff auf die Bedeutungen der einzelnen Zeichen mag in dieser kryptischen Ritzung ergiebig sein. Was aber, um mit den später überlieferten Runennamen zu sprechen, acht Asen, drei Elche, vier Nöte, Birkenreis, Mann, Ur, der Gott Týr und die alu-Formel in ihrer Gesamtheit auf dem südschwedischen Hornstück bezwecken sollten, das bleibt einmal mehr das Geheimnis des Eril.

# 4. Brauchten die Germanen eine Schrift?

## Die ältesten Runenfunde und die Fragen nach dem Ursprung

### *Die ältesten Runen*

Unserem rationalen Weltbild ist es geschuldet, dass sich die Erforschung der Runen nicht mit der mythischen Erklärung um den Runengott Wodan/Odin zufriedengeben konnte. Man stellte sich hingegen die Frage, woher diese Zeichen stammen, seit wann sie unter den Germanen überhaupt angewendet wurden und ob es etwa einen oder mehrere »Runen-Erfinder« gibt. Fürs Erste bleibt es eine bemerkenswerte Feststellung, dass eine materiell ziemlich arme Bauerngesellschaft in der Lage und Willens ist, sich ein ganzes Schriftsystem zu erschaffen und anzuwenden. Im Gegensatz zu den Hochkulturen der Ägypter und Sumerer bis hin zu den Griechen und Römern lebten die zahlreichen Stämme zwischen Donau, Rhein und Skandinavien in wenig entwickelten Stammesgruppen, die etwa einer Verwaltungsschrift nicht bedurften. Dieser Frage nach dem Warum, der wir unten weiter nachgehen wollen, stellt sich das Problem der Überlieferung zur Seite. Denn die Runen findet man eben nicht auf Papyrusrollen, Keilschrifttafeln, Pergamentcodices oder Grabinschriften (Runensteine kommen erst im Laufe der Überlieferung auf), sondern auf losen Gegenständen wie Schmuck und Waffenteilen, die chronologisch schwer einzuordnen sind. Aber es gibt diese Funde und sie lassen doch Schlüsse auf das Aufkommen der germanischen Schrift zu.

Natürlich existieren Theorien bzw. bloße Behauptungen, welche die Runen als uraltes germanisches Erbgut betrachten, das bis in die Bronzezeit zurückreicht. Das wäre die einfachste Erklärung, hätten sich ihr zufolge die Germanen doch schlichtweg nur aus dem auf sie übergekommenen Erbe bedient. Diese Vorstellungen sind jedoch derart unseriös und ideologisch verquast, dass sie Thema eines anderen Kapitels sein sollen (Kap. 11). An dieser Stelle wollen wir auf den Stand der aktuellen Forschungsergebnisse zurückgreifen. Diesen zufolge kann eben nicht aus nichts etwas entstehen. Zudem gilt es genau zu unterscheiden zwischen Runen und möglichen älteren Symbolen, die in der Tat früher und insbesondere in der vorgermanischen Bronzezeit auftauchen. Und dann stößt man auf Zeichen (oder Zufallsfiguren), bei denen Unsicherheit über ihren Charakter besteht. Die ältesten Inschriften seien im Folgenden vorgestellt.

Am Anfang (was sich nach Neufunden jederzeit ändern kann) steht eine unscheinbare 4 × 6 cm große Keramikscherbe, die einstmals Teil einer weitmundigen Schale war. Irgendwann im Laufe des ersten Jahrhunderts n. Chr., wenige Jahrzehnte nach der berühmten »Schlacht im Teutoburger Wald« (9 n. Chr.), ging die von den einheimischen Germanen hergestellte Gebrauchskeramik zu Bruch. Das erhaltene Stück gelangte in das Innere einer Zisterne, in der Wasser für mehrere Bauernhöfe gesammelt wurde. Heute liegt dort die Gemeinde Osterrönfeld am Nord-Ostsee-Kanal in Schleswig-Holstein. Vor 2000 Jahren brannte ein Germane (oder eine Germanin?) die einfache Keramikschale und ritzte vorher etwas in den weichen Ton. Die ca. 1 cm hohen Zeichen kann man als Runen ᚱ ᚨ oder als lateinische Buchstaben R und A lesen. Da die Datierung archäologisch gesichert ist, darf man sich mit Fug und Recht die Frage stellen, was einen Keramik brennenden Germanen dazu brachte, mit Absicht und auf Dauer Schriftzeichen einzubrennen. Wir wissen es nicht, können aber doch zumindest feststellen, dass Runen oder zumindest das Wissen um lateinische Buchstaben in den Norden gelangt waren. Wir werden noch sehen, dass dies keinesfalls verwunderlich war.

Die Ritzung der Keramikscherbe von Osterrönfeld ist jedenfalls bezüglich ihres Schriftcharakters äußerst zweifelhaft. Ein großes Fragezeichen ist auch hinter die Zeichen der Fibel von Meldorf (Kreis Dithmarschen, Nordseeküste) zu setzen. Nach typologischen Kriterien handelt es sich dabei um eine bronzene 8,5 cm lange Rollenkappenfibel, wie sie im 1. Jahrhundert

n. Chr. von den Germaninnen der Region gern getragen wurden. Womöglich wurde sie über Jahrzehnte verwendet und weitergegeben, bis sie als Grabbeigabe unter die Erde gelangte. Als unspektakulärer Teil der Frauentracht kam das Stück ins Magazin des Archäologischen Museums in Schleswig. Dort nahm man es nach Jahrzehnten 1979 genauer unter die Lupe und entdeckte etwas Eingeritztes:

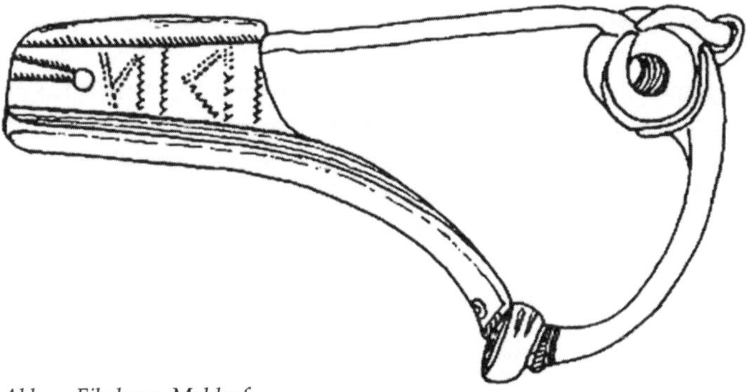

*Abb. 2: Fibel von Meldorf*

Was aber sind das für Zeichen? Lateinische Großbuchstaben der Capitalis-Schrift oder deren Imitation? Oder Proto-Runen, also noch keine entwickelten Runenzeichen? Oder doch schon Runen? Und wie sind die vier Zeichen auf dem kleinen Nadelhalter überhaupt zu lesen: linksläufig oder rechtsläufig? Folgen die Zeichen überhaupt einer Richtung (man denke an die Wenderunen)? Für Runen böten sich diese Lesungen an: linksläufig ᛁᚦᛁᚺ, *iþih,* und ᛁᚹᛁᚺ, *iwih,* oder rechtsläufig ᚺᛁᚦᛁ, *hiþi,* oder ᚺᛁᚹᛁ, *hiwi,* (jeweils mit der Wenderune þ oder w). Und für lateinische Schrift – allerdings in umgekehrter Richtung IDIN. Ebenso ungewiss wie die Lesung ist die Bedeutung der Zeichen. Hier einige Vorschläge: IDIN könnte eine Widmung sein ›für Ida‹, ›für Iddo‹, ebenso *hiwi*: ›für Hiwi‹. Oder muss man die Zeichen ergänzend lesen, nämlich Irili ›für den Runenmeister‹? Ist Iþih gar ein alter Beiname Wodans/Odins? Letztendlich bleibt es ungewiss. Sicher scheint allenfalls, dass Schriftzeichen in den

Köpfen einiger Germanen präsent waren und vielleicht spielerisch angewandt wurden.

Mit Sicherheit sind erst die Zeichen auf dem Kamm von Vimose von der dänischen Insel Fünen als Runen zu identifizieren. Auf dem knapp 6 cm langen Objekt findet sich eine rechtsläufige Inschrift aus fünf Zeichen: ᚺᚨᚱᛃᚨ, *harja*, was man als männlichen Kurznamen mit dem Wortbestandteil *Hari*, ›Heer‹ versteht. Ob sich der Name auf den Kammbesitzer oder gar auf einen Runenmeister bezieht ist unklar. Wahrscheinlich jedoch lässt sich mit dem Kamm folgendes Szenario verbinden: Sein Eigentümer zog um 160 n. Chr. irgendwo im südlichen Dänemark auf einen Kriegszug gegen einen benachbarten Stamm. Das endete für ihn tödlich und seine Waffen und anderes Eigentum, darunter der Kamm, wurden in einem Moor dem Gott Wodan als Kriegsbeuteopfer dargebracht.

Da erging es einem norwegischen Krieger aus der Zeit um 200 n. Chr. wohl besser. Er fand seine letzte Ruhestätte neben drei anderen Gräbern in einem Grabhügel. Dort, in der Region Oppland, hatte man seine Asche beigesetzt. Unter den durch das Feuer beschädigten Beigaben ragt sein 28 cm langes Lanzenblatt hervor. Die Waffe lässt sich einem Typ zuordnen, der um diese Zeit von unteren Militärrängen benutzt wurde. Gleichwohl zeichnet sich die sogenannte Lanzenspitze von Øvre Stabu durch Runen aus: ᚱᚨᚢᚾᛁᛃᚨ(ᛉ), *raunija(R)* findet sein späteres altnordisches Gegenstück in dem Wort *reynir*, ›Erprober‹, und das ist auch hier gemeint. Viel spricht dafür, dass sich diese Bezeichnung auf die Waffe und ihre Eigenschaften bezieht. Während des Angriffs sollte sie den Feind auf die Probe stellen, vielleicht seinen Schild erproben. Insofern hat der Name durchaus eine poetische Note; aber auch eine magische Intention der Stärkung ist ihm nicht abzusprechen. Lanzenspitze und Runeninschrift lassen uns einen Blick in die Welt der germanischen Krieger werfen, die mehr von Kämpfen untereinander als vom Krieg gegen Rom geprägt war.

Die ältesten Runenfunde des 2. und 3. Jahrhunderts n. Chr. sind derartige Kleinfunde wie die eben beschriebenen. Es sind um die 40 Objekte, darunter Fibeln, Lanzenspitzen, Speerschäfte, Kämme, aber auch der Feuerstahlgriff von Illerup (Jütland), ein kleines Holzteil, dessen eingeritzte Runen *gauþ*ʀ vielleicht mit der Bedeutung ›Glanz‹ oder ›Gabe‹ auf die funkenschlagende Eisennadel verweisen. In Norwegen erhielten sich runentragende Gegenstände zumeist als Grabbeigaben, in Dänemark überdauerten sie als Opfergaben in Mooren wie die von Illerup, Thorsberg, Vimose und Nydam. Diese diversen Funde aus Südskandinavien bzw. Norddeutschland sind zu ergänzen um drei Lanzenblätter, die im östlichen Europa gefunden wurden und darum Ostgermanen wie den Goten zugeschrieben werden müssen. Darunter befindet sich das knapp 17 cm lange Lanzenblatt von Dahmsdorf in Brandenburg, das mit in Silberdraht eingelegten Symbolen wie einer Swastika und einer Triskele (Dreiwirbel) recht prächtig verziert ist. Außerdem zeigt es die Runenritzung ᚱᚨᚾᛃᚨ, *ranja*, die die Waffe als ›Anrenner‹ bezeichnet, und damit als Objekt, das ›in die Flucht schlägt‹. Der dahinter stehende magische Glaube deckt sich zweifelsohne mit dem der obigen norwegischen Lanzenspitze.

Mit dieser exemplarischen Auswahl ältester Runenfunde soll an dieser Stelle die Aufzählung enden. Wie deutlich geworden ist, handelt es sich bei diesen Funden ausschließlich um kleinteilige Objekte, wobei oftmals sogar unklar ist, ob und wann wir es mit Runen zu tun haben. Ob uns diese Funde daher bei der grundlegenden Frage nach der Entstehung der Runenschrift weiterbringen, wird unten noch zu behandeln sein.

## *Eine kleine Sensation*

Dass die Runenforschung immer wieder mit Überraschungen oder sogar Sensationen aufwarten kann, belegt ein Fund aus dem Erfurter Ortsteil Frienstedt. Dort hat man zwischen 2001 und 2003 eine germanische Siedlung ausgegraben, die vom 1. bis ins 5. Jahrhundert n. Chr. existierte. Für einen gewissen Wohlstand der kleinen Siedlung spricht eine Anzahl von Gräbern mit reichen Beigaben. Die Grundlage dafür dürften einige Handwerker gelegt haben, insbesondere Schmiede, die römische Bronzeteile von Pferdegeschirr, Zierbeschlägen, Schmuck, Schlüsseln und anderem in großer Menge sammelten und wieder verwerteten. Die Funde sprechen für Kontakte mit dem Imperium Romanum ebenso wie nach Südschweden. Die frühen Thüringer dieser Siedlung nannten etliche römische Importgüter ihr Eigen und pflegten offensichtlich sogar mediterrane Essgewohnheiten. Gleichzeitig hingen sie jedoch den althergebrachten Bräuchen an, wie etwa religiösen Kulten. Dazu gehörte ein Kultplatz mit einem für Opfergaben vorgesehenen Schacht, in dem man vielerlei Objekte fand: Tierreste, römische Münzen, Goldringe, wertvolle Fibeln und eine eiserne Lanzenspitze. Darunter befand sich auch ein ursprünglich über 12 cm langer, dreieckiger Kamm aus Hirschgeweih, der in etliche Teile zerbrochen war. Bei der Wiederherstellung dieses recht unscheinbaren Objekts erwies sich der Kamm als ansehnlich gearbeitet und mit sogenannten Kreisaugenornamenten verziert. Außerdem entdeckte man unauffällige Ritzungen, die sich als Runen herausstellten. Genauer gesagt ließen sich vier Zeichen, nämlich ›ᚠᛒᚨ‹, entziffern, was als *ka(m)ba* gelesen werden muss. Das wiederum bezeichnet schlichtweg den Gegenstand als ›Kamm‹, und das war die eigentliche Sensation des Frienstedter Fundes in Thüringen. Der Kamm nebst Ritzung kann der Zeit um 300 n. Chr. zugeschrieben werden. Damit sind die Frienstedter Runen die südlichsten für diesen Zeitraum. Alle anderen Funde, ausgenommen die ostgermanischen Lanzenblätter, sind auf den südskandinavischen Raum um Dänemark konzentriert.

Darüber hinaus verdankt der zunächst unscheinbare Fund seine Prominenz einem weiteren Umstand, der hier nur kurz angesprochen werden soll. Dabei geht es um die sprachliche Zuordnung: Während sämtliche frühen Runeninschriften nordgermanische Sprachen wiedergeben, gehört *ka(m)ba* wegen seiner maskulinen a-Endung zu den westgermanischen Dialekten. Damit stellt es das bis dato älteste Zeugnis dieser Sprachgruppe dar. Diese »Kleinigkeit« könnte ein ganzes Forschungsbild zum Wanken bringen. Denn bislang musste davon ausgegangen werden, dass der Runengebrauch so früh nur im

Norden üblich war und erst später von Südgermanen übernommen wurde – so von den Alamannen im 6. Jahrhundert. Waren Runen vielleicht viel früher auch im heutigen Deutschland verbreitet und ist unser Bild nur den Zufällen der Überlieferung geschuldet?

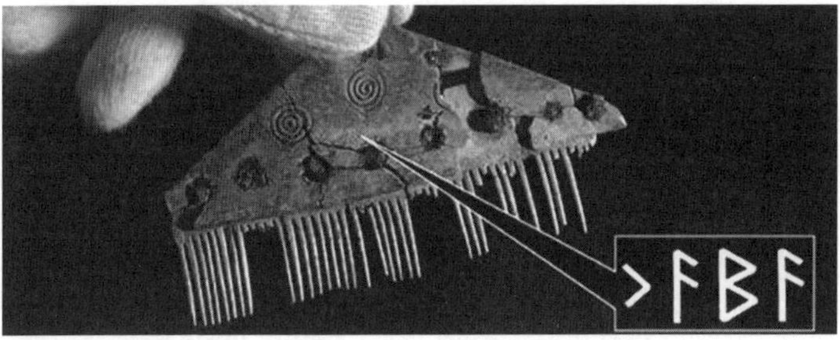


*Abb. 3: Kamm von Frienstedt*

Kommen wir noch zu einem letzten Aspekt des kleinen Sensationsfundes: Ist die geradezu kindliche Benennungs- und Beschriftungsfreude eines Kammes nicht ein vorzüglicher Beweis dafür, dass Runen zu ganz profanen Zwecken verwendet wurden? Das kann man in der Tat so sehen, allerdings wäre um 300 n. Chr. die Runenkenntnis für bloße Übungen und Spielereien wohl doch zu fortgeschritten. Vor allem sollte man von unserer profanen Verwendung des Kammes nicht auf die einer anderen Zeit und einer anderen Kultur schließen. Denn das Haar galt im Volksglauben seit jeher als Träger von Lebenskraft. Diese Auffassung findet sich auch bei den Germanen – bezeugt übrigens noch auf dem fränkischen Grabstein von Niederdollendorf (um 700 n. Chr.), auf dem sich ein Krieger sein Haar mit einem Kamm kämmt. Das langgewachsene Haupthaar konnte herrschaftliche, sogar sakrale Bedeutung haben, wie es für die Merowingerkönige bezeugt ist. Ein Kamm wie der von Frienstedt kann auf diese Eigenschaften des Haares verweisen und insofern durchaus magisch-sakrale Bedeutung haben.

Halten wir fest, dass anhand der ältesten gefundenen Inschriften Runen im 1., spätestens im 2. Jahrhundert n. Chr. in Südskandinavien greifbar sind. Frühere Funde ließen sich bislang nirgendwo in den ehemaligen Germanengebieten machen. Dabei fällt auf, dass dieser Zeichengebrauch anscheinend just in einer Epoche einsetzt, die durch engen Kontakt mit dem Römischen Reich geprägt ist. Dessen Zivilisation stellte selbstredend mit ihrem weitverbreiteten »Alphabet« eine Schriftkultur dar. Die lateinischen Buchstaben fanden nicht nur handgeschrieben auf Papyrusrollen Verwendung, sondern waren auch als eingemeißelte Großschrift allenthalben präsent – so an öffentlichen Bauten, Grab- und Weihesteinen. Germanen, die etwa römische Provinzstädte wie Köln oder Mainz besuchten, kamen dort in Kontakt mit den lateinischen Buchstaben. Und weisen nicht etliche Runen eine gewisse Ähnlichkeit mit dem Alphabet auf? Hier die auffälligste Auswahl: ᚱ-R, ᚲ-K, ᚺ-H, ᛁ-I, ᛊ,ᛋ-S, ᛏ-T, ᛒ-B, ᛗ-M.

An dieser Stelle lohnt ergänzend ein Blick auf die römisch-germanischen Beziehungen in den Jahrhunderten um die Zeitenwende. Den ersten, äußerst kriegerischen Kontakt gab es bekanntlich mit den Kimbern und Teutonen, die 101 v. Chr. endgültig in Oberitalien besiegt werden konnten. Zahlreiche Kimbern sollen versklavt worden sein und manche als Gladiatoren in Rom ein Ende gefunden haben. Tut sich da schon eine Spur auf? Könnten Überlebende dieses jütländischen Volkes in ihre Heimat nach Dänemark zurückgekehrt sein und eine »Runen-Idee« mitgebracht haben? Diese Erklärung setzt zeitlich wahrscheinlich viel zu früh an; zudem sind manche Forscher der Meinung, die von den Römern besiegten Kimbern hätten wohl anderes im Sinne gehabt, als eine Schrift zu erfinden (Vgl. Düwel 2008, S. 179). Durch Cäsars Krieg in Gallien waren die Römer seit der Mitte des letzten Jahrhunderts v. Chr. am Rhein präsent und damit unmittelbare Nachbarn von germanischen Stämmen. In diesem Zusammenhang sei darauf verwiesen, dass der Statthalter Marcus Vipsanius Agrippa im Jahr 38 v. Chr.

die romfreundlichen germanischen Ubier vom rechten Rheinufer des Lahn-Taunus-Gebiets ins Kölner Land umsiedelte. Und dort entwickelte sich aus dem Oppidum Ubiorum, der Stadt der Ubier, die prächtige Hauptstadt der Provinz Niedergermanien, die Colonia Claudia Ara Agrippinensium, heute kurz »Köln«. Hinlänglich bekannt sind die Militärzüge des Nero Claudius Drusus und des späteren Kaiser Tiberius, die unter anderem über die Lippe und den Main, aber auch als Flottenoperation die Nordseeküste entlang bis zur Elbe führten.

Bis es im Jahr 9 n. Chr. zum großen Germanenaufstand unter Führung des Cheruskers Arminius kam, zeigten die Römer vielerorts in Germanien ihre Präsenz. Und um die Zeitenwende kann man sogar von einer gewissen Romanisierung sprechen, von einem Wandel insbesondere unter Westgermanen wie den Chauken, den Chatten oder den Cheruskern. Römische Soldaten und Händler zogen umher, an Lippe und Lahn, im Taunus und andernorts entstanden Militärlager, an Wegen errichtete man Straßenstationen nach römischem Vorbild und an den Flüssen kleine Flottenhäfen. In Waldgirmes an der Lahn wurde planmäßig ein frühes städtisches Zentrum angelegt, das als Marktplatz diente und als zukünftiger Verwaltungssitz vorgesehen war. Für einen römischen Einfluss sprechen auch Ereignisse, die im Inneren Germaniens abliefen. So hatte etwa der Markomanne Marbod im Gebiet des heutigen Tschechiens ein recht ungewöhnliches germanisches Reich begründet, das dem Vorbild Roms und seiner militärischen Organisation folgte. Dies überrascht wenig, bedenkt man, dass Marbod eine Zeit lang in römischen Diensten gestanden haben soll. Um die Zeitenwende konnte er zu seinem Machtbereich eine erkleckliche Anzahl von Stämmen zählen, so die Semnonen, Langobarden, Hermunduren, Lugier und die Goten an der Weichsel. Seine Krieger sollen in ständigen Kampfübungen beinahe römische Disziplin erworben haben. Die Markomannen gelten mit ihrem Großreich übrigens auch als mögliche Erfinder und Verbreiter der Runen. Führende Köpfe kannten ohne Zweifel Rom und seine Kultur sehr gut und beherrschten wahrscheinlich sogar die lateinische Schrift. Über die Beziehungswege ihres Großreichs hatten sie weitreichende Verbindungen, die bis nach Südskandinavien gereicht haben dürften. Eine nachvollziehbare Theorie also, der leider jegliche Beweise fehlen. Zwischen Marbods Markomannenreich und den ersten Runen in Dänemark tut sich eine bislang ungefüllte Lücke auf.

Roms Macht in Germanien schwand durch die Niederlage in der sogenannten Varusschlacht mit mehr als 20 000 gefallenen Soldaten dahin. Mehr als eine Nebensächlichkeit der Geschichte ist der Umstand, dass der Cheruskerhäuptling Arminius (ein römischer Name, sein germanischer ist nicht bekannt) als Offizier im kaiserlichen Heer gedient hatte und wie Marbod der lateinischen Schrift mächtig gewesen sein dürfte. Wären die germanischen Stämme zwischen Rhein und Elbe romanisiert worden, hätte sich auch unter ihnen das Alphabet verbreitet. Dazu kam es bekanntlich nicht und Rom zog sich an den Rhein zurück. Von dort winkten jedoch den freien Germanen die Versuchungen der antiken Zivilisation: Waffen, Münzen, Glas und Silbergeschirr, edles Tuch und Schmuck versprachen den Häuptlingen Ansehen und Macht. Der römische Einfluss herrschte insofern weiter, und das Imperium Romanum blieb für germanische Krieger ein verlockendes Ziel. Ganze Verbände traten mit ihren Anführern in römische Dienste und kehrten nach einigen Jahren reich beladen in ihre Heimat zurück. Für sie bot sich ein Dienst in den römischen Hilfstruppen, den sogenannten Auxiliareinheiten, an.

Seit jener Zeit ist die zunehmende Intensität des römischen Einflusses auf Germanien archäologisch greifbar. Dies bezeugen insbesondere Gräber und Opferfunde: So die Prunkgräber von Lübsow in Pommern (Nordwest-Polen) aus den ersten beiden Jahrhunderten n. Chr. Ihre Toten wurden nicht mehr wie unter Germanen üblich verbrannt, sondern in Baumsärgen bestattet. Diese standen mit reichen Beigaben in holzverkleideten Kammern, über die Hügel errichtet wurden. Zu den wertvollen Totenbeigaben zählen silberne und bronzene Fibeln, goldene Fingerringe, Perlen aus Glas und Bernstein, prächtige Gürtelbeschläge, Kämme, Messer und Scheren, Sporen sowie andere Teile des Pferdegeschirrs und Trinkhörner, alles zumeist von germanischen Handwerkern hergestellt. Zur Ausstattung dieser Fürstengräber gehörte aber auch vielteiliges Silber- und Bronzegeschirr, das aus Rom stammte. Solche reich ausgestatteten Gräber fanden sich vielerorts in Germanien: in Böhmen, im östlichen Norddeutschland, im Oder- und Weichselgebiet und auf den dänischen Inseln. Selbst Germanen, die nie einen Römer zu Gesicht bekamen, wussten um das Prestige dieser kunstvollen Gegenstände. Nach dem Befund der Fürstengräber zu urteilen, entstand über Hunderte von Kilometern in verschiedenen Stämmen eine reiche Adelsschicht, deren Mitglieder eines gemein hatten: Sie wollten den römischen Lebensstil imitieren und damit Ansehen gewinnen. Anhand dieser und ähnlicher Beispiele lässt sich die Bedeutung der römischen Kultur für die germanische Oberschicht anschaulich nachweisen. Dazu treten die erwähnten Militärdienste barbarischer Krieger für den Kaiser und seine Herrschaft. Insofern stand den selbst schriftlosen Germanen das lateinische Alphabet am nächsten. Der einfachste Weg seiner Übernahme oder der Entlehnung einzelner Zeichen wäre wohl der über die römischen Provinzen im Rheinland gewesen. Unter den benachbarten westgermanischen Stämmen treten allerdings entsprechend der derzeitigen Fundsituation keine Runen auf. Die finden sich bekanntlich zuerst weit entfernt von der Reichsgrenze in Dänemark.

## *Woher stammen die Runen?*

Die Spekulationen über die engen kulturellen Beziehungen zwischen Germanen und Römern haben kein akzeptables Ergebnis gezeitigt. So manche Erklärung die auf der Hand lag, lief angesichts fehlender (archäologischer) Befunde ins Leere. Nun sind die Runologen seit dem 19. Jahrhundert einen bestimmten Weg gegangen, um das Geheimnis um die Herkunft der Runen zu klären. Voraussetzung war die Annahme, dass – wie oben bereits angesprochen – die Schriftzeichen kein autonomes germanisches Eigenprodukt sind, sondern es für ihre Entstehung eines sogenannten Vorlagenalphabets bedurft hätte. Dass dieses Zeichensystem kein x-beliebiges sein konnte, bekräftigen Zeichenart und Form der Runen. Dabei deutet alles auf die Vorlage von Schriftzeichen aus dem Mittelmeerraum hin. Man vertritt heute drei unterschiedliche Thesen, welche Schrift diese Volage gewesen sein könnte:

- Die »Latein-These«, die erstmals der dänische Forscher Ludvig Wimmer 1874 formulierte, geht vom Vorbild der römischen Kapitalschrift aus. Deren Kenntnis sei nach Dänemark gelangt, wo ohnehin bei aller Entfernung der Kultureinfluss Roms in Grabbeigaben und Opfergaben deutlich zu sehen ist. Hier oben im Norden soll das Alphabet der Großbuchstaben inspirierend gewirkt und letztlich zur Erfindung der Runen geführt haben. Seit Wimmers Zeit ist diese These weiter ausgebaut bzw. variiert worden. So brachte man beispielsweise die lateinische Kursivschrift ins Spiel oder verlegte die mutmaßliche Schöpfung der Runen zu den ostgermanischen Goten, die im 1. Jahrhundert n. Chr. im Weichselgebiet siedelten.
- Die »Griechisch-These« möchte das klassische griechische Alphabet als Vorlage annehmen und erfreute sich zeitweise sogar der größten Akzeptanz. Ihr Schöpfer war der Norweger Sophus Bugge, der sich seit 1899 seiner Überzeugungsarbeit widmete und später Unterstützung durch den Schweden Otto von Friesen erfuhr. Beide setzten voll und ganz auf die Goten, deren Wurzeln nach der Überlieferung in Schweden lagen. Später siedelten sie dann im Weichselgebiet, von wo aus sie allmählich auf die nordwestlichen Gebiete der Schwarzmeerküste vorstießen. Sie könnten in der Tat die Verbindung von den griechischen Siedlungen am Schwarzen Meer bis nach Skandinavien hergestellt haben. Die These hatte jedoch einen schweren Makel: Die ältesten Runenfunde im dänischen Raum reichen ins 2. Jahrhundert n. Chr. zurück und zu dieser Zeit hatten die Goten noch keine Berührungspunkte mit dem Griechischen. Wenn auch der eine oder andere die These aufgreift und zu modifizieren versucht, so scheint es doch unwahrscheinlich, dass das griechische Alphabet den Runen als Vorlage diente.

- Die »Nordetruskische oder norditalische These« nimmt diverse Alphabete Norditaliens und des südlichen Alpenraums ins Visier und sucht dort nach einer Vorlage oder nach deren Mischung. Bereits Karl Weinhold vertrat diese Idee (1856), die von dem Norweger Carl Marstrander (1928) und dem Schweden Magnus Hammarström (1929) wieder aufgegriffen und ausgearbeitet wurde. Insgesamt kommt diese These schwer überschaubar daher, bezieht sie sich doch auf diverse regionale Alphabete, die etwa als rätisch, lepontisch und venetisch bezeichnet werden können. Sie alle gehen ursprünglich auf ein etruskisches bzw. nordetruskisches Alphabet zurück, das wiederum dem griechischen entstammt. Viele, leider unbeantwortete Fragen verbinden sich damit. Eine der Wichtigsten lautet dabei folgendermaßen: Hat sich irgendein Germane aus den zahlreichen Alphabeten eine bunte Mischung an Buchstaben ausgewählt oder gab es eine einzelne unmittelbare Vorlage? Zur Untermauerung der letzten Annahme bezogen sich manche Forscher bspw. auf die Felsinschriften des Val Camonica nördlich von Brescia. Doch wonach fand die Auswahl dann statt – nach den Formen der Zeichen oder nach den Lauten, für die sie standen?

Um es kurz zu machen: Das ominöse Vorlagenalphabet der Runen kann nicht nachgewiesen werden. Man konnte sich lediglich auf einige Punkte einigen. Dazu gehört, dass die Runen nach einem oder mehreren mediterranen Vorbildern geschaffen wurden. Und das lateinische Alphabet wirkt dafür am glaubwürdigsten.

Etwas einfacher scheint der zeitliche Entstehungsrahmen zu fassen zu sein. Immerhin liegen für das 2. Jahrhundert n. Chr. einige sichere Funde mit Runeninschriften vor. Außerdem bietet der römische Geschichtsschreiber Tacitus 98 n. Chr. einen interessanten Hinweis in seiner Schrift über die Germanen *(Germania)*:

> »Das Verfahren beim Losen ist einfach. Sie schneiden von einem fruchttragenden Baum einen Zweig ab und zerteilen ihn in kleine Stücke; diese machen sie durch Zeichen *(notis)* kennt-

> lich und streuen sie planlos und wie es der Zufall will auf ein weißes Laken. Dann betet bei einer öffentlichen Befragung der Stammespriester, bei einer privaten der Hausvater zu den Göttern, hebt, gen Himmel blickend, nacheinander drei Zweigstücke auf und deutet sie nach den vorher eingeritzten Zeichen.« (Kap. 10)

Ob diese *notae* tatsächlich die uns bekannten Runen waren, lässt sich nicht mit Bestimmtheit sagen. Jedenfalls würde das Prozedere gut zu einzelnen Begriffsrunen passen. Der zeitlichen Einordnung mag zudem ein sprachgeschichtliches Argument helfen: Danach gibt es zwei Zeichen für den i-Laut, nämlich ᛁ und ᛇ. Ersteres stand wohl früher für den Diphtong »ei«, entwickelte sich zu »i« und fiel dann im 1. Jahrhundert n. Chr. mit dem anderen »i« zusammen. Die beiden Runen würden deswegen auf einen Lautstand verweisen, der älter ist. Will man zudem die norditalischen Alphabete als mögliche Vorlagen berücksichtigen, gilt, dass deren Gebrauch bereits um die Mitte des 1. Jahrhunderts v. Chr. von dem dominanten lateinischen verdrängt wurde.

Selbstverständlich kann man sich auch Gedanken um den Entstehungsort der Runen machen – was aber ziemlich müßig scheint. Denn zweifelsohne sind die Zeichen auf die Erfindung eines Einzelnen oder einer Gruppe zurückzuführen. Nimmt man das lateinische Alphabet als Vorlage an, dürfte davon ausgegangen werden, dass es an vielen Orten Germaniens bekannt war. Nicht zuletzt bei Händlern oder ehemaligen germanischen Söldnern in römischen Diensten. Ob diese aus dem Rheinland heimkehrten oder aus Norditalien, überall waren sie auf Schriftzeichen gestoßen. Welcher Prozess sich nach dieser Kenntnis und nach der Idee einer eigenen Schrift für die germanische Sprache vollzogen hat, ist nicht mehr nachzuweisen. Die Herkunft der Runen bleibt rätselhaft, ebenso wie die Runenreihe des Futharks, bei der wir die Frage nach dem Sinn der Reihenfolge letztlich unbeantwortet lassen müssen.

## *Wer erfand die Runenschrift?*

Wenig verwunderlich stößt die Beantwortung der Frage nach den möglichen Erfindern oder dem Erfinder der Runen auf geradezu unüberbrückbare Widerstände. Wie wir uns diesen Vorgang ganz konkret vorzustellen haben, stellt dabei den schwierigeren Teil dar. Infrage kommen jedenfalls Menschen, die über Kenntnisse des Lateinischen verfügten und auf eine gewisse intellektuelle Schulung zurückgreifen konnten. Bestenfalls mussten sie weit herumreisen und sich im Römerreich bewegen. Das traf sicherlich nicht für den einfachen Germanenkrieger in römischen Diensten zu, aber vielleicht für einen findigen Kaufmann oder für einen Priester. Allerdings wissen wir sehr wenig über den Priesterstand zur Zeitenwende, sodass auch diese These im Bereich bloßer Spekulation verbleiben muss.

Gern hat man bekanntlich die Runenschrift mit gewissen Gruppen oder Stämmen in Verbindung gebracht, so mit Kimbern, Markomannen oder Goten. Als Favoriten für die Verbreitung der Runen gelten jedoch die Eruler bzw. Heruler, eine der rätselhaftesten Gruppen der germanischen Stammesgeschichte. Hier fällt, wie weiter oben bereits erwähnt, natürlich sofort die Wortähnlichkeit zu den Runenmeistern mit ihrer Bezeichnung *erilaR* auf, die in der Tat nicht zufällig sein dürfte. Zu den Fakten: In den Schriften der römischen und griechischen Historiographen taucht seit dem 3. Jahrhundert n. Chr. immer wieder der Name »Eruler« als Bezeichnung von Germanen auf, bis er schließlich 300 Jahre später sang- und klanglos wieder verschwindet. Gemäß der spätantiken Nachrichten erscheinen die Träger des Namens phantomgleich an vielen Orten zwischen Nordafrika und Schottland: 267 n. Chr. soll eine Flotte erulischer Schiffe die Küsten des Schwarzen Meeres und Griechenlands unsicher gemacht haben.

Von diesen sogenannten Ostherulern sind offensichtlich die Westheruler zu unterscheiden, die 286 n. Chr. Plünderungszüge nach Gallien unternehmen. Um 450 n. Chr. sind sie an den Schlachten von Römern, Germanen und Hunnen beteiligt. 476

n. Chr. gehören sie zu den Truppen des Germanen Odoaker, der in Italien den römischen Kaiser absetzte und die Macht ergreift. Um 500 n. Chr. wird sogar von einem Erulerreich an der mittleren Donau berichtet, das allerdings 508 n. Chr. eine vernichtende Niederlage gegen die Langobarden erlitten haben soll. Vier Jahre später seien dann die Reste des Volks nebst der Königssippe in ihre ursprüngliche Heimat nach Skandinavien zurückgekehrt. Andere Gruppen verdingten sich nach einigen Angaben wohl aber auch im Dienst des oströmischen Kaisers in Konstantinopel. Für das Jahr 567 n. Chr. findet sich der Name »Eruler« ein letztes Mal in den Quellen. Damals sollen sie sich unter ihrem Anführer Sindvald gegen Byzanz erhoben haben. Der Versuch, im südlichen Alpenraum eine unabhängige Herrschaft zu errichten, endet mit einer endgültigen Niederlage.

Was haben nun diese erst seit dem 3. Jahrhundert n. Chr. in Erscheinung tretenden Germanen mit der Runenschrift zu tun? Zumindest könnte man einen Zusammenhang zwischen der Rückkehr offensichtlich führender Teile des Volkes nach Skandinavien sehen und den erwähnten Runenmeister-Inschriften, die alle auf das 6. Jahrhundert n. Chr. datiert werden.

Dieser These über die mögliche Erfindung der Runen widerspricht jedoch ein bemerkenswerter Fund aus Negau im heutigen Slowenien, der über 600 Jahre weiter in die Vergangenheit verweist. Dort stieß man zu Beginn des 19. Jahrhunderts auf ein Depot von rund zwei Dutzend Bronzehelmen, die zwischen dem 5. und 2. Jahrhundert v. Chr. hergestellt worden waren. Ursprünglich entstammt ihr Typ dem keltischen Alpenraum und hat nichts mit Germanen zu tun. Zwei Helme haben allerdings für Aufmerksamkeit gesorgt, da in sie Schriftzeichen eingeritzt wurden. Diese sind norditalischen bzw. nordetruskischen Alphabeten zuzurechnen, wahrscheinlich rätischen oder venetischen. Auf dem Helm »Negau B« lässt sich unter anderem der Name »Harigast« entziffern.

Da die Helme wohl um die Zeitenwende unter die Erde kamen, muss die Setzung der Schriftzeichen irgendwann vorher erfolgt sein – vermutlich im 2. oder 1. Jahrhundert v. Chr. Weil dem Personennamen germanische Herkunft unterstellt wird, wäre »Harigast« eines der frühesten Zeugnisse der germanischen Sprache. Das würde dann immerhin belegen, dass Germanen bereits so früh südlich der Alpen anzutreffen waren und zwar vermutlich in römischen Diensten. Zu den Erulern könnte uns die Inschrift des Helms »Negau A« führen: Darauf lesen nämlich manche Interpreten die Formulierung C. ERVL und begreifen sie als *centuria Eruli*, also als römische Zenturie, eine Militärabteilung, eines Erul bzw. Erulers. Das wäre insofern bemerkenswert, als dadurch für die Zeit vor Christi Geburt ein sehr frühes Zeugnis des Namens »Eruler« überliefert wäre. Außerdem wären so Eruler in römischen Diensten bezeugt. Diese Deutung und die mit ihr verbundene Theorie ist verlockend, wird aber leider von den meisten Forschern verworfen.

Es war insbesondere der Wiener Germanist und Skandinavist Otto Höfler (1901–1987), der diese Lesung und Interpretation favorisierte. Denn für ihn stellte sie den Schlüssel für seine Theorie dar, der zufolge die Eruler Schöpfer und Verbreiter der Runenschrift waren (Höfler 1971). Auch wenn man ihm in vielen Behauptungen nicht folgen will, so genießt die von ihm postulierte Beziehung zwischen der germanischen Gruppe und den Schriftzeichen doch soviel Evidenz, dass sie immer noch eine gewisse Akzeptanz und Anschaulichkeit hat. Spätestens seit Höflers Ausführungen war klar, dass die Eruler kein »gewöhnlicher« Stamm wie die Goten oder Vandalen waren, dessen Angehörige in der spätantiken Welt umherzogen und Reiche gründeten. Die offensichtliche Omnipräsenz der Eruler ist am nachvollziehbarsten zu erklären, wenn man sie als Kriegerverbände ansieht. Wie später die Wikinger fanden sie sich zu Gruppen zusammen, die u. a. auf Raubzüge gingen und sich als Söldner verdingten, aber sich auch mit ihren Familien mancherorts ansiedelten. Aus Höflers Sicht verband sie jedoch nicht nur die profane Beutegier, sondern auch eine religiöse Grundlage. Ihm zufolge fanden sie sich zu Kriegerbünden zusammen, die sich Wodan bedingungslos verschrieben hatten. Ihre Wurzeln lägen demnach an der Ostküste Jütlands und auf den benachbarten Inseln, wo sie allenthalben ihren Kriegsgott kultisch verehrten.

Solche Erulerkrieger leisteten noch vor der Zeitenwende Militärdienst südlich der Alpen, wo dann irgendjemand aus ihrer Gruppe (Höfler geht von einem Runenschöpfer aus) die Futhark-Reihe unter Verwendung der genannten Vorlagenalphabete erfand. Damit ließe sich erklären, wie die Runen von Norditalien ausgerechnet in den dänischen Raum gelangten. Sie reisten gleichsam mit den Erulern, die in ihre Heimat zurückkehrten. Damit stünde auch bereits für die Anfangszeit die enge Verbindung zum Gott Wodan/Odin fest, denn er war der Kriegsgott der Eruler. Im Übrigen schreibt Höfler nur der geistigen Elite Kenntnis und Gebrauch der Runen zu. Sie habe dann dafür gesorgt, dass das ältere Futhark über Jahrhunderte von erstaunlicher Stabilität gewesen sei und habe Wodan/Odin zum »Ur-Runenmeister« erklärt, wie er ein Jahrtausend später noch überliefert ist. Aber warum taucht der so wichtige Name des Gottes nicht unter den Runennamen auf? Diese Frage beantwortet Höfler, indem er die a-Rune ᚨ mit der Bedeutung ›Ase‹ als Bezeichnung Odins auffasst, der in der Tat – nach der späteren Überlieferung – der oberste Asengott war. Mit diesem »Trick« taucht dann der Gott allenthalben auf, so bereits um 200 n. Chr. auf der Gürtelschnalle von Vimose, in deren Ritzung von einer Weihe des Asen gesprochen wird. Diese würde sehr gut zum Gott Wodan/Odin passen, was sich jedoch selbstredend nicht beweisen lässt, genauso wenig wie Höflers gesamte »Eruler-Theorie« selbst, mit der sich allerdings vieles erklären ließe.

## *Brauchten die Germanen Runen?*

Bleibt die oben bereits angesprochene Frage, ob die Germanen überhaupt eine Schrift benötigten. Selbst die in vielen Belangen erheblich weiter entwickelten Kelten verzichteten darauf, abgesehen von der späten irischen Ogham-Schrift, die nur für knappe Inschriften verwendet wurde. Insbesondere im Gallien der letzten Jahrhunderte vor der Zeitenwende bediente man sich hingegen in geschäftlichen Angelegenheiten des griechischen Alphabets bzw. anderer Mittelmeerschriften. Die Druiden sollen sich dem Gebrauch der Schrift sogar verweigert, bzw. diesen untersagt haben. Sie pflegten eine mündliche Überlieferungskultur, mit der sie ihr mutmaßlich exklusives Wissen besser kontrollieren konnten.

Von den germanischen Stämmen ist dergleichen nicht bekannt. Aber an traditionelle mündliche Überlieferung und Schriftlosigkeit gewöhnt, bedurften sie keines Alphabets. Ihre Ökonomie war nicht soweit fortgeschritten wie die keltische – insofern hätten »Geschäftsbriefe« mit griechischer Schrift wahrlich keinen Sinn gemacht. Und die Verwendung der Runen änderte natürlich nichts an der oralen Gedächtniskultur im Norden. Noch in der Wikingerzeit des 9. bis 11. Jahrhunderts entstanden Edda- und Skaldengedichte, die offensichtlich über 300 Jahre mündlich überliefert wurden. Darum weist doch vieles darauf hin, dass die Runen vom »Hauch des Geheimnisvollen« umweht wurden und von Anfang an kultischen und magischen Zwecken dienten. Gleichwohl scheinen viele Inschriften mehr der intellektuellen Spielerei gedient zu haben, wobei das eine das andere natürlich nicht ausschließt. Und sehr wohl kann man auch darauf verfallen sein, profane Hersteller-, Besitzer- oder Runenschreibernamen in Fibeln, Schnallen oder Ähnliches einzuritzen.

# 5. Waffen, Ringe, Götterscheiben:

## das ältere Futhark

### *Runen für alle Germanen*

Werfen wir einen Blick auf die gesamte Überlieferung von Runeninschriften im älteren Futhark. Bekanntlich liegen bislang ca. 370 Zeugnisse vor, deren zeitliche Einordnung mit den frühesten Inschriften beginnt, also mit Gewissheit im 2. Jahrhundert n. Chr., und kurz nach 700 n. Chr. endet. Die 24 Zeichen umfassende Runenreihe war unter allen Germanen verbreitet, wenn auch mit völlig unterschiedlichen Gewichtungen. Die frühesten Funde und die Masse der späteren Überlieferung sprechen eine klare Sprache: Südskandinavien muss als das Herzgebiet der germanischen Schriftzeichen gelten. Dazu gesellen sich wenige ostgermanische Funde, was der umtriebigen Wandergeschichte insbesondere der Goten geschuldet sein mag. Bleiben schließlich die ca. 80 Inschriften in deutschen Gebieten, die allerdings einen bemerkenswerten Schwerpunkt im südwestdeutschen Raum vorweisen.

Vieles spricht dafür, dass vor dem 5./6. Jahrhundert n. Chr. Runen außerhalb Skandinaviens überhaupt nicht verbreitet waren (aber dazu vergleiche man den Kamm von Frienstedt, S. 57 ff.). Jedenfalls weisen die Zeugnisse der älteren Runenreihe eine beachtliche Unterschiedlichkeit auf. Dazu gehören vor allem Kleinfunde, die nicht selten als Grabbeigaben erhalten blieben – Spangen und Lanzenblätter haben wir bereits kennengelernt. Außerdem sei auf die Vielzahl der Brakteaten verwiesen, die um den Runengott Odin eine herausragende Rolle spielten. Was es sonst noch an Inschriften gibt, sei im Folgenden schwerpunktmäßig vorgestellt.

## *Runen im Moor: die großen Mooropferfunde*

Eine beachtliche Zahl mit Runen versehener Gegenstände ist erhalten geblieben. Dies ist der Tatsache geschuldet, dass die germanischen Stämme ihren Gottheiten seit ältesten Zeiten Opfer darbrachten. Im 3. Jahrhundert n. Chr. etwa kennzeichneten Holzidole, die als Götter verehrt wurden, im thüringischen Oberdorla ein heiliges Areal an einem später vermoorten See. Sein Ufer wurde von Flechtwerk und Pfählen eingegrenzt. Dort fanden über viele Generationen Opferzeremonien statt, bei denen neben Waffen auch Pferde, Schweine, Hunde sowie Wildtiere, manchmal aber auch Menschen den Göttern dargebracht wurden. Solche Zeremonien führte man an heiligen Orten wie Gewässern, aber auch an Steinen und Bäumen durch. Üblich waren Kochgeräte, Fibeln und anderer Schmuck sowie später auch römische Münzen. Unbrauchbar gemachte Waffen galten als Dankopfer für einen errungenen Sieg oder als Bitte um einen solchen vor einem Kampf. Interessanterweise fanden sich bei den thüringischen Opfergaben von Oberdorla keine Runenträger.

Ganz anders sieht es im dänischen Kulturraum aus, z. B. bei Funden in Schleswig-Holstein, Jütland, Fünen, Seeland oder Schonen. Die Funde von Nydam in Südjütland (Dänemark) belegen zum einen mehr als deutlich, welche wertvolle Kriegsbeute man mutmaßlich Wodan darbrachte. Dort hatten nämlich um 350 n. Chr. die einheimischen Bewohner einen Überfall benachbarter Germanen abgewehrt, um die 40 Angreifer getötet und zahlreiche Waffen und ein Schiff erbeutet. Das 23 m lange Boot machten sie untauglich und versenkten es in einem heiligen See. Außerdem verbogen sie die Schwerter der besiegten Feinde, zerschlugen ihre Schilde, zerstörten alle Waffen und opferten sie ebenso. Für unser Thema sind die Nydamer Funde insofern von Interesse, als dort etliche Pfeil- und Speerschäfte sowie ein Axtstiel erhalten blieben. In ihr Holz hatte man diverse Zeichen geritzt, darunter schwer verständliche Symbole, aber auch eindeutige Runen. Was man lesen und deuten kann ist nicht spektakulär, aber aussagekräftig: so etwa ᛚᚢᚨ, *lua*, was als Verdrehung des magischen Schutzwortes *alu* verstanden wird. Nach der chronologischen Einordnung könnten diese Waffen der Besatzung des Nydam-Bootes gehört haben. Der magische Schutz hätte sie demnach nicht vor dem Verderben bewahrt.

Auch in Thorsberg bei Schleswig befand sich zwischen dem 2. Jahrhundert v. Chr. und dem 5. Jahrhundert n. Chr. ein herausragender Opferplatz, an dem die später nach England ausgewanderten Angeln ihren Gottheiten diverse Objekte übergaben. Dort führte in einem abgezäunten Areal ein über 10 m langer Steg in die Seemitte, von dem aus man Votivgaben ins Wasser warf: Keramik, Kleider, Waffen und Kriegerausrüstungen, außerdem Pferdegeschirre, Wagenteile und Schmuck – darunter zwei prächtige Zierscheiben aus Kupfer und vergoldetem Silber, die wahrscheinlich von einheimischen Handwerkern nach römischem Vorbild geschmiedet wurden. Auf einem silbernen, absichtlich als Opfergabe zerstörten Schildbuckel konnten die Runen entziffert und als ᚨᛁᛋᚷᛉᚺ, *aisgzh*, gelesen werden. Ein Teil der Interpreten versteht die in den Jahrzehnten nach 200 n. Chr. eingeritzten Zeichen als *Aiskz* (Sucher oder Herausforderer) des *Hagels* (Speer- und Pfeilschauer). Das wäre dementsprechend eine Bezeichnung des Schildes, der den feindlichen Speeren und Pfeilen trotzt. Moorfunde wie die von Nydam und Thorsberg, aber auch von Vimose, Illerup und Vi bieten faszinierende Einblicke in die Germanenwelt der ersten 500 Jahre n. Chr. Dazu gehört zweifelsohne auch der Lanzenschaft von Kragehul auf der Insel Fünen, der im 5. Jahrhundert n. Chr. ins Moor kam und ebenso mit Runen versehen wurde. Auf die genauere Wiedergabe der recht langen Inschrift sei hier verzichtet. Eine Deutung liest sie als Weihung eines feindlichen Heeres durch einen Eril, also einen Runenmeister, an den Asen, worunter Wodan zu verstehen sein dürfte. Derartige Waffenfunde aus dänischen Mooren bestätigen das Bild des Kriegs- und Runengottes (vgl. Kap. 3) und verdeutlichen, welche Bedeutung ihm in den innergermanischen Kämpfen zukam.

## *Verschwunden: die Goldhörner*

Neben Grabbeigaben und Moorfunden gibt es ungewöhnliche Funde, die ganz unmittelbar gemacht werden, auf die man gewissermaßen zufällig stößt. In diese Kategorie gehören die beiden Goldhörner von Gallehus. Jeweils eines wurde 1639 und 1734 unter einem Acker bei Gallehus im Süden Jütlands in Dänemark von Landleuten gefunden. Ihr sagenhafter Fund und dessen ungewöhnliche Pracht erregte schon bald die Aufmerksamkeit altertumsinteressierter Kreise. Denn die Fundstücke bestanden zusammen aus 7 kg Gold und waren reich mit Ornamenten und menschlichen sowie tierischen Figuren verziert. Das war auch der wesentliche Grund für das Interesse des königlichen Hofes und für die Überführung in dessen Schatzkammer nach Kopenhagen. Dort wurden sie jedoch 1802 gestohlen und zu allem Überfluss auch noch eingeschmolzen, was zu Recht als unwiederbringlicher Verlust betrauert wurde. Glücklicherweise blieben ihre Bilddarstellungen in genauen Zeichnungen erhalten. Sie allein stehen für Interpretationen zur Verfügung.

Was verbirgt sich hinter den zahlreichen Menschengestalten, die zum Teil Waffen in den Händen halten und hörnerartige Kopfbedeckungen tragen? Was sind das für phantastische Mischwesen aus Mensch und Tier? Was bedeuten die Schlangen und Reiter, die Kentauren sowie eine dreiköpfige Figur mit einer Axt? Was hat es mit den etlichen Sternen und anderen Ornamenten auf sich? Mancher Interpret hat in den Darstellungen eine tiefgehende Zahlensymbolik erkennen und ein kryptisches Schriftsystem entdecken wollen. Aber die verschwundenen Goldhörner sind ein Rätsel geblieben. Womöglich hatte ihr Schöpfer auf verschiedene Motive unterschiedlicher Herkunft zurückgegriffen, sich beispielsweise aus dem römisch-antiken und keltischen Motivschatz bedient. Mit Sicherheit sagen die Funde aus Gallehus etwas über den Reichtum und die Kunstfertigkeit der dort siedelnden Germanen um das Jahr 400 n. Chr aus. Außerdem dürften die Hörner dem Kult gedient haben und womöglich der Erde als Opfergabe übergeben worden sein. Das kürzere Horn, wahrscheinlich um die 50 cm lang und mit einem oberen Durchmesser von 10 cm, trug am oberen Rand als einziges eine rechtsläufige Runeninschrift:

*Abb. 4: Runen und Verzierungen des kurzen Goldhorns von Gallehus*

Die Inschrift lässt sich problemlos als *ekhlewagastiR* / *holtijaR* / *horna* / *tawido* / lesen, wobei die deutlichen punktierten Worttrenner die Transkription und das Verständnis erleichtern. Übersetzt bedeutet sie »Ich Leugast (›berühmter Gast‹), Sohn des Holt (oder ist es nach Holz eine Bezeichnung als Waldbewohner?), machte [das] Horn.« Hier scheint sich also der Schöpfer des Horns verewigt zu haben. Ein Goldschmied also, der runenkundig war? Oder wirkte hier doch ein Runenmeister, der unerwähnt bleibt? Die Sprache der Inschrift wird als nordwestgermanisch verstanden und damit als Vorläuferin des späteren Altnordischen. Auffallender und bedeutsamer ist die Tatsache, dass die Inschrift erstmals deutlich den Stabreim vorweist, jenen Gleichklang im Wortanlaut, der für die gesamte germanische Dichtung kennzeichnend war (hier also ***h**lewagastiR* - ***ho**ltijaR* - ***hor**na*). Die legendären Goldhörner bieten insofern ein reichhaltiges wie rätselhaftes Zeugnis der germanischen Kultur.

## *Als man Runen in Stein ritzte*

Runen ritzte man nicht nur auf lose Gegenstände, seien es nun Speerblätter, Schmuck sowie Gebrauchsgegenstände oder gar ein prächtiges Goldhorn. Die Nordgermanen etwa machten den Schritt zur monumentalen Verwendung ihrer Schrift. Das betraf vor allem die Vorfahren der Norweger, in geringerem Maße auch die Schweden. Darüber hinaus haben sich Runen des älteren Futhark nirgendwo in Stein erhalten. Wahrscheinlich fand dieser Brauch jenseits der beiden Länder überhaupt keine Anwendung.

Wie kam man auf die Idee, unter Mühen Steine aufzurichten und einen Runenmeister seine komplizierte Arbeit leisten zu lassen (vgl. Kap. 2)? Man könnte natürlich auf das bereits besprochene Vorbild der römischen Kultur mit ihren monumentalen Bauten, Grabsteinen und Inschriften verweisen. Darüber hinaus hatte man jedoch auch eigene Vorbilder für großformatige Bearbeitungen von Stein. Gemeint sind jene Felszeichnungen, die von den Vorfahren der Nordgermanen in der Bronzezeit von ca. 2000 bis 500 v. Chr. insbesondere in Südnorwegen und Südschweden (Bohuslän) angefertigt wurden. Diese Ritzungen auf flachen Steinflächen bieten ein umfangreiches Bildprogramm: Unter zahlreichen schemenhaften menschengestaltigen Figuren verschiedener Größe sind Tänzer und Adoranten (Anbeter) zu erkennen, außerdem Gestalten hinter Pflügen und auf Wagengespannen. Besondere Bedeutung kam offensichtlich der Darstellung von Schiffen zu. Der Grund hierfür ist lange Zeit umstritten gewesen. Mittlerweile hat sich allerdings die Interpretation der Bildszenen als religiöse Handlungen und Symbole durchgesetzt.

In aller Deutlichkeit sei jedoch betont, dass sich eine Kontinuität von den Schöpfern der Felsbilder hin zu den germanischen Runenritzern nicht nachweisen lässt. Und obwohl immer wieder versucht wird, einzelne Runen auf bronzezeitliche Symbolzeichen zurückzuführen, kann dies nicht mit Sicherheit bewiesen werden. Eine Schrift ähnlich der des älteren Futhark lässt sich auf den Zeugnissen aus der Bronzezeit jedenfalls nicht finden. Was bleibt sind riesige Bilder inmitten der Wildnis, die von den Nordgermanen zweifelsohne zur Kenntnis genommen wurden – womöglich als Ehrfurcht gebietende Relikte der fernen Vorfahren oder als Zeugnisse überirdischer Wesen.

Jedenfalls haben sich ein paar kurze Runeninschriften erhalten, die mitten in die alten Bronzezeitbilder geritzt wurden. Das ist bei den Schriftzeichen der Felswand von Valsfjord in Mittelnorwegen nahe Trondheim nicht der Fall. Dafür belegen sie, welche Mühe man sich machte, um 3 bis 11 cm große Runen auf einer Länge von 1,30 m in die harte Granitwand zu klopfen. Denn der Fels fällt steil zum Fjord hin ab, sodass Hilfsmittel wie Leitern o. ä. benötigt wurden. Dann stieg um das Jahr 400 n. Chr. der Runenschreiber (oder gar der Runenmeister?) in die Wand und erstellte zwei senkrechte Reihen (mehr sind nicht zu lesen) mit linksläufigen Zeichen. Normalisiert und in rechtsläufiger Reihenfolge liest sich die Inschrift wie folgt:

ᛖᚲᚺᚨᚷᚢᛋᛏᚨᛚᛞᚨᛉᚦᛖᚹᚨᛉᚷᛟᛞᚨᚷᚨᛋ, *ek hagustaldaR þewaR Gōdagas*

›Ich, der Hagestolz (junger Krieger), der Gefolgsmann des Godag‹

Was also übrig blieb, war offensichtlich weder der Name des Runenmeisters noch der des Auftraggebers. Wir erfahren immerhin von einem jungen Krieger, der zur Gefolgschaft des Godag gehörte. Mit der Bezeichnung *hagustaldaR*, ›Hagestolz‹, ist hier ein Wort bezeugt, das noch lange in Gebrauch war. Noch der Duden führt es als mittlerweile veraltete Bezeichnung eines »alten Junggesellen« an. Als man die Inschrift in die Felswand von Valsfjord schlug, verstand man darunter einen jüngeren, nicht erbberechtigten Sohn, der kein Land besaß und darum keine Familie ernähren konnte. Solchen jungen Männern blieb dann nichts anderes übrig, als sich der Kriegergefolgschaft eines Häuptlings oder sonstigen Stammesadligen anzuschließen. Mancher von ihnen mag ein gewaltsames Ende auf den dänischen Inseln gefunden haben, wo seine Waffen den Göttern geopfert wurden.

Derartige geradezu halsbrecherische Felsritzungen bilden allerdings die Minderzahl der Runen in Stein. Die meisten

Zeugnisse dafür stellen die sogenannten Bautasteine, von denen wir einen prominenten Vertreter bereits mit dem Stein von Einang kennengelernt haben (Kap. 2). Die Errichtung derartiger Steine folgte wohl uralten Traditionen und seit dem 4. Jahrhundert n. Chr. versah man sie zusehends mit Runeninschriften. Diese unterstreichen ihre übliche Funktion, nämlich bestimmter Toter zu gedenken. Deswegen finden sie sich auch häufig im Umfeld von Grabanlagen und den damit verbundenen Steinsetzungen. Es liegt auf der Hand, dass Bautasteine Personennamen nennen und damit der fernen germanischen Frühzeit ein persönliches Gesicht geben. Dabei werden außer den Verstorbenen nicht selten die Auftraggeber der Steinsetzung und die beauftragten Runenmeister genannt.

Unter den erhaltenen Steinen dieser Art finden sich einige bemerkenswerte, die in der Interpretation ihrer Inschrift aber leider zu den kniffligsten gehören. So der 1,92 m hohe Granitstein von Tune in Südost-Norwegen, der um 400 n. Chr. errichtet wurde und mit seinen Runen ein Prachtstück der Völkerwanderungszeit darstellt. Gefunden wurde er als Teil einer Kirchhofmauer – wie viele andere Runensteine auch. Über seine ursprüngliche Aufstellung kann nur spekuliert werden. Bekrönte er etwa einen großen Grabhügel, auf dem im Mittelalter eine Kirche errichtet wurde? Archäologisch erwiesen ist zumindest, dass Tune einen Mittelpunkt der norwegischen Landschaft Østfold bildete, wo sich Gräberfelder mit vielen Grabhügeln und reichen Grabbeigaben fanden. Auch die vorchristlichen Gottheiten scheinen hier in großer Zahl kultisch verehrt worden zu sein.

Zum Bautastein: Seine Runen verlaufen in zwei senkrechten Reihen auf der Vorderseite mit wechselnder Schriftrichtung, also als sogenanntes *Boustrophedon*; dies gilt ebenso für die Rückseite mit drei senkrechten Reihen. Die erste Reihe der Vorderseite verläuft von oben nach unten und damit rechtsläufig: ᛖᚲᚹᛁᚹᚨᛉᚨᚠᛏᛖᚱᚹᛟᛞᚢᚱᛁ, *ekwiwaʀafter.woduri*, ›Ich Wiw nach Wodurid‹. Wiw nennt sich darin derjenige, der für Wodurid den Stein setzen und die Runen ritzen ließ. Was dann folgt ist so kompliziert, dass für viele Forscher auch der gute Erhaltungszustand der Runen keine entscheidende Hilfe bietet. Die Lesung der einzelnen Runen bereitet kaum Probleme, aber welche Wörter sind da zu lesen und wie soll man sie verstehen und Sätze daraus bilden! Um es kurz zu machen: Die Inschrift behandelt »kultische und erbrechtliche Aspekte des Totenbrauchs« (Düwel 2008, S. 39). Wir entscheiden uns hier für eine Interpretationsmöglichkeit. Ihr zufolge ließ Wiw, wie bereits erwähnt, für Wodurid Runen und Stein setzen. Im Folgenden wird der Verstorbene als »Brotwart« bezeichnet, der ihn anscheinend großzügig versorgte. Anschließend werden noch die drei Töchter Wodurids erwähnt, die ihrem Vater das »Erbmahl« bereiteten. So unklar die Deutungslage auch sein mag, legt der Tune-Stein Zeugnis darüber ab, wie kultiviert und reglementiert es bei germanischen Todesfällen zuging.

Von einem toten Krieger handelt die Inschrift auf dem Granitstein von Möjbro, der sich einst in der Nähe Uppsalas in der mittelschwedischen Landschaft Uppland erhob, und heute im Staatlichen historischen Museum in Stockholm betrachtet werden kann. Er gehört zu den wenigen Steinen der älteren Runenzeit, die mit Bilddarstellungen geschmückt sind, und wird auf das 5. Jahrhundert n. Chr. datiert. Beeindruckend ist seine Höhe von knapp 2,5 m bei einer maximalen Breite von 1,5 m. Im oberen Teil sieht man zwei Runenzeilen – einzelne Zeichen weisen eine Höhe von 16 cm auf. Darunter findet sich die dominante Darstellung eines Reiters zu Pferd, der einen Rundschild und eine nicht näher bestimmbare Waffe in Händen hält. Begleitet wird er von zwei tiergestaltigen Figuren, wahrscheinlich Hunden. Manche Teile des beeindruckenden Bildes sind leider verblasst und müssen ergänzt werden. Die linksläufige, mit der unteren Zeile beginnende Inschrift ist hingegen gut lesbar:

In normalisierter und rechtsläufiger Form:

ᚠᚱᚨᚹᚨᚱᚨᛞᚨᛉ ᚨᚾᚨᚺᚨᚺᚨᛁᛋᛚᚨᚷᛁᚾᚨᛉ

*frawaradaʀ anahahaislaginaʀ*

Man liest die Inschrift wie folgt: *frawarādaʀ ana hāhai slaginaʀ*, ›Frawarādaʀ (›der schnellen Rat gibt‹) auf dem Renner erschlagen‹. Demzufolge ist der Runenstein von Möjbro als Gedenkstein für einen gefallenen Krieger namens Fraward zu verstehen. Allerdings scheint dieser hier in einer Jagdszene dargestellt, die ihn als edlen Adligen verherrlicht. Der Granitstein hat die Zeiten nicht in seiner originalen Lage überdauert, sodass wir auf Mutmaßungen der Archäologen angewiesen sind. Und diese gehen davon aus, das prächtige Monument habe ursprünglich nicht als Gedenkstein auf dem Grabhügel des Toten gestanden. Vielmehr soll sich der Stein, der älteste erhaltene Bildstein dieser Art, irgendwo mitten in Uppland an einem markanten Ort erhoben haben, möglicherweise sogar an einem Thingplatz. Dort gemahnte er zum ehrenden Gedenken an den großen Krieger Fraward.

Schließlich sei noch ein Blick auf die Steinplatte von Eggja im westlichen Norwegen geworfen. Dieses Gneisstück von 1,62 m Länge, 0,72 m Breite und 10 cm Dicke wird auf die Zeit um 700 n. Chr. datiert und bietet mit etwa 200 Runen die längste Inschrift des älteren Futhark. Doch auch manches andere daran ist erwähnenswert. Der Stein erhob sich nicht etwa auf einem Grabhügel, sondern er diente einem unspektakulären Flachgrab als Abdeckung. Die Inschrift mit den bis zu 5 cm hohen Runen wies übrigens nach unten zum Bestatteten. Demnach war sie allein für den Toten bestimmt, nicht für die Lebenden. Wer dieser Tote war ist nicht bekannt. Die Beigaben, darunter ein Eisenmesser, sind ärmlich, das ganze Grab bescheiden. Im Umkreis stieß man auf keinen großen Häuptlingssitz, dem das Grab hätte zugeordnet werden können.

Und die Runen? Nur schwer lesbar ziehen sie sich in zwei rechts- und einer kurzen linksläufigen Zeile dahin. Und irgendwie schimmert dazwischen noch die Umrisszeichnung eines Pferdes durch, dessen Bedeutung nicht klar ist. Das gilt übrigens auch für die gesamte Inschrift, deren Runenfülle viel Text bietet. Hier kann auf Details nicht eingegangen werden. Es sei als Unterstreichung der Interpretationsprobleme lediglich darauf hingewiesen, dass seit der Entdeckung der Steinplatte im Jahr 1917 eine schier unüberschaubare Fülle an wissenschaftlichen Aufsätzen und sogar mehrere Monographien ver-

*Abb. 5: Stein von Möjbro*

öffentlicht wurden. Und mancher Forscher, so der norwegische Runologe Ottar Grønvik (1916–2008), hat im Lauf der jahrzehntelangen Beschäftigung mit dem Runenstein seine Meinung sogar revidiert.

Um was aber geht es denn in groben Zügen? Die Inschrift beginnt mit der Beschreibung bestimmter ritueller Handlungen, mit denen das Grab geschützt werden soll: Kein Sonnenlicht soll es treffen, kein Eisen den Stein schneiden, während einer bestimmten Mondphase soll der Stein nicht frei liegen und niemand soll ihn entfernen. Was insbesondere die zweite und dritte Zeile betrifft, klaffen die Forschungsmeinungen stark auseinander: Sollen Grab und Runenstein mit Blut übergossen und geweiht werden? Ruft der Runenmeister Odin an, damit er den Toten ins Jenseits geleite? War das Grab leer, also ein sogenannter Kenotaph, der symbolisch einem Verbrecher gewidmet wurde, den man im Fjord ertränkt hatte? Und sollte die Inschrift dann verhindern, dass dieser Übeltäter der Tiefe entstieg und als Wiedergänger die Lebenden terrorisierte? Oder erinnert die Inschrift lediglich an einen Mann, der mit seinem Schiff unterging? Die Fülle der Fragen weist zumindest darauf hin, dass wir es bei der Steinplatte von Eggja mit Religion und insbesondere mit großer Magie zu tun haben. Sie belegt deren Einfluss auf die Nordgermanen jener Zeit.

## *Die runenkundigen Alamanninen*

Bei den Südgermanen suchen wir vergebens nach Runensteinen. Es gab sie offensichtlich nicht. Denn wie bereits erwähnt spricht vieles dafür, dass unter Alamannen, Franken, Bajuwaren und auch Sachsen die Runen nicht sonderlich bekannt und verbreitet waren. Da mag der bereits genannte Kamm von Frienstedt (s. Kap. 4) eine neue Perspektive aufzeigen, Runenfunde zuhauf sind nicht zu erwarten. Und wenn sich dann doch Inschriften finden, sind fast alle nur einem schmalen Zeitfenster zwischen dem 5. und beginnenden 7. Jahrhundert n. Chr. zuzuordnen. Es bleibt bei etwa 80 Gegenständen, auf denen sich die Schriftzeichen des älteren Futhark entziffern lassen. Dazu zählen in alamannischen und bajuwarischen Gebieten lediglich ein Schwertblatt und eine Lanzenspitze (die uns am Ende des Kapitels noch beschäftigen wird). Ansonsten überwiegen Fibeln, also metallene Gewandnadeln, wie sie als Bügel- und Scheibenfibeln vor allem Bestandteil der weiblichen Tracht waren. Und mit der Runenkenntnis, über die alamannische Frauen anscheinend verfügten, protzte man nicht (vgl. die Inschrift des Holzstabs von Neudingen, Kap. 2). Denn die kurzen Inschriften finden sich so gut wie ausschließlich auf den glatten Rückseiten der Schmuckstücke. Vorn hätte sich überhaupt kein Platz dafür gefunden.

Wahrscheinlich galten die wenigen Runen als recht private Angelegenheit und en vogue war das verdeckte Runentragen ohnehin nur im Laufe des 6. Jahrhunderts n. Chr. unter den Alamanninnen zweier Generationen. Dabei muss bedacht werden, dass bei den politisch tonangebenden fränkischen Merowingern die christliche Kultur das Sagen hatte und mit ihr zumindest unter den Gebildeten das lateinische Alphabet. Schlechte Zeiten also für eine Modeerscheinung, die anscheinend aus dem heidnischen Skandinavien stammte. Solche Verbindungen zwischen Nord- und Südgermanen finden sich in der Tat, und irgendwie scheint skandinavisches Design angesagt gewesen zu sein. Einige prächtige Goldbrakteaten, denen wir bereits bei der Beschäftigung mit dem Runengott Wodan/Odin begegneten, sind in dieser Zeit sogar bis nach Süddeutschland gelangt. Was aber stand auf den Fibeln in schicker Runenschrift? Nicht viel – zumeist Personennamen und Formelwörter. So bietet etwa die Bügelfibel von Lauchheim nicht mehr als ᚨᛟᚾᛟᚠᚨᛞᚨ, *aonofada,* einen Namen. Und diejenige von Kirchheim/Teck *bada … ali* bietet einem Mann Trost, dessen Name auf *-ali* ausklang. Die Runen der sogenannten S-Fibel I von Weingarten ᚨᛚᛁᚱᚷᚢᚾᚦ ᚠᛖᚻᚨ ᚹᚱᛁᛏ ᛚᚨ, *alirgunþ … feha wrīt* […] *la,* beginnen mit dem Namen der Besitzerin, ein zweiter nennt wohl die Runenritzerin (Feha ritzte); nach einer nicht lesbaren Lücke erkennt man *la,* was von manchen Interpreten als Verdrehung des Formelwortes *alu,* ›Schutz‹, verstanden wird.

Die Bügelfibel von Beuchte führt uns ausnahmsweise nach Norddeutschland in die Nähe von Goslar. Dort gehörte sie zu den reichen Grabbeigaben einer Thüringerin. Die knapp 10 cm lange Silberfibel dürfte zu Beginn des 6. Jahrhunderts n. Chr. irgendwo im Rheinland hergestellt worden sein. Auch sie folgte offensichtlich nordischen Modevorgaben. Nach einigen Jahrzehnten des Gebrauchs gelangte sie in ein Holzkammergrab, was für eine wohlhabende Verstorbene spricht. Und damit wird es interessant. Denn anscheinend wurden die Runen erst kurz vorher eingeritzt. Hatten sie für die Tote eine besondere Bewandtnis? Schauen wir uns die Inschriften an, die auf den entgegengesetzten Seiten des Fibelkopfes zu finden sind: ᚠᚢᚦᚨᚱᛉᛃ, *fuþarʀj*, und ᛒᚢᛁᚱᛋᛟ, *buirso*. Das ergibt auf den ersten Blick keinen Sinn. Erst wenn man berücksichtigt, dass hier eine Inschrift im Rahmen des Totenbrauchtums vorliegt, entschlüsseln sich die Runen: *fuþar* stellt die unvollständige erste Reihe des älteren Futhark dar, wohingegen ᛉ und ᛃ als Begriffszeichen gelesen werden können, nämlich gemäß der Runennamen als *algiz ›Elch‹ und *jerān ›gutes Jahr‹. Bekanntlich kann der Futhark-Reihe als Phänomen des Alphabetzaubers magische Kraft innewohnen und eben dieses gilt ebenso für die einzelnen Runen, die letztlich für Abwehr (Elch) und dem Wunsch nach einem guten Jahr stehen.

Dem Runenritzer scheint es demzufolge auf eine ganze Fülle magischer Signale angekommen zu sein. Ob sie die Tote im Grab bannen oder sie für das Jenseits wappnen sollten oder beides, sei dahingestellt. Die gegenseitigen Runen hält man übrigens für eine Verdrehung des Personennamens Būriso, der für die bestattete Thüringerin oder für den Namen des Runenmeisters stehen kann. Letzterer hätte demnach absichtlich eine Verdrehung seines Namens vorgenommen. Wir sehen, die mit Runen bezeugte Welt germanischer Magie hält etliche Überraschungen bereit.

## *Runen mit Geschichten*

Nicht wenige Träger mit Runen der älteren Reihe transportieren bei aller Kürze der Inschriften eine Fülle historischer Informationen. Dazu gehört etwa der Goldring von Pietroasa in Rumänien, der um 400 n. Chr. als Teil eines mächtigen Goldschatzes vergraben wurde. Von den Preziosen an Gefäßen und Schmuckstücken mit einem Gewicht von 20 kg blieb leider nur wenig erhalten, darunter die zwei Stücke des Goldrings von ursprünglich 16 cm Durchmesser. Just auf ihnen lässt sich gut eine Runenritzung erkennen:

ᚷᚢᛏᚨᚾᛁᛟᚹᛁ ᚺᚨᛁᛚᚨᚷ

In rechtsläufiger Ausrichtung lässt sich *gutaniowi hailag* lesen. Dabei tritt neben den Stammesnamen *Gutanī* die Begriffsrune ᛟ, die für *ōþalan*, ›Erbbesitz‹, steht. Es folgen *wī*[h] *hailag*. Das liest sich dann: ›Der Goten Erbbesitz, geweiht (und) heilig (im Sinn von unverletzlich)‹. Zweifelsohne gehörten Ring und Schatz Angehörigen des ostgermanischen Volks der Ostgoten, genauer ihrer Königssippe, deren großes Reich am Schwarzen Meer damals seit zwei Jahrzehnten von den Hunnen bedrängt und letztlich unterworfen wurde. Welche genauen Ereignisse der Völkerwanderungszeit mit dem Goldring von Pietroasa in Verbindung gebracht werden können, ist nicht bekannt. Ein Ring dieser Art gehörte jedenfalls zum Königsschatz und wurde von Angehörigen der Königssippe oder von Priestern in deren Umfeld getragen. Hier galt er als Symbol von Herrschaft und Macht und manche Ringe dienten gar als Schwurringe und damit als Garanten des gegenseitigen Eides. Schließlich spielen Ringe in den Götter- und Heldensagen der Germanen eine herausragende Rolle, deren Spuren sich bis ins mittelhochdeutsche *Nibelungenlied* verfolgen lassen.

Einige Jahrzehnte später bietet ein Fund aus einer ganz anderen Ecke der Germanengebiete eine Sensation: Das Bootsgrab von der Fallward bei Wremen (Cuxhaven) lag in einem großen Gräberfeld nahe der Unterweser, das nur wenige Kilometer von der großen Wurtensiedlung Feddersen Wierde angelegt worden war. Das gesamte Gebiet stellt eines der bemerkenswertesten Fundareale der Germanenforschung dar. Hier fand man auch eine völlig unerwartete Runenritzung. Sie wurde in besagtem Bootsgrab entdeckt, das die letzte Ruhestätte eines mächtigen Häuptlings war, der anscheinend Dienst im römischen Heer geleistet hatte und mit reichem Sold nach Germanien zurückkehrte.

In seinem Grab finden sich dementsprechend Teile einer Offiziersausrüstung. Vor allem die Grabbeigaben von Holzmöbeln sorgten für Furore. Darunter ein kleiner Tisch mit kunstvoll gedrechselten Beinen, kleine Hocker und eine Art Thronsessel, aus einem einzigen Baumstamm gearbeitet und reich verziert. Auf der Unterseite eines Schemels lässt sich noch gut eine Jagdszene erkennen, in der ein Hund einen Hirsch jagt. Auf der Längskante des Schemelbrettes findet sich schließlich eine linksläufige Runeninschrift, die in rechtsläufiger Normalisierung wie folgt aussieht: ᚲᛋᚨᛗᛖᛚᛚᚨ ᛚᚷᚢᛋᚲᚨᚦᛁ, *ksamella lguskaþi*. Bei einer Umstellung der ersten beiden Runen entpuppt sich das erste Wort als *skamella*, ›Schemel‹, – ein Lehnwort, das die Germanen von dem lateinischen *scamellum* übernommen haben. Die folgenden Zeichen ergänzt man anfangs um die a-Rune ᚨ, was *alguskaþi* ergibt, eine Zusammensetzung aus *algu* ›Elch, Hirsch‹ und *skaþi*, das wiederum eine Form des Verbs *skaþian* ›schädigen‹ darstellt. Die ›Hirsch-Schädigung‹ liest sich wie eine Textlegende zu der Jagdszene des Schemels.

Der archäologische Fund bietet damit zum einen eine der wenigen frühen südgermanischen Runeninschriften, nämlich etwa um das Jahr 450 n. Chr., die sich zudem auf einem der selten erhaltenen hölzernen Gegenstände befindet. Ob das ganze etwas mit Magie zu tun hat, ist unklar. Einen Gegenstand schriftlich zu benennen und ihn mit Bild und Text zu schmücken, wäre einem mächtigen Adligen angemessen. Zumal die Jagdszene wie auf dem Stein von Möjbro zu seinen standesgemäßen Tätigkeiten zählt.

Die Unterweser hat darüber hinaus an Runenfunden noch mehr Überraschungen zu bieten. Das gilt vor allem für die in Forscherkreisen berühmt-berüchtigten Weser-Runenknochen. Ihnen hing lange Zeit der Ruf einer Fälschung an, bis der Runologe Peter Pieper schließlich ihre Echtheit nachweisen konnte. Das gilt mittlerweile für drei Knochen mit Abbildungen, Ornament- bzw. Symbolzeichen und Runen, denen eine zusammenhängende »Message« unterstellt wird. Sie könnte auf einem Ereignis der Zeit um 400 n. Chr. beruhen.

Damals ritzte ein früher Sachse ein Segelschiff in einen der Knochen. Das ist insofern verwunderlich, als die Germanen selbst damals nur Ruderboote wie das einige Jahrzehnte ältere

Nydam-Boot verwendeten. Deswegen und aufgrund von Details der recht genauen, filigranen Ritzung glaubt man in dem Schiff ein römisches Segelschiff, wohl ein Handelsschiff, erkennen zu können. Die dazu gehörenden Runen werden als *lokom:her* gelesen und als ›Ich schaue hier‹ verstanden. Wenn man der Darstellung den Bezug zu einem realen Schiff unterstellt, wird also die Blicknahme durch die Germanen bezeugt. Auf einem anderen Knochen spricht der Runenritzer davon, dass er – vielleicht mit Namen Inghari – Hagel verursachen wolle, was mit dem Runenbegriffszeichen auch schlichtweg Verderben meinen kann. Was hatten die Weser-Germanen mit dem römischen Handelsschiff vor? Ritzten sie in Runen einen magischen Unwetter-Fluch oder bezeugen sie ganz realistisch ihren bevorstehenden Angriff? Wie auch immer: Auch dieser frühe südgermanische Runenfund bezeugt ein historisches Ereignis.

Aber Runen konnten offensichtlich ebenso in gebotener Kürze Heldensagen erzählen oder religiöse Bekenntnisse dokumentieren. Dafür kommt zumindest in der Sicht von fast zwei Dutzend Interpreten die Inschrift auf der silbernen Gürtelschnalle von Pforzen im Allgäu in Betracht. Sie fand sich im reich ausgestatteten Grab eines alamannischen Kriegers, der irgendwann in der zweiten Hälfte des 6. Jahrhunderts n. Chr. bestattet worden war. Dass der Trachtteil aus dem Mittelmeerraum stammte überrascht nicht – ganz anders die Einritzung der Runen auf der rechteckigen Beschlagplatte (4,4 × 2,6 cm) der Gürtelschnalle. Sie erfolgte nämlich nicht verborgen auf der Rückseite, wie etwa bei den alamannischen Frauenfibeln üblich, sondern gut sichtbar auf der Vorderseite:

ᚨᛁᚷᛁᛚ·ᚨᚾᛞᛁ·ᚨᛇᛚᚱᚢᚾ
ᛚᛏᚨᚺᚢ·ᚷᚨᛊᛟ^ᚢᚾ

Die Runen wurden in zwei Zeilen rechtsläufig eingeritzt. Gelesen werden sie als *aigil.andi.ailrun* und als *ltahu.gasokun*. Das ist gut zu lesen und mit etwas Runenbastelei kommen manche Interpreten zu der Übersetzung ›Aigil und Ailrun schalten Angiltah‹. Da allerdings die eigentlich Aussage hinter der genannten Übersetzung weitgehend unverständlich bleibt, haben andere Interpreten eine abweichende Lesart vorgeschlagen. Sie lesen die ersten beiden Zeichen der zweiten Zeile statt ᛚᛏ als Binderune von ᛖ und ᛚ, was die Lesung *elahu* ergibt. Darunter kann man ›Hirsche‹ verstehen und das ergibt eine bemerkenswerte Spur. Die beiden Runenzeilen können dann nämlich übersetzt werden als ›Aigil und Ailrun verurteilten die Hirsche‹.

Das ergibt dann einen Sinn, wenn man christliche Bußbücher des frühen Mittelalters hinzuzieht. Sie zählen die Sünden der Gläubigen und die zu leistenden Bußen auf. Dort wird als sündhafte Verfehlung ›den Hirsch machen‹ (lat. *cervulum facere*) genannt. Darunter waren anscheinend vorchristliche Tänze in Hirschmaskeraden zu verstehen. Nach dieser Bedeutung verurteilen Aigil und Ailrun diejenigen, die sich solchen Hirschtänzen hingeben. Die Inschrift der Gürtelschnalle von Pforzen wäre demnach aus der christlichen Perspektive geritzt und würde die vermeintlich abergläubischen Bräuche verdammen. Oder sollte man das ganze noch viel christlicher verstehen, indem man nämlich den Hirsch als Symbol Christi ansieht – was eine verbreitete Deutung war: ›Aigil und Ailrun haben gemeinsam mit dem Hirsch (Christus) gekämpft.‹

Abschließend kommen wir noch zu einem anderen Erklärungsansatz. Die Namen Aigil und Ailrun sind nämlich identisch mit zwei Namen der germanischen Heldensage um den Schmied Wieland, die unter anderem im altnordischen *Wölundlied* gut bezeugt sind: Dort ist Egill (andernorts übrigens als Meisterschütze genannt) ein Bruder des Meisterschmieds. Und seine Frau ist die Walküre Ölrun. Es mag mehr als ein seltsamer Zufall sein, dass just dieses Paar von den Runen der Gürtelschnalle genannt wird. Geben sie etwa eine andernorts nicht überlieferte Episode der Heldensage wieder? Demzufolge lautet eine Interpretation der Inschrift ›Aigil und Ailrun kämpften im Hirsch‹, und dieser Name würde sich auf die sagenhafte Hirschhalle Heorot beziehen, die einstmals die Residenz der dänischen Könige auf Seeland gewesen sein soll und der zahlreiche Hirschgeweihe ihren Namen gaben (so im altenglischen

Heldenepos *Beowulf*). Dann hätte der verstorbene alamannische Krieger von Pforzen auf seiner Silberschnalle kein »Glaubensbekenntnis«, sondern eine Heldengeschichte mit ins Grab bekommen.

## *Das Ende der alten Runenschrift*

Der Gebrauch der Runenreihe des älteren Futharks endet im Laufe des 7. Jahrhunderts n. Chr. Unter Angelsachsen, Friesen und Nordgermanen treten modifizierte Runensysteme auf (vgl. dazu die folgenden Kapitel). Von den Südgermanen des Kontinents werden schlichtweg keine Runen mehr genutzt – zumindest spricht die derzeitige Fundlage dafür. Dass Franken, Alamannen, Bajuwaren, Sachsen und andere keine Runen mehr verwendeten, hat zweifelsfrei mit der Ausbreitung des Christentums und den damit verbundenen kulturellen Veränderungen zu tun. Die neue Religion setzte sich zuerst bei den Franken durch: Die katholische Taufe des Merowingerkönigs Chlodwig 498/508 n. Chr. in Reims markiert dabei ein entscheidendes Ereignis. Im Frankenreich und ausgehend von diesem erfolgte die weitere Missionierung insbesondere durch irische und angelsächsische Missionare, in deren Heimat auf den Britischen Inseln sich das Christentum rasch durchgesetzt hatte. Seit dem 6. Jahrhundert n. Chr. nahmen in Süddeutschland auch die Alamannen und Bajuwaren den christlichen Glauben an. Seit 721 missionierte dann der Angelsachse Bonifatius in Hessen und bei den Thüringern, bei denen allerdings bereits im frühen 7. Jahrhundert n. Chr. ein Kirchenbau bezeugt ist. Bei den Sachsen erwies sich die Missionsarbeit als schwieriger und kam letztlich erst nach den Eroberungskriegen Karls des Großen im beginnenden 9. Jahrhundert zum Abschluss. Gleichwohl sind die letzten Runenzeugnisse rund 300 Jahre älter.

Das mag auch daran gelegen haben, dass der Runengebrauch unter den Südgermanen bekanntlich nicht so verbreitet war und zudem nicht das gleiche gesellschaftliche Renommee genoss wie im Norden. Ihre letzte Glanzzeit erlebten die Runen unter den Alamannen als sehr private Mitteilungen, verborgen in Schmuckaccessoires. Die führenden Adelsschichten griffen jedoch im Sinne der fränkischen Merowinger immer mehr auf die Buchstaben des lateinischen Alphabets zurück, die schlichtweg prestigeträchtiger waren. Zugegebenermaßen kommt ein sehr banales Argument für das Verschwinden der Runeneinritzungen hinzu: Obwohl sich die christliche Lehre und die damit verbundenen Maßregeln nur langsam durchsetzten, griffen sie auf Dauer. Und ihnen zufolge waren die Verstorbenen ohne Beigaben zu bestatten. Die Gräber waren jedoch die wichtigsten Quellen von Fibeln und anderen Runenträgern.

Nun wäre allerdings der Eindruck, Runen hätten allein als Ausdruck der heidnischen Kultur gegolten und seien gleichsam als Relikte der alten Götter angesehen worden, nicht richtig. Denn in der Runenschrift wurden auch christliche Inhalte vermittelt, die folglich von Christen geritzt worden waren. Die bereits vorgestellte Gürtelschnalle von Pforzen wäre zumindest nach einem Teil ihrer Deutungen ein Beleg dafür. Ein noch beeindruckenderer ist die Runenfibel I von Nordendorf bei Augsburg, eine silbervergoldete alamannische Bügelfibel (ca. 13 cm lang) aus dem ausgehenden 6. Jahrhundert n. Chr. Die darin eingeritzten Runen gehören zu den wenigen südgermanischen Zeugnissen, die Götternamen überliefern. Die rechtsläufige, in mehrere Sequenzen aufgeteilte und wie üblich auf der Rückseite geritzte Inschrift lautet:

ᛚᛟᚷᚨᚦᛟᚱᛖ ᚹᛟᛞᚨᚾ ᚹᛁᚷᛁᚦᛟᚾᚨᚱ ᚨᚹᚨ ᛚᛖᚢᛒᚹᛁᚾᛁ

Was bereits deutend gelesen wird als *Logaþore Wodan Wigiþonar*; abseitig davon steht *awaleubwini*. Die lange vorherrschende Interpretation glaubte in der Frau Awa und dem Mann Leubwini diejenigen zu erkennen, die die Götter *Logaþore* (vielleicht Loki oder ein später in Skandinavien als Lodurr bekannter Gott), Wodan und Donar (»Kampf-Donar«) um Glück anrufen. Eine neuere, mittlerweile weithin akzeptierte Interpretation liest *Logaþore* als ›Zauberer‹ bzw. ›Lügner‹; demnach wären die Runen aus christlicher Perspektive geritzt und schmähten die beiden heidnischen Hauptgötter: ›Lügner sind Wodan und Donar.‹

*Abb. 6: Runeninschrift der Bügelfibel von Nordendorf*

Eines der letzten südgermanischen Zeugnisse, das Lanzenblatt von Wurmlingen bei Tuttlingen, wird immerhin auf die Zeit um 600 n. Chr. datiert. Auf seiner eisernen Oberfläche lassen sich neben Ornamenten nur wenige Runen finden: ᛞᛟᚱᛁᚻ, *dorih*. Der Personenname *Dorīh* müsste eigentlich im Germanischen auf *-rīk* enden. Die h-Rune kennzeichnet die für die hochdeutsche Sprache so prägnante Lautverschiebung des Verschlusslautes /k/ zum Reibelaut /ch/, für den hier ᚻ steht. Damit bietet die Wurmlinger Lanzenspitze mit ihrer Runeninschrift die wahrscheinlich älteste Bezeugung der Entwicklung zur hochdeutschen Sprache. Religion und Sprache markieren somit jenen Wandel, der letztendlich zum Verschwinden der älteren Runenreihe in Deutschland führte.

# 6. Von Istanbul bis Grönland:

## Die Wikinger und das jüngere Futhark

### *Das jüngere Futhark und die Wikinger*

Während das ältere Futhark unter den Südgermanen ausstarb, verwendeten es die Nordgermanen in Skandinavien weiter. Im Laufe des 8. Jahrhunderts nahmen sie allerdings tiefgreifende Veränderungen an der alten, 24 Zeichen umfassenden Runenreihe vor. Das Ergebnis war das jüngere Futhark, das nur noch 16 Runen umfasste. Die Gründe für diesen Wandel liegen nicht deutlich auf der Hand; ein weiteres Mal kann darüber nur gemutmaßt werden. Fest steht, dass sich die gesprochene Sprache veränderte, was logischerweise Auswirkungen auf die verwendeten Zeichen hatte. Zu derartigen Argumenten zählt auch die Streichung von Runennamen, bei denen bekanntlich der Anlaut von entscheidender Bedeutung war: Als Beispiel sei die w-Rune ᚹ genannt, deren Name *wunjō seinen Anlaut-w als gesprochenes Wort verlor und darum nicht mehr nutzbar war. Oder ging es gar nicht so sehr um die sprachlichen Veränderungen, sondern schlicht um eine schriftliche Vereinfachung? War das Ziel die Verwendung nur noch eines Stabes? Manche Forscher unterstellen den runenkundigen Nordgermanen hingegen eine gelehrte Intention, die auf zahlensymbolischen

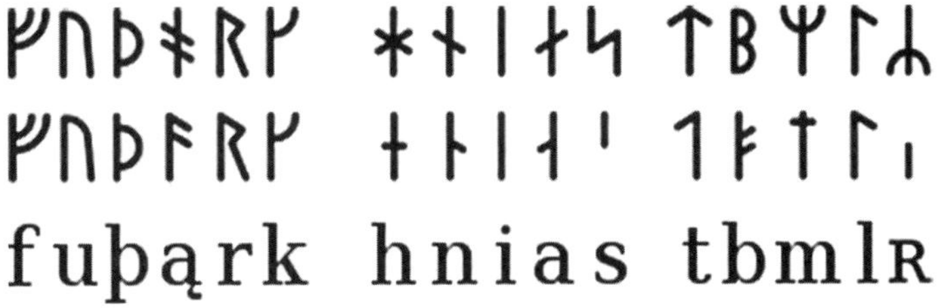


*Abb. 7: Jüngeres Futhark. Langzweig- und Kurzzweigrunen*

bzw. kryptograhischen Überlegungen basierte. Ist demnach das jüngere Futhark als Geheimcode zu lesen?

Jedenfalls macht es einem die reduzierte Runenreihe nicht unbedingt leichter. Denn im Gegensatz zum älteren Futhark existierten unter den frühmittelalterlichen Nordgermanen etliche lokale Varianten, die sich zudem vermischten. Das galt ebenso für die zwei Hauptvarianten, die als Langzweigrunen (auch normale oder dänische Runen) und Kurzzweigrunen (auch Stutzrunen oder schwedisch-norwegische Runen) bezeichnet werden. Bestens geeignet für die Wiedergabe der Laute der altnordischen Sprache waren sie eigentlich nicht. So gab es Zeichen für die Vokale u, i, a, aber keine Rune für e, und mit dem o war das auch so ein Problem. Denn auf die alte o-Rune ᛟ verzichtete man, und die veränderte alte a-Rune bezeichnete nun einen dunkleren a-Laut. Die sogenannten stimmlosen Konsonanten k und t hatten weiterhin Runenzeichen, die stimmhaften, verwandten Laute g und d aber nicht. Was das Paar p und b betrifft, griff man nur noch auf die b-Rune zurück.

Die jüngere Runenreihe bot folglich erheblich weniger Zeichen, als Sprachlaute vorhanden waren. Das dürfte den Runenmeistern und anderen Runenkundigen das Verfassen einer Inschrift ebenso erschwert haben wie den Runologen das Verstehen. Einige Beispiele von den berühmten dänischen Jelling-Steinen, denen wir uns noch ausgiebig widmen werden, sollen diesen Umstand verdeutlichen: Die Königsnamen Gorm und Harald mussten (in Umschrift) *kurmʀ* und *haraltr* geschrieben werden, weil g-, o- und d-Runen fehlten. Ähnliches gilt auch für das altnordische Wort *konungr*, ›König‹, das in Runen *kunukʀ* geschrieben wird. Hier findet zudem die bereits aus dem älteren Futhark bekannte Regel Anwendung, wonach die Laute m und n entfallen können (vgl. *ka*(m)*ba* in Kap. 3). Ansonsten gilt selbstredend auch unter den Wikingern, dass man keine Standard-Runenreihe kannte, alles mögliche unter Verwendung von Abkürzungen kräftig durcheinanderritzte und nicht immer und durchgehend Wörter untereinander trennte bzw. markierte. Für besonders Eilige – dieser Scherz sei hier erlaubt – gab es sogar stablose Runen (sog. Hälsinge-Runen), die in der Forschungsliteratur nicht ganz zu unrecht als »Runenstenographie« (RGA 23, S 568) bezeichnet wurden.

Ob kurz, lang oder stablos: Die Zeichen des jüngeren Futharks werden gern als Wikinger-Runen bezeichnet. Dieses Wort steht für die Skandinavier des frühen Mittelalters, von denen bereits im Kapitel 1 kurz die Rede war. Seit dem Ende des 8. Jahrhunderts verließen sie erst vorübergehend, dann auf Dauer ihre Heimat. Außerhalb Skandinaviens waren u. a. die Bezeichnungen »Normannen« (Nordmänner) in westeuropäischen Quellen und »Waräger« (wahrscheinlich »durch Eide Verpflichtete«) in Osteuropa und Byzanz üblich. Seit dem Überfall auf das nordenglische Kloster Lindisfarne (793) unternahmen dänische und norwegische Piraten (übrigens die eigentliche Bedeutung des Wortes Wikinger) Plünderungszüge zu den Britischen Inseln. Seit 835 nahmen diese Überfälle so große Ausmaße an, dass Wikingerverbände auf ihren Beutezügen sogar bis ins Binnenland der Inseln vordrangen. In Irland gründeten die Wikinger Handelsplätze wie Dublin, Cork, Wexford und Waterford, von denen aus sie sich auch in die Kämpfe der irischen Kleinkönige einmischten.

In England landete 866 ein großes dänisches Heer und eroberte mit York die Hauptstadt Northumberlands. Ein Jahrzehnt später begann die Einwanderung dänischer Siedler in Ostengland, die im sogenannten Danelaw (Land dänischen Rechts) ein auf Dauer skandinavisch geprägtes Gebiet besiedelten. Sie blieben dort auch nach der Rückeroberung durch die englischen Könige. Neben dem Danelaw gründeten die Wikinger v. a. in Dublin und York vorübergehend selbständige Reiche. Gegen Ende des 10. Jahrhunderts begannen verstärkt neue Wikingerüberfälle auf England, an denen sich der dänische König Sven Gabelbart beteiligte, der schließlich 1013 sogar den englischen Thron bestieg. Dessen Sohn Knut der Große vereinte schließlich Dänemark, England und Norwegen 1016–1035 unter seiner Krone. Sein letzter dänischstämmiger Nachfolger wurde 1066 von den Normannen unter Wilhelm dem Eroberer besiegt.

Anders als auf den Britischen Inseln konnten sich die Wikinger mit Ausnahme der Normandie nirgendwo auf dem Festland dauerhaft festsetzen. Seit 800 suchten sie immer häufiger Küsten- und Flussgebiete, insbesondere von Loire, Seine und Rhein, heim. 845 zerstörten Wikinger Hamburg, 881/82 plünderten sie im Rheinland und überfielen die Kaiserpfalz bei Aachen und 885/86 belagerten sie Paris. Ende des 9. Jahrhunderts klangen die Wikingerzüge im West- und Ostfränkischen Reich allmählich aus, unter anderem wegen des Sieges König Arnulfs von Kärnten 891 bei Löwen. Wikingerflotten unternahmen auch einzelne Plünderungszüge nach Spanien, wo sie 844 das arabische Sevilla angriffen, und durchs westliche Mittelmeer, dessen Küsten 859–862 geplündert wurden.

Aber die Wikinger konnten auch anders: Von Norwegen aus unternahmen sie Fahrten über den Nordatlantik. Dort besiedelten sie die Färöer, die Orkney- und Shetland-Inseln. Etwa ab 874 kamen die ersten Siedler nach Island, wo 930 eine von Norwegen unabhängige Republik entstand. Um 985 besiedelte man von dort unter der Führung Eriks des Roten Gebiete an der Süd- und Westküste Grönlands. Um 1000 stießen Wikinger auf die nordamerikanische Küste. Dort legten sie vorübergehend in Neufundland eine kleine Siedlung an. Die schwedischen Waräger fuhren indes über die Ostsee nach Osteuropa und gelangten über die Flüsse Dnjepr und Wolga ins Schwarze Meer bzw. zum Kaspischen Meer und so bis nach Konstantinopel sowie ins arabische Kalifat (Bagdad). Auch hier waren sie auf Raubzüge aus, wurden jedoch vor allem als Händler tätig. Seit Ende des 10. Jahrhunderts verdingten sich viele Nordeuropäer dann am Hof des byzantinischen Kaisers in der »Warägergarde« als Söldner. Seit 862 kamen Schweden nach Nordrussland und ergriffen dort gemeinsam mit slawischen Häuptlingen die Macht. Sie gründeten die Reiche von Nowgorod und Kiew, die 882 zum Reich der Rus vereinigt wurden. Daraus erwuchs der erste russische Staat, in dem die Waräger neben slawischen Herrschern die Führungsschicht stellten – die Trennung fällt hier häufig schwer. Zwischen dem Reich der Rus und Skandinavien bestanden in dieser Zeit enge Beziehungen.

Folglich traten die Skandinavier während der Wikingerzeit nicht nur als Räuber, Söldner und Kolonisten auf, sondern auch als Kaufleute und Händler. Die größten skandinavischen Handelsplätze Birka (im Mälarsee, Schweden) und Haithabu (bei Schleswig) gehörten neben Dublin und York zu den Drehscheiben des europäischen Handels. Für Skandinavien selbst war diese Epoche von außerordentlicher Bedeutung. Damals entstanden aus zahlreichen Kleinkönigreichen die Königreiche der Dänen, Norweger und Schweden sowie der isländische Freistaat. Das Heidentum war noch bis ins 11. Jahrhundert verbreitet, als sich schließlich das Christentum überall durchgesetzt hatte. Damit fanden die skandinavischen Nationen den Anschluss an das christliche Abendland, was sich in der Gründung von Städten, Kirchen und Bistümern, aber auch in der Übernahme des lateinischen Alphabets und der damit verbundenen Buchkultur zeigte.

Dieser weiten Welt der Wikinger in und außerhalb Skandinaviens ist das Auftreten von Trägern mit Runeninschriften geschuldet. Bekanntlich stammen die meisten aus dieser Zeit, nämlich 3600 aus Schweden, 1600 aus Norwegen und 850 aus Dänemark. Die Wikingerzeit darf zweifelsohne als Epoche der monumentalen Runensteine bezeichnet werden, von denen allein die 2500 schwedischen eine überragende Zahl darstellen. Runensteine dienten zunehmend als persönliche und historische Zeugnisse sowie manchmal sogar als Urkunden, weswegen sie uns im Folgenden noch beschäftigen werden. Allerdings ritzte man auch die Runen des jüngeren Futhark weiterhin in zahlreiche Gegenstände wie Fibeln und anderen Schmuck, in Kämme und diverse Geräte, außerdem in Kupfer- und Bronzebleche und sogar in sogenannte Runenmünzen, bei denen das traditionelle Runenerbe mit dem eingeführten Münzwesen eine Verbindung einging. Im schwedischen Uppland fand sich ein Knochen, in den die Futhark-Reihe geradezu mustergültig eingeritzt ist. Dies kann man leider nicht von allen Ritzungen sagen, die nur zu oft sehr kurz und schwer zu deuten sind. Anders hingegen ein hübscher Spazierstock aus Lund im heutigen Südschweden, dessen Griff als Drachenkopf gestaltet ist und in dessen Holz mit Ulfkil wohl der Besitzername eingeritzt wurde. Die Runen eines silbernen Halsreifs aus Norwegen erzählen sogar eine typische Wikingergeschichte: »Wir fuhren zum Treffen mit Frieslands Kriegern und teilten die Beute unter uns«. Ein hausförmiger Reliquienschrein, vielleicht um 800 in Schottland gefertigt und über 13 cm lang, war nach Norwegen gelangt. Dort ritzte man wiederum sehr bezeichnend die Steven von Wikingerschiffen in seine Unterseite und Runen verkündeten, welche Skandinavierin nun den Schrein ihr Eigen nannte: *Ranvaik a kistu thasa,* ›Ranvaik gehört dieses Kästchen‹.

## *Runen in aller Welt*

Die Wikinger brachten ihre Runen in alle Ecken ihrer Welt, überall dorthin, wohin sie auf ihren Fahrten und Reisen kamen. Wer ihre Geschichte auf den Britischen Inseln kennt, wird von etlichen Runenfunden auf der Britischen Hauptinsel, in Irland, auf Man und auf Inselgruppen wie den Shetlands und Orkneys nicht überrascht sein. Besonders reich »gesegnet« mit Runeninschriften ist die Isle of Man inmitten der Irischen See, eine Insel, die von der skandinavischen Kultur bis heute geprägt ist. Sie bietet mit dem Kreuzstein von Kirk Andreas aus dem 10. Jahrhundert ein bemerkenswertes Zeugnis für die Glaubensmischung zwischen nordgermanischem Heidentum und christlichen Vorstellungen; denn das Kreuz bekundet nicht nur christliche Motive und Symbole, sondern auch Motive der heidnischen Ragnarök-Szenerie vom Weltenende. Dabei besticht besonders die Szene, in der der Fenriswolf den Gott Odin verschlingt. Die Runeninschrift bleibt hingegen ganz profan und bekundet: »Thorwald errichtete diesen Stein.« Ähnliches gilt für den Grabstein von St. Paul in London, der einstmals als Abdeckung eines Sarkophags diente, mit Wikingerkunst verziert ist und wohl dem dänischen Umfeld des oben erwähnten Königs Knut zugeschrieben werden muss. Wiederum ist die Runeninschrift recht nüchterner Natur: »Ginna und Toki haben diesen Stein errichtet.«

Der Blick auf den Nordatlantik führt nach Island, das mit seiner literarischen Überlieferung der Sagas, Eddas und Skaldendichtung viel zum Verständnis der Wikingerkultur beigetragen hat. Was deren Runen betrifft, gilt es allerdings als tabula rasa; denn die ältesten Inschriften finden sich erst aus der Zeit um 1200. Dass man sogar in den nordischen Kolonien auf Grönland Runen ritzte, belegen über 100 Inschriften. Aber auch hier bleibt zumeist nicht mehr an Erkenntnis, als die Tatsache, dass es Runenzeichen gibt, die allerdings jünger als die Wikingerzeit und schwer verständlich sind. So bietet der Stock von Narsaq Geheimrunen und der Stein von Kingittorsuaq zeigt wunderbar lesbare Runen, deren Bedeutung aber unbekannt ist.

Wikinger siedelten zumindest vorübergehend, wie bereits erwähnt, auch in Neufundland, was archäologisch erwiesen ist. Fehlt nur noch ein schöner Runenfund in Nordamerika. Dieser wurde bislang jedoch noch nicht gemacht, weswegen wir uns im Kapitel 10 mit Fälschungen und dem berühmtesten Runenstein der neuen Welt beschäftigen.

Erfolgreicher gestaltet sich die Runensuche auf der Ostroute der schwedischen Waräger. Einige Beispiele: Im polnischen Wollin, einem Handelsplatz der Wikingerzeit, hatte ein Nordmann seinen Runenstab verloren. In der Nachbarschaft des nordrussischen Nowgorod fand sich ein Amulett aus Bronzeblech, in das man um 1000 zwölf Geheimrunen geritzt hatte, deren Sinn Fachleute entschlüsselt zu haben glauben. »Möge dir niemals die Manneskraft fehlen.« Ebenso wurde man in Alt-Ladoga am Ladoga-See fündig, wie Nowgorod übrigens ein Zentrum skandinavisch-slawischer Kontakte: Ob die drei Bronzeblech-Amulette ähnliche Männerwünsche ansprechen, ist wegen der schwierigen Deutung der Runen nicht bekannt. Ein gebogener Holzstab bietet immerhin 52 Runen, die wahrscheinlich Teil eines altnordischen Schildgedichts sind, eines für die Wikinger typischen Lobliedes auf einen Schild mit Szenen aus Mythologie und Heldensage.

Erheblich weiter auf der vielbesungenen Route von den Warägern zu den Griechen führt uns der Runenstein, der zu Beginn des 20. Jahrhunderts auf der Insel Berezan in der Dnjepr-Mündung gefunden wurde. Der Steinrest ist jeweils knapp einen halben Meter breit sowie hoch und bedeckte ursprünglich eine Steinkiste für einen Toten. Diesen Steinsarg hatte man in einem uralten Hügelgrab verborgen. Auf dem erhaltenen Rest blieb glücklicherweise ausgerechnet die Runeninschrift erhalten: *krani:kerþi:*(h)*ualf:þisi:iftir:kal:fi:laka:si*(n), *Grani gærði hualf Þæssi æftir Karl felaga sin,* ›Grane machte diese Steinkiste nach Karl, seinem Fahrtgenossen‹. Das heißt, Grane bestattete seinen toten Kameraden. Dabei meint *hualf* das Wort *hvalf* und bezeichnet damit die Grabkammer, mit *fi:laka* ist hingegen der *félagi* gemeint, der ›Fahrtgenosse‹, mit dem man auch vertraglich verbunden war. Dieser wichtige Begriff wird uns noch bei den uppländischen Runensteinen und ihren Inschriften begegnen.

*Abb. 8: Runenstein von Berezan*

Die zwei Exoten unter den Runeninschriften geben leider inhaltlich nichts her: Der Marmorlöwe von Piräus, dem alten Athener Hafen, diente einem Wikinger, mutmaßlich ein Soldat der Warägergarde im Dienst des byzantinischen Kaisers, als Fläche für nordische Ornamentik und einige Runen. Mittlerweile wacht der prächtige Löwe schon lange vor dem Arsenal (ehemalige Schiftswerft) von Venedig – von der Runeninschrift ist nichts Sinnvolles mehr zu erkennen. Es dürften ebenfalls Nordleute im Dienst des Kaisers gewesen sein, die sich auf der obersten Südgallerie der Hagia Sophia in Konstantinopel verewigten, damals die größte Kirche der Welt. Aber zu lesen ist nicht mehr als zwei nordische Namen: [ha]*lvdan* und *Arni*.

## *Odin auf dem Menschenschädel*

Im Laufe des 8. Jahrhunderts bzw. etwas früher beginnt die angesprochene Transformation vom älteren zum jüngeren Futhark. Von den Runeninschriften, die eine gewisse Übergangsphase bezeugen, sei hier eine ausgewählt, die insbesondere durch ihren Inhalt besticht. Gemeint ist die Ritzung auf einem 8 × 6 cm großen menschlichen Schädelfragment, das aus der Zeit um 750 stammt. Gefunden wurde es im Bereich der dänischen Nordseesiedlung Ribe, die eine der frühesten Handelsplätze der Region war. Das seltsame Objekt wurde berühmt und darum schon erwähnt, weil es erstmals den Namen des Runengottes Odin bezeugt. Wie kamen die Eltern oder Großeltern der Wikinger auf die Idee, Runen in einen Schädelknochen zu ritzen? Das Ganze hat zweifelsohne mit Magie zu tun, und ein in den Knochen gebohrtes Loch mag davon zeugen, dass er als Amulett getragen wurde. Oder zeugt es sogar von einer realen oder symbolischen Trepanation, also einer operativen Öffnung des Schädels?

Die eigentliche Inschrift macht uns die Deutung nicht leichter, ist sie doch in vielen Teilen ihres Sinns umstritten. Die Ritzung beginnt mit der ersten Zeile links oben am Rand, dem sie rechtsläufig immer folgt. Die zweite Zeile beginnt unmittelbar darunter ebenfalls am linken Rand und folgt dann im Innern der äußeren Zeile mit einer scharfen Linkskurve. Die ersten Runen sind ᚢᛚᚠᚢᛦ ᚼᚢᚴ ᚢᚦᛁᚾ ᚼᚢᚴ ᚺᚢᛏᛁᚢᛦ, zu lesen als *ulfuʀ auk uþin auk hutiuʀ*. Was die Zeichen betrifft – hier sei beispielhaft darauf eingegangen – fallen Unterschiede zum älteren Futhark auf: ᚼ steht für einen a-Laut, ᛪ ist die neue k-Rune. Ansonsten stoßen wir in diesem Abschnitt auf die berühmte Nennung Odins (ᚢᚦᛁᚾ), dem zu Seite stehen *ulfuʀ* (ᚢᛚᚠᚢᛦ) und *Hutiuʀ* (ᚼᚢᛏᛁᚢᛦ). Wer mag sich hinter diesen Namen verbergen? Viele Interpreten lesen den ersten Namen in Zusammenhang mit einem Wolf, womöglich ist für sie damit sogar der Fenriswolf gemeint. Dabei handelt es sich um eines der berüchtigtsten Untiere der nordgermanischen Mythologie, das Odin in den Ragnarök, dem »Schicksal der Götter«, den Tod bringt. Ist *Hutiuʀ* als Hoch-Tyr zu verstehen und damit als Bezeichnung des einarmigen Asengottes Tyr? Seinen Arm verlor dieser immerhin angeblich im Rachen des Fenriswolfes. Schimmert da in den Runen des Schädelknochens ein ganzer Mythos durch? Werfen wir einen Blick auf die Lesung der gesamten Inschrift: *ulfuʀ auk uþin auk hutiuʀ : hialb buri(i)s : uiþʀ | þaima uiarki auk tuirk unin buur*. Als Übersetzung wäre möglich: ›Ulfʀ (Fenriswolf?) und Óđinn und Hoch-tiuʀ (Tyr?). Hilfe ist buri gegen diesen Schmerz. Und der Zwerg (ist) besiegt. Bóurr.‹ Die Bedeutung der Wörter *buri* und *bóurr* bleibt dabei allerdings unklar.

Immerhin taucht ein Zwerg auf, der verbirgt sich nämlich hinter den Runen ᛏᚢᛁᚱᛪ, *tuirk*. Das altnordische Wort *dvergr* bezeichnet die uns bekannten Zwerge als menschengestaltige, aber kleine Wesen der germanischen Mythologie und Heldensage. Dass ihr Wesen ziemlich problematisch ist, bezeugt noch die Figur Alberichs, der im Nibelungenlied der Wächter des Nibelungenschatzes ist.

Warum aber steht der Name auf dem Schädelknochen von Ribe? Die Etymologie des Wortes hilft weiter, sie unterstellt dem Wort nämlich eine ursprüngliche Bedeutung von »dämonischem Wesen« und »Schädiger«. Und in dieser Bedeutung kannten ihn wohl auch die Dänen des 8. Jahrhunderts. Demzufolge können sich die Interpreten der Runeninschrift zumindest darauf einigen: Der Zwerg wird als Verursacher von Kopfschmerzen angesehen. Odin und andere mythische Figuren werden um Hilfe dagegen angerufen. Das schaurige Schädelstück bietet mit seinen Runen magische Mittel gegen Kopfschmerzen an. Ob der Zwerg damit wirklich besiegt wurde, sprich, die Schmerzen sich verflüchtigten, wissen wir natürlich nicht.

## *Der Rök-Stein: das Monument der Rätselrunen*

Runeninschriften bringen es sogar in die internationale Presse. Das bezeugte im Mai 2016 die »Washington Post«, deren Artikel die »Welt« auf ihrer Website übernahm und sie zu dem vielversprechenden Titel anregte: »Das Rätsel dieser 1200-jährigen Runen ist gelöst« (Matthias Heine, Mai 2016). Die Story basiert auf Erkenntnissen des Linguisten Per Holmberg von der Universität Göteborg, der den Runenstein von Rök einer intensiven Neuinterpretation unterzog. Er kam zu dem Ergebnis – von der Presse entsprechend salopp formuliert –, bei besagtem Runenstein handele es sich um eine »Ewigkeitsmaschine«; denn in grauer Vorzeit habe der Errichter des Monuments den Betrachter der Runen dazu bringen wollen, um den Stein herumzugehen und seine rätselhaften Inschriften zu lesen. Ziel des Ganzen: Für alle Zeiten sollte auf diese Weise seines toten Sohnes gedacht werden. Ohne der hier nur knapp angerissenen These des schwedischen Forschers zu nahe treten zu wollen, sei der deutsche Runologe Thomas Birkmann zitiert: »Fast jeder bekannte Runologe hat über diesen Stein geschrieben, und jeder kam zu einem völlig anderen Ergebnis als seine Vorgänger.« (Birkmann 1995, S. 290). Am Beginn des 21. Jahrhunderts zählte man dementsprechend an die 40 Erklärungsversuche!

Was ist das aber nun für ein Mirakelstein, der viele Forscher zur Verzweiflung treibt? Zunächst einmal handelt es sich um einen mächtigen, naturbelassenen Granitblock mit einer Gesamthöhe von 3,8 m, der aufgerichtet und im Erdreich gesichert sich immer noch 2,5 m über den Boden erhebt. So ragte er einstmals majestätisch in der mittelschwedischen Landschaft Östergötland empor, ganz in der Nähe des Vätternsees. Da die Umgebung sehr flach ist, zog der Stein die Blicke auf sich, denn er stand dort völlig allein. Eine Siedlung gab es nicht. Der Ort erhielt seinen Namen Rök wahrscheinlich nach dem markanten Steinblock, worauf dessen ursprüngliche Bedeutung »emporragend« verweist (RGA 25, 2003, S. 62). Später im Mittelalter hatte man keine andere Verwendung, als ihn im Umfeld der Kirche zu vermauern, wo er im 17. Jahrhundert von dem Altertumsforscher Johannes Bureus entdeckt und dann 200 Jahre später freigelegt bzw. wieder aufgerichtet wurde. Seitdem beschäftigt er bekanntlich die Forschung.

Und damit wären wir bei den Runen, die den Rökstein über und über bedecken; und zwar auf allen Seiten: auf beiden Hauptseiten, auf den beiden Randflächen und auf der schrägen Kopffläche. In Summe ergibt das 28 Reihen mit etwa 750 Runen, was die Inschrift des Röksteins zur mit Abstand umfangreichsten Runeninschrift überhaupt macht. Ihre Lesbarkeit ist vorzüglich und man erkennt in ihnen Zeichen des jüngeren Futharks, nämlich Kurzzweigrunen. Dazu treten insbesondere auf der Rückseite des Steins ältere Runen, deren Bedeutung allerdings nicht immer offensichtlich ist, wurden sie doch als Geheimrunen verwendet. Diese Mischung und der Mangel an Trennzeichen machte die gute Lesbarkeit insofern zunichte, als sich mannigfaltige Interpretationsprobleme auftun.

Und wovon handelt die Inschrift? Zumindest darüber gibt der (wahrscheinliche) Beginn des Textes Auskunft: Er findet sich auf der Vorderseite in der ganz linken vertikalen Reihe und ist von unten nach oben zu lesen. In sogenanntem Runenschwedisch heißt es *Aft Vamođ standa runaʀ þaʀ. En Varinn fađi, fađiʀ, aft faigian sunu.* Das lässt sich wie folgt übersetzen: ›Nach Vamod stehen diese Runen. Aber Varin schrieb sie, der Vater, nach dem toten Sohn.‹ Der Runenstein von Rök entpuppt sich also rasch als Gedenkstein, den Varin für seinen toten Sohn Vamod errichten ließ. Das dürfte kurz nach 800 geschehen sein, als Karl der Große in seiner Pfalz Aachen residierte (worauf wir noch zu sprechen kommen) und dänische und norwegische Wikinger ihre ersten Raubfahrten über die Nordsee unternommen hatten.

Wie der umfangreiche Rest der Inschrift zum Gedenken an Vamod beiträgt, darum dreht sich das Interpretationskarussel.

*Abb. 9: Vorderseite des Röksteins: Beginn in der linken senkrechten Reihe unten; die beiden waagerechten Zeilen unten enthalten die Theoderich-Strophe*

Die einen meinen, der Vater ehre den Sohn, indem er etliche Heldensagen erzähle. Die anderen bestreiten deren Vorkommen nicht, deuten aber die Absicht des Vaters anders. Ihnen zufolge enthält die Inschrift einen Appell an einen anderen Sohn, seinen Bruder zu rächen. Wie auch immer verstanden, jedenfalls bietet der Rökstein Motive und Sagensplitter wie aus einem Fantasy-Roman. Da geht es um zwei geheimnisvolle Beutestücke und rätselhafte Hreidgoten, um ein Schlachtfeld mit 20 toten Königen, um Könige von Seeland, um die Rache einer Frau, schließlich um einen Helden, der einen Riesen erschlagen konnte und um einen, der im Alter von 90 Jahren noch einen Sohn zeugte (nach Gustavson, RGA 25, 2003, S. 62 ff.).

Aber zumindest über einen Teil der Inschrift besteht ziemliche Klarheit. Es ist dies die sogenannte Theoderich-Strophe in den beiden waagerechten Zeilen zuunterst der Vorderseite:

*raiþ þiaurikR hin þurmuþi stiliR*
*flutna strontu hraiþmaraR sitiR nu karuR o*
*kuta sinum skialti ub fatlaþR skati marika*

›Es herrschte Theoderich, der kühngemute, der Fürst
der Seekrieger, über den Strand des Hreidmeeres. Jetzt sitzt er gerüstet, auf seinem gotischen Ross, den Schild auf der Schulter, der Held der Märinger.‹

Diese bemerkenswerten Zeilen sind in einem Versmaß gedichtet, dem Versmaß für alte Sagen (Fornyrđislag), dem man ansonsten erst viel später in den Liedern der *Älteren Edda* auf Island begegnet. Der Inhalt mag erheblich interessanter sein: Denn bald schon war den Interpreten der Inschrift klar, dass es sich bei jenem kühngemuten Herrscher *þiaurikr* um den Ostgotenkönig Theoderich handeln musste, der in der Völkerwanderungszeit von 493 bis 526 n. Chr. über Italien herrschte. Dort kündet sein Grabmonument in Ravenna bis heute von jenem gotischen Reich am Mittelmeer. Vieles deutet darauf hin, dass die Schweden der frühen Wikingerzeit 300 Jahre nach seiner Herrschaft den Gotenkönig als Helden kannten und feierten und sich von ihm Sagen erzählten (wie er auch später in den deutschen Heldensagen als Dietrich von Bern auftritt). Kommen wir noch einmal zu Karl dem Großen: Auch er galt als Verehrer des Ostgotenkönigs und soll just in dieser Zeit im Hof seiner Aachener Pfalz eine angebliche Reiterstatue Theoderichs aufgestellt haben. Demzufolge erwägt eine Interpretation, ob der trauernde Vater Varin aus Västergötland nicht davon gewusst haben könnte und sich auch auf diese Reiterstatue bezog. Warum nicht? Die 1200 Jahre alte Runeninschrift des Röksteins scheint für manche Überraschung gut zu sein.

## *Kumbl – die Zeit der Denkmäler*

Der Rökstein blieb bei allen Besonderheiten kein Solitär. Aus der Vielzahl der Runensteine sei noch der von Sparlösa herausgegriffen. Nicht nur, weil er in der benachbarten Landschaft Västergötland zwischen Väner- und Vätternsee in einer wiederum sehr flachen Gegend gefunden wurde, sondern auch, weil man ihn fast zeitgleich errichtete. Mit knappen 1,80 m an Höhe ist er natürlich ein gutes Stück kleiner als sein monumentaler Nachbar von Rök. Immerhin weist er über 200 Runen auf (die leider zum Teil beschädigt sind), deren Gesamtsinn allerdings nicht so recht klar wird. Womöglich sollte eine Besitzübertragung dokumentiert werden. Und aus diesem Grund mögen auch die Götter eine hervorgehobene Rolle spielen (vgl. Kap. 3). Selbst der Name des Gottes Freyr lässt sich herauslesen.

Der Runenstein von Sparlösa erweist sich als Zeugnis einer Übergangszeit, in der mit der neuen Vielzahl an Zeichen geradezu experimentiert wird. Insofern finden sich Lang- und Kurzzweigrunen auf allen Seiten des Steins. Aber im Gegensatz zu Rök ist es damit nicht genug: Er ist nicht nur über und über mit Runen bedeckt, sondern auch mit zahlreichen Darstellungen: Da erkennt man eine große Halle, ein Schiff mit Segel, einen bewaffneten Kriegerreiter, außerdem Vögel, Vierbeiner und vielleicht sogar einen Flugdrachen. Wie auf manchem Bildstein der Insel Gotland könnte sich das Szenario auf die mythische Welt um Odins Kriegerhalle Walhall beziehen. Aber wer weiß das schon?

Jedenfalls erweist sich die Wikingerzeit als die Epoche der mehr oder weniger großen Denkmäler aus Stein: *kumbl* war auf Runensteinen wie später in der altnordischen Literatur das Wort dafür. So sieht die normalisierte Schreibweise aus: ᚴ ᚢ (ᛘ oder ᛙ) ᛒ (ᛓ) ᛚ. Die m-Rune mit Langzweig- oder Kurzzweig-Zeichen wurde bekanntlich selten geschrieben, auch für die b-Rune sind zwei Varianten möglich. Als *kumbl* konnte ein Runenstein bezeichnet werden, aber auch ein Grabhügel oder gleich eine ganze Anlage – dann wird der Plural verwendet, der gleich lautet. Ursprünglich verstand man im Norden darunter ein Zeichen, dann schließlich ein Denkmal, mit dem man ja ein Erinnerungszeichen setzte.

Der Runenstein von Gørlev auf der Insel Seeland mag zu den ersten gehören, die überhaupt in Dänemark errichtet wurden. Jedenfalls scheint das über 3 m hohe Monument, das sich mehr als 2 m über dem Boden erhob, in der ersten Hälfte des 9. Jahrhunderts errichtet worden zu sein. Die auf zwei Seiten jeweils von unten nach oben eingeritzten rechtsläufigen Runen bieten dann auch ein Zeugnis für das Wort: ᚿᛁᚢᛏᚢᛅᛚᚴᚢ(ᛙ?)ᛋ, *niut ual kums,* heißt es zum Abschluss der Vorderseite: ›Genieße das Kumbl wohl‹. Der vorausgehende Text ergibt den Sinn dieses seltsamen Wunsches. Denn danach ließ die Frau Thjodvi den Stein zum Gedenken an einen Verstorbenen namens Odinkar errichten. Es folgt eine Runenreihe des jüngeren Futharks mit Langzweigrunen und ihr schließt sich der obige Wunsch an.

Auf der Rückseite geht es mit auf den ersten Blick unverständlichen Runen weiter, die hier in der Umschrift wiedergegeben seien: *þmkiiissstttiiill.* Allerdings kann das Zeichen-Wirrwarr aufgelöst werden und ergibt dann *þistil(l) mistil(l) kistil(l)* – ›Distel‹, ›Mistelzweig‹, ›kleine Kiste‹. Dahinter dürfte sich eine Zauberformel von unklarer Bedeutung verbergen. Die immergrüne Mistel galt jedenfalls als schadenabwehrend und mit magischer Kraft versehen. Im Mythos von Balders Tod spielt sie jedoch eine für den Gott üble Rolle, denn ein Mistelzweig bringt ihm den Tod. Diese Szene stellen wahrscheinlich die erwähnten Brakteatenbilder dar (vgl. Kap. 3). Die Runeninschrift von Gørlev hat zweifellos viel mit Magie und Totenzauber zu tun. Sie soll die Wiederkehr des Toten in die Welt der Lebenden verhindern und wohl auch diesen in seinem Kumbl schützen. Alles andere bleibt ein Geheimnis der Auftraggeberin Thjodvi und ihres Runenmeisters.

Denkmäler dieser Art können sogar regelrechte Anlagen aus mehreren Runen- und Bildsteinen bilden. Ein Beispiel dafür ist das Hunnestad-Monument aus der südlichsten schwedischen Provinz Schonen. Dort hatte man offensichtlich acht Steine beeindruckend komponiert. Leider kennen wir die Gesamtanlage nur aus älteren Darstellungen. Danach wurde sie irgendwann zerstört und nur drei Steine blieben erhalten. Zwei davon bezeugen mit ihren eingeritzten Runen, dass sie als Gedenksteine für Verstorbene aufgestellt wurden. Der dritte ist ein runenloser Bildstein mit einer seltsamen Darstellung, die sich in ihrer Bedeutung erst durch die isländische Überlieferung der *Edda des Snorri Sturluson* um 1220 erschließt. Danach handelt es sich auf dem wikingerzeitlichen Bildstein um die Riesin Hyrrokkin, die auf einem Wolf reitet und giftige Schlangen als Zügel benutzt. Ihr kommt im Mythos von Balders Bestattung eine wichtige Aufgabe zu. Erst ihr gelingt es nämlich, Balders Totenschiff in See zu setzen.

Auch der Runenstein von Snoldelev auf der dänischen Hauptinsel Seeland scheint Teil einer größeren Anlage gewesen zu sein, von der nicht viel bekannt ist. Der 124 cm hohe Granitstein zeigt neben einer Swastika und drei verschlungenen Trinkhörnern eine kurze Inschrift, deren Sinn einmal mehr nicht völlig klar ist. Sicher ist zumindest, dass einer der Erwähnten als ᚦᚢᛚᛆᛦ, *thulaʀ*, bezeichnet wird. Unter einem Thul (altnord. *þulr*) verstand man später einen Dichter und jemanden, der zahlreiches Wissen kundtat. Ursprünglich wurde damit jedoch ein religiöser Kultredner, vielleicht sogar ein Priester bezeichnet. Der Snoldelev-Stein liefert eines der wenigen Zeugnisse darüber. Die drei Trinkhörner hat man übrigens als möglichen Hinweis auf Odins Kriegerparadies Walhall verstanden.

Im Laufe der Wikingerzeit stoßen wir schließlich auf Runeninschriften, die noch andernorts bezeugte Personen und Ereignisse ansprechen. Sie sind als historische Zeugnisse von außerordentlichem Interesse. Vier solche Runensteine haben sich in Haithabu erhalten, wenige Kilometer südlich der heutigen Stadt Schleswig in Schleswig-Holstein. Im 10. Jahrhundert gehörte der Handelsplatz zu den wichtigsten Orten der Wikinger und ihres Handels. Mit mehr als 1000 Einwohnern – überwiegend Handwerker und Händler – zählte Haithabu zu den größten Siedlungen des damaligen Skandinavien. Dass man sich vor möglichen Überfällen zu schützen wusste, belegt ein bis heute erhalten gebliebener halbkreisförmiger 10 m hoher Erdwall von mehr als einem Kilometer Länge. Ein derart reicher Handelsplatz rief natürlich auch Wikingerhäuptlinge und dänische Könige auf den Plan – nicht unbedingt, um zu plündern, sondern um Abgaben zu kassieren. Von diesen politischen Wechselspielen zeugen die besagten Runensteine.

Auf dem sogenannten großen Sigtrygg-Stein wird eine Frau namens Asfrid genannt, die den *kumbl* für ihren und Gnupas Sohn Sigtrygg errichten ließ. Der kleine Sigtrygg-Stein wiederholt diese Angaben und nennt den Runenschreiber Gorm. Geschichtsschreiber wie Flodoard und Widukind von Corvey nennen nun interessanterweise einen Setricus, der um 940 die Normandie mit seinen Schiffen angegriffen haben soll und einen Gnupa, der 934 gegen den ostfränkisch-deutschen König Heinrich I. eine Niederlage erlitt und sich taufen ließ. Später berichtet der Chronist Adam von Bremen, dieser Gnupa habe aus einem schwedischen Geschlecht gestammt und für einige Zeit über Haithabu die Macht ausgeübt. Die Runensteine bezeugen, dass nach dessen Tod Gnupas Königinnenwitwe um 950 die Gedenkinschriften ritzen ließ.

Noch mehr historische Details weist der knapp 1,60 m hohe Skarthi-Stein auf, den man dem dänischen König Sven Gabelbart zuweist, der bekanntlich kurz vor seinem Tod 1014 noch König von England wurde. Er ließ den Granitstein für seinen gefallenen Gefolgsmann Skarthi aufstellen und mit 14 bis 22 cm großen Runen versehen. Diese bieten ein schönes Beispiel für einen Wechsel der Schriftrichtung von unten nach oben, von oben nach unten usw. (vgl. Kap. 2):

*Abb. 10: Skarthi-Stein von Haithabu*

In der Umschrift ergibt sich daraus: *suin* (ᛋᚢᛁᚾ)*: kunukʀ* (ᚴᚢᚾᚢᚴᛦ)*: sati : / stin : yftir : skarþa / sin : himþig( )a : ias : aus : / : farin : ue( )str : ia n : nu : /* (Schmalseite, hier nicht abgebildet) *: uarþ : tauþr : at : hiþa : bu* (ᚼᛁᚦᛅᛒᚢ). Zu Deutsch: ›König Svend setzte den Stein nach Skarthi, seinem Gefolgsmann, der nach Westen (England) gefahren war, aber nun getötet wurde bei Hedeby (Haithabu).‹ Von den gegen Ende des 10. Jahrhunderts wieder aufgenommenen dänischen Plünderungszügen nach England gibt es zahlreiche Berichte. Im Übrigen auch davon, dass König Sven dahintersteckte, was der Skarthi-Stein belegt. Andererseits mussten sich die Dänen ihrerseits Angriffen erwehren: 974 nahm Kaiser Otto II. Haithabu ein und erst zehn Jahre später gelang es, sich gegen die Deutschen zu erheben. Dabei dürfte der treue Skarthi gefallen sein.

Den Kämpfen um Haithabu verdanken wir auch den über zwei Meter hohen Erik-Stein. Seiner Inschrift zufolge ließ ihn

Thorulf, ein Gefolgsmann König Svens, für seinen Kameraden Erik aufstellen, der in den Kämpfen um Haithabu den Tod fand.

## *Ein Runenstein als nationale Urkunde*

Das ist einmalig: Dänemark darf von sich behaupten, einen mehr als 1000 Jahre alten Runenstein als Geburtsurkunde vorweisen zu können. Wie kam es dazu? Im 10. Jahrhundert bildete der Königssitz Jelling auf der dänischen Halbinsel Jütland das bedeutendste Herrschaftszentrum des ganzen Landes. Seine bis heute erkennbare monumentale Anlage zeichnete sich durch zwei aufgeschüttete Hügel mit einem Durchmesser bis zu 77 m und einer Höhe bis zu 11 m aus, zwischen denen zwei Runensteine stehen. Den kleinen Jelling-Stein, immerhin 1,85 m hoch, ließ König Gorm der Alte um 950 für seine verstorbene Gemahlin Thyra errichten: »König Gorm machte dieses Denkmal nach Thyra, seiner Frau, Dänemarks Zierde.« Damit dokumentierte er das bislang älteste Zeugnis des Landesnamens (wenn auch als Genitiv): ᛏᛅᚾᛘᛅᚱᚴᛅᛦ, *tanmarkaR*.

Nach seinem Tod wurde Gorm in einer Grabkammer des nördlichen Hügels beigesetzt. Als sein Sohn und Nachfolger Harald Blauzahn wenige Jahre später zum Christentum übertrat, änderte er dementsprechend die Anlage von Jelling: Der südliche Hügel wurde nicht mehr als Bestattungsort genutzt; stattdessen ließ er zwischen beiden Hügeln eine Holzkirche errichten, überführte den Leichnam seines Vaters und bestattete ihn dort. Außerdem ließ er um 965 einen 2,40 m hohen Prachtrunenstein setzen (die Seitenbreiten bis zu 2,90 m) mit dem ersten monumentalen Bild des gekreuzigten Christus in Skandinavien. Die Inschrift verherrlicht König Harald als Eroberer Norwegens und als denjenigen, der die Dänen zu Christen gemacht habe. Sie erstreckt sich gut lesbar über drei Seiten, die einmal mit typischer Wikinger-Ornamentik verziert sind, das ebenso typische, von einer Schlange umschlungene »Große Tier« und schließlich die erwähnte Christusfigur, ihrerseits

*Abb. 11: Großer Jelling-Stein. Seite C*

umschlungen von verzierendem Flechtwerk, mit ausgestreckten Armen zeigen. Über diese drei Seiten erstreckt sich die Inschrift jeweils rechtsläufig wie folgt (mit Ergänzungen):

*haraltr : kunukR : baþ : kaurua* ǀ *kubl : þausi : aft : kurm faþur sin* ǀ *auk aft : þąurui : muþur : sina : sa* ǀ *haraltr (:) ias : sąR : uan : tanmaurk* (die ersten vier Zeilen)

*ala : auk nuruiak* (Zeile 5)

*auk t(a)ni (k)(a)(r)(þ)(i) kristną* (Zeile 6)

Als Ganzes zu lesen: ›König Harald gebot dieses Denkmal zu machen nach Gorm seinem Vater und nach Thyre seiner Mutter, der Harald, der sich gewann Dänemark / ganz und Norwegen / und die Dänen [zu] Christen [machte]‹.

# 7. Christen und Abenteurer – Die Pracht der letzten Runensteine

## *Schweden im 11. Jahrhundert: massenweise Runensteine*

Der berühmte »Große Jelling-Stein« inmitten Jütlands stellte mitnichten den krönenden Abschluss der Runensteinsetzung dar. Ganz im Gegenteil: Die meisten Kumbl sollten erst Jahrzehnte später in der mittelschwedischen Landschaft Uppland aufgestellt werden. Womöglich waren die Schweden von dem prächtigen Königsdenkmal ihrer dänischen Nachbarn so sehr beeindruckt, dass bei ihnen daraus eine regelrechte Mode wurde – gewissermaßen ein »Jelling-Stil«.

Diese Geschichte bietet durchaus Überraschungen, die ein Blick auf Schweden im 11. Jahrhundert offenbart: Das riesige, waldreiche Land bietet lange Zeit ein recht diffuses Bild, was nicht nur dem Mangel an literarischen Zeugnissen geschuldet ist. Den wenigen Informationen zufolge herrschten zahlreiche Häuptlinge in zersplitterten Herrschaften. Von Uppsala, dem alten Reichsmittelpunkt, ging hingegen nur noch wenig politische Macht aus. Erst gegen das Jahr 1000 gelang es einem König namens Olof Skötkonung weite Landesteile zu kontrollieren – seinem Beinamen »Steuerkönig« zufolge verpflichtete er seine Untertanen zu Abgaben. Außerdem machte er die kleine Siedlung Sigtuna am Mälarsee zu einer Art Hauptstadt. Hier residierte der König, richtete eine Verwaltung ein und ließ sogar Münzen prägen. In religiösen Angelegenheiten folgte Olof dem Dänen Harald Blauzahn: Wie dieser hing er dem christlichen Glauben an und ließ in Sigtuna dementsprechend mehrere Kirchen errichten. Gleichzeitig durften aber auch die Ungetauften ihrem Glauben nachgehen – wie neben den christlichen mehrere heidnische Friedhöfe belegen.

Schweden zeigte sich folglich mitnichten als durch und durch christliches Land. Denn die herkömmliche nordgermanische Religion erwies sich vielerorts als äußerst zählebig. Ihre Anhänger tolerierten die Christen, insofern diese die alten Götter nicht beleidigten. Ansonsten drohte christlichen Missionaren sogar der Märtyrertod. Der von solchen Vorfällen berichtende Chronist Adam von Bremen schilderte um 1070 Uppsala als kultischen Mittelpunkt der Heiden, wo sogar noch Menschenopfer dargebracht würden. Dort gebe es einen besonders angesehenen Tempel, nicht weit von Sigtuna und Birka entfernt. Nahebei stehe ein sehr großer Baum unbekannter Art, der seine Äste weit ausbreite und übers ganze Jahr grüne. Zudem befinde sich dort eine Quelle, an der die Heiden opferten und lebende Menschen versenkten. In einem Tempel verehre man die Bildnisse dreier Götter, nämlich Thors, Wodans (Odin) und Frikkos (Freyr). Alle neun Jahre werde dort ein gemeinsames Fest aller schwedischen Stämme begangen. Dann müssten alle ihre Opfergaben dorthin bringen, und Christen müssten sich davon freikaufen. Von jeder Art männlicher Lebewesen würden neun in einem nahen Hain aufgehängt. Dort hingen Hunde, Pferde und Menschen; ein Christ habe erzählt, er hätte 72 solche Leichen ungeordnet nebeneinander hängen sehen.

Nun könnte man annehmen, in Uppsala im Umfeld des großen heidnischen Heiligtums finde man zahlreiche Runensteine, errichtet gemäß der alten Sitten und Bräuche, mit Inschriften, die den Gottheiten wie Thor und Odin gewidmet sind. Dem war allerdings nach den erhalten gebliebenen Runensteinen nicht so – dass heidnische Inschriftenträger mit Akribie zerstört und regelrecht zerbröselt wurden, lässt sich nicht nachweisen und ist unwahrscheinlich. Denn solche Steine sind durchaus erhalten. Wie etwa der Runenstein von Stenkvista in Södermanland weisen viele einen großen Thorshammer auf, während die Runen selbst den Gott nicht erwähnen. Auf dem genannten Stein findet sich lediglich die Inschrift, derzufolge drei Brüder das Denkmal (hier *merki* genannt) zum Gedenken an ihren Vater errichteten. Nichts spricht dafür, dass es geradezu ein Aufbäumen gegen das vordringende Christentum gegeben habe. Vieles spricht hingegen für eine lange und friedliche

Koexistenz beider Religionen, bis Schweden dann um 1100 durchgehend als christlich bezeichnet werden konnte.

Und die immense Anzahl der Runensteine in der Umgebung Uppsalas bezeugt nicht etwa den alten, sondern den neuen Glauben. Dies ging in der flachen Ebene nahe des Mälarsees soweit, dass man sich die ganze Landschaft von farbig ausgemalten Runensteinen bedeckt und geprägt vorstellen muss. Wie es zu dieser sich über mehrere Jahrzehnte hinziehenden Mode kommen konnte, ist letztlich ungeklärt. Das Vorbild des Jelling-Steins wurde bereits angesprochen. Mit ihm bewies der Dänenkönig Harald, dass traditionelle Pracht und neue Religion eine beeindruckende Verbindung eingehen konnten.

An dieser prestigeträchtigen Pracht und an der Abkehr vom Thorsglauben war den Auftraggebern in Uppland offensichtlich gelegen. Denn wie immer schon bei der Errichtung von Runensteinen war dies kein Anliegen für jedermann. Es bedurfte Macht und Reichtum, um solch einen Auftrag zu vergeben. Die mittelschwedischen Inschriften bezeugen insofern Häuptlinge und Vertreter der Oberschicht als Auftraggeber – Leute also, denen wahrscheinlich daran gelegen war, mit dem König in Sigtuna und den an Zahl zunehmenden Klerikern ein Bündnis einzugehen. Das immer häufiger anzutreffende Kreuz auf Runensteinen mag darum auch ein Zeichen gegen das langlebige Heidentum um den Tempel von Uppsala gewesen sein.

Übrigens lassen sich für diese Zeit regelrechte Schulen von Runenmeistern nachweisen und etliche Namen sind überliefert. Darunter darf man sich allerdings nicht mehr jene geheimnisumwitterten Erilar des älteren Futhark vorstellen, sondern versierte Künstler und Handwerker, die geradzu eine Massenfertigung von Runensteinen bewerkstelligen konnten. Das Aufstellen eines Runensteines dürfte also eine ausgesprochen prestigeträchtige Angelegenheit gewesen sein. Dabei ging es nicht nur um Gedenkinschriften mit Fürbitten um das Seelenheil eines Verstorbenen; sondern auch darum, seinen sozialen Status und gegebenenfalls seine politische Macht zu dokumentieren. Und manchmal ging es sogar darum, Erbfolgen und Besitzansprüche in Stein festzuhalten und für jedermann lesbar zu machen.

Die massenhaften Runeninschriften folgten gewissen formelhaften Vorgaben, die der Tradition verpflichtet und in der Natur der Sache begründet waren. Dazu gehörten notwendigerweise Angaben zu demjenigen, dessen gedacht, für den also der Stein gesetzt wurde ebenso wie der Name desjenigen, in dessen Auftrag dies erfolgte. Manchmal finden sich sogar Steine, die jemand ganz unbescheiden für sich selbst als Lebenden setzte (vgl. unten). Die Beziehungen zum Verstorbenen waren üblicherweise verwandtschaftlicher – etwa bei Ehepartnern, Kindern und Geschwistern – oder gesellschaftlicher Natur, so bei Kollegen (»Fahrtgenossen«) oder Gefolgsmännern. Ihnen errichtete man ein Denkmal, das gemäß der Inschriften bekanntlich als *kum(b)l* ›Zeichen, Denkmal‹, aber auch als *steinn*, ›Stein‹, *merki*, ›Merkzeichen‹, oder *minni*, ›Erinnerungszeichen‹, bezeichnet wird.

Was findet sich sonst noch in den uppländischen Runeninschriften: Der Name des ausführenden Runenmeisters, diverse Fürbitten an Gott und Christus, aber auch an Maria und den Erzengel Michael. Gern werden Eigenschaften und Taten der Toten, manchmal auch der Auftraggeber erwähnt. Dazu kommen Ort und Umstand des Todes. Im Folgenden wird noch zu zeigen sein, dass man sich mitnichten bloßer Runensteine bediente, sondern gern auf Ornamente und besonders gern auf Schlangenbänder zurückgriff. Auch dafür hatte der Große Jelling-Stein ein treffliches Beispiel geboten. So wie dessen christlicher Hintergrund der Geburtshelfer der uppländischen Runensteine wurde, bereitete er ihnen auch ihr Ende. Denn zunehmend verbreitete sich in Schweden der Brauch, mächtige Verstorbene im Umfeld der Kirchen oder sogar darin zu bestatten. Ihre Gräber zierten nun Grabplatten mit den entsprechenden lateinischen Inschriften. Runensteine als Prestigeträger waren damit überflüssig geworden.

## *Brücken zum Seelenheil, nicht für Odin*

Die christlichen Runensteine dienten jedoch nicht nur dem Seelenheil, sie sollten auch ein frommes Werk bekunden. Darunter verstanden die wohlhabenden Familien Mittelschwedens ganz besonders Investitionen in die Infrastruktur (um es mit modernen Worten auszudrücken). Das heißt, sie ließen Wege anlegen bzw. sanieren oder verbessern und widmeten sich insbesondere dem Bau von Brücken. Damit waren zumeist Wegdämme durch feuchte Niederungen gemeint, die Reisen und Handel erschwerten. 120 Runensteine bezeugen immerhin den Bau solcher Brücken und unterstreichen damit deren Bedeutung als gesellschaftsdienliches, frommes Werk. Dieses war darüber hinaus sehr prestigeträchtig, denn natürlich folgten die Auftraggeber nicht dem Prinzip stillschweigenden und diskreten Mäzenatentums. Ganz im Gegenteil ließen sie ihre Runensteine an Brücken und Wegen aufstellen, um ganz deutlich zu machen, wer hier das Sagen hatte.

Das auffallendste Zeugnis dafür bieten die sage und schreibe 16 Runensteine der Familie des mächtigen Häuptlings Jarlabanki, die in der Gegend um Täby am Rande des heutigen Stockholm errichtet wurden. Auf dem Stein von Vallentuna ist zu lesen, das besagter Jarlabanki den Stein für sich selbst errichten ließ. Er allein habe Täby besessen – womit anscheinend eine entsprechende Siedlung gemeint ist. Die Inschrift schließt mit der Fürbitte, Gott möge seiner Seele helfen. Einige Zeit später ließ Jarlabanki diese Inschrift auf der Rückseite erweitern. Demzufolge ließ er einen Thingplatz *(þinkstaþ)* anlegen und er beherrschte mittlerweile das ganze Gebiet. Der Runenstein dokumentiert folglich die Karriere eines schwedischen Häuptlings, dem es wichtig schien, dies die Mit- und Nachwelt wissen zu lassen.

Vier im Großen und Ganzen identische Steine bezeugen den Bau einer Brücke. Von ihnen sei dem Runenstein von Täby besonderes Interesse gewidmet. Er verbindet geradezu exemplarisch zwei Schlangenkörper als Runenträger und eine Art Kreuzzeichen. Vom linken Schlangenkopf lesen wir rechtsläufig: × *iarlabaki* (ᛁᛅᚱᛚᛅᛒᛅᚴᛁ) × *lit* × *raisa* × *stain* × *þisa* × *at sik* × *kuikuan* ×. Und vom rechten Schlangenkopf geht es weiter: × *auk bru* (ᛅᚢᚴᛒᚱᚢ) × *þisa* × *karþi* × *fur ont* × *sina* × *auk ain ati* × *alan* × *tabu* × *kuþ hialbi ont hans* (ᚴᚢᚦᚼᛁᛅᛚᛒᛁᚮᚾᛏᚼᛅᚾᛋ so etwas gedrängt die letzten vier Wörter im Schwanzende der rechten Schlange). Zu Deutsch: ›Jarlabanki ließ diese Steine errichten nach sich selbst als Lebenden und machte diese Brücke für seine Seele. Und allein besaß er ganz Täby. Gott helfe seiner Seele.‹

Der reiche Grundbesitzer und zweifellos einflussreiche Häuptling erweist sich mit diesen Inschriften eindeutig als Christ. Das altschwedische ᚴᚢᚦ findet sein späteres Gegenstück im altnordischen Wort *guđ*, womit die Isländer meistens den christlichen Gott bezeichneten (*gođ* steht hingegen mehr für die heidnischen Götter). ᚼᚿᛏ entspricht dem altnordischen *önd* (f.), einem alten nordgermanischen Wort, das ›Atem‹, ›Seele‹ und ›Geist‹ bezeichnet. Die erwähnte ᛒᚱᚢ *bru* stellte sich als 150 m langer Wegdamm dar, dessen beide Seiten jeweils ein Runenstein markierten. Aber Jarlabanki dachte beileibe nicht nur an sein eigenes Seelenheil, dem ja der Dammbau dienlich sein sollte. Gemeinsam mit einem Bruder ließ er auch für den verstorbenen Vater mehrere Brücken anlegen. Andernorts bietet der Runenstein von Sälna gleich eine kunstvolle Strophe im alten Strophenton: »Immer wird liegen, solange ein Mensch lebt, die festgefügte Brücke, breit, nach dem trefflichen Mann. Junge Männer machten sie nach ihrem Vater. Nie wird ein Breitweg-Denkmal besser sein« (Übersetzung nach Düwel 2008, S. 145).

Ein weiteres Beispiel für eine monumentale Anlage bieten der Runenstein von Badelunda und seine Umgebung bei Västerås in der mittelschwedischen Provinz Västmanland. Auch hier hatte man einen Wegdamm angelegt und dies in einer Inschrift dokumentiert: »Folkvid errichtete alle diese Steine nach seinem Sohn Heden, Anunds Bruder. Vred hieb die Runen« (Düwel 2008, S. 132). Ob genannter Folkvid sich als Christ verstand, muss ungeklärt bleiben.

Jedenfalls fehlen die typisch christlichen Formeln, auch wenn er dem von der Kirche angeregten Ausbau der Wege und Straßen folgte. Dafür hätte er sich allerdings kaum einen altehrwürdigeren Platz aussuchen können. Denn zum einen erhob sich der um die 3 m hohe Runenstein nahe der sogenannten Eriksgata und damit des traditionellen Weges der schwedischen Könige, wenn sie auf ihrem Ritt durchs Land die Zustimmung der einzelnen Landesteile einholten. Zum andern befand sich auch ein Thingplatz in der Nähe eines uralten Gräberfeldes, das unter anderem aus etlichen Grabhügeln und Schiffssetzungen aus Steinen bestand. Gleichsam die Krönung bot der ehrwürdige Anundshügel mit einem Durchmesser von 68 m und einer Höhe von 9 m. Dort soll im 6. Jahrhundert n. Chr. der Ynglingerkönig Anund bestattet worden sein. Folkvid wurde der herausgehobenen Stellung seines Brückenbaus gerecht. Denn außer dem Runenstein ließ er mindestens 14 Bautasteine ohne Runen aufstellen, die den angelegten Weg markierten. Seine Anlage lässt sich insofern durchaus mit der des Jarlabanki vergleichen. Beide bieten dabei die herausragenden Beispiele einer weit verbreiteten Sitte, der sowohl wohlhabende Männer wie Frauen folgten.

## *Held und Drache – der Wikingercomic*

Ähnlich spektakulär wie die besprochenen Anlagen erweist sich ein ganz anderes Zeugnis der Zeit um 1030: Die Felsritzung von Ramsundberg ist in der Provinz Södermanland südlich des Mälarsees zu finden und damit in einer Landschaft, die ebenfalls durch den Reichtum an Runensteinen bekannt ist. Hier nun folgte man einer anderen Idee, um Brückenbau und Seelenheil auf Stein zu verewigen. Dafür wählte man nämlich als Inschriftengrund eine große Felsfläche aus. Diese diente nicht nur den eingeritzten Runen als Träger, sondern auch einer monumentalen Bilddarstellung von etwa 4,7 m Länge und 1,8 m Höhe. Runensteine mit derartigen Darstellungen gab es durchaus öfter, aber nicht in diesen Ausmaßen. Es ist nicht unwahrscheinlich, dass Runenmeister und Mitarbeiter das Vorbild der Bildsteine der benachbarten Ostseeinsel Gotland vor Augen hatten. Dort errichtete man bereits seit einem halben Jahrtausend Grab- bzw. Totengedenksteine, die 2 m hoch sein konnten. Unter den mehr als 400 erhalten gebliebenen Bildsteinen zeichnen sich die der Wikingerzeit durch Ornamente, aber auch durch zahlreiche Bildszenen aus. Diese zeigen prachtvolle Schiffe und Motive der nordgermanischen Mythologie, etwa Odin und sein Kriegerparadies Walhall, aber auch Darstellungen von Heldensagen, etwa zu Wieland dem Schmied und zu den skandinavischen Sagen der Nibelungen (Gunnar in der Schlangengrube).

Darauf greift auch die motivreiche Darstellung des Ramsundfelsens zurück, die ein Jugendabenteuer des Helden Sigurd in Bildern erzählt, des berühmtesten Sagenhelden der nordgermanischen Überlieferung der Nibelungensage, der dem Siegfried des *Nibelungenliedes* entspricht. Dabei geht es um den Drachenkampf des jugendlichen Recken, der unterhalb der Darstellung zu sehen ist. Gerade durchbohrt er einen Schlangenkörper mit seinem Schwert – der Norden kennt Drachen stets in Schlangengestalt. Drachenschlangen rahmen das ganze Geschehen ein, das uns die Jahrhunderte später niedergeschriebene Literatur Islands überliefert. Dort erzählen die *Völsunga saga* und *Heldenlieder der Älteren Edda* (genauer: *Reginn-* und *Fafnirlied*) die Abenteuer von Jung-Sigurd, die gewissermaßen eine genaue Beschreibung der Ramsunddarstellung bieten.

Die Leserinnen und Leser mögen selbst vergleichen: Sigurd ist der nachgeborene Sohn des Wölsungen Sigmund, weswegen er bei dem zwergenhaften Schmied Reginn aufwächst. Sein Ziehvater stachelt ihn zur Tötung seines zum Drachen gewordenen Bruders Fafnir auf, um sich dessen Schatz anzueignen. Vorher schmiedet er Sigurd aus den zerbrochenen Klingenteilen des Schwertes Sigmunds das Schwert Gram. Mit Reginn zieht dieser zur Gnitaheide, wo er nach dessen Rat auf Fafnirs Weg zum Wasser eine Grube gräbt und sich darin versteckt. Als der Drache herankriecht und Gift bläst, stößt er ihm das Schwert ins Herz (was die Darstellung zeigt, Nr. 5). Während Fafnir todwund um sich schlägt, kommt Sigurd aus seinem Versteck und zeigt sich ihm. Der Drache warnt ihn vor dem Gold, das auch ihm den Tod bringen werde (was durch Sigurds bzw. Siegfrieds spätere Ermordung eintrifft). Nach Fafnirs Tod kommt Reginn herbei, trinkt dessen Blut und drängt Sigurd, das Drachenherz zu braten. Als dieser sich dabei den Finger verbrennt, steckt er ihn in den Mund (Nr. 1). Durch das Herzblut auf seiner Zunge versteht er das Zwitschern der Meisen im Gezweig (Nr. 2). Diese beschuldigen Reginn, Sigurd verraten zu wollen. Daraufhin schlägt er dem Schlafenden den Kopf ab

(Nr. 3), isst Fafnirs Herz und trinkt beider Blut. Dann reitet er zu Fafnirs Schatzhöhle, wo er sich Gold und andere Kostbarkeiten aneignet. Er lädt alles in zwei große Kisten und bepackt sein Pferd Grani damit (Nr. 4). Auf diese Art endet im Großen und Ganzen die Darstellung von Sigurds Drachenkampf.

Was hat das Ganze aber nun mit der Runeninschrift zu tun, die sich rechtsläufig vom Kopf ausgehend über Fafnirs Schlangenkörper erstreckt? Auf den ersten Blick nicht viel; denn diese erweist sich als stereotype Bekundung eines Brückenbaus:

*siriþr* (ᛋᛁᚱᛁᚦᚱ)*: kiarþi : bur : þosi : muþiʀ : alriks : tutiʀ : urms : fur * salu : hulmkirs* (ᚼᚢᛚᛘᚴᛁᚱᛋ)*: faþur : sukruþar* (ᛋᚢᚴᚱᚢᚦᛅᚱ)*buata * sis **

Normalisiert: *Sigriðr gærði bro þasi, moðiʀ Alriks, dottiʀ Orms, for salu Holmgæiʀs, faður Sigrøðaʀ, boanda sins.*

›Si(g)rid, Alriks Mutter, Orms Tochter, machte diese Brücke für die Seele Holmgers, ihres Mannes, des Vaters von Si(g)röd.‹

Demzufolge ließ die wohlhabende Witwe Sigrid einen Wegdamm anlegen für das Seelenheil ihres verstorbenen Mannes Holmger. Allerdings kann man die Inschrift auch so verstehen, dass Sigröd ihr Mann war (und Holmgers Vater). Das wäre insofern höchstinteressant, als der Personenname Sigröd eine lokale Variante des Heldennamens Sigurd ist. Der verstorbene Ehegatte erführe dann durch den Bezug zur berühmten Heldensage eine besondere Ehrung und Wertschätzung.

*Abb. 12: Ramsundfels in zeichnerischer Wiedergabe*

Übrigens dürfte es kaum Zufall sein, dass Sigurds Schwertstich den Drachenkörper genau zwischen den Wörtern ᚠᚢᚱ, *fur*, und ᛋᛆᛚᚢ, *salu*, durchbohrt und damit die Seelenformel ›für die Seele‹ besonders hervorhebt. Das altschwedische Wort stellt sich zum altnordischen *sál* (f.), ›Seele‹, und ist vielleicht christlichen Vorlagen entnommen.

Wie passt die christliche Inschrift einschließlich ihrer offensichtlich christlichen Auftraggeberin überhaupt zum alten Sagenhelden Sigurd? Anscheinend sehr gut, denn Sigurddarstellungen finden sich noch auf einigen Runensteinen und später als Portalmotive norwegischer Stabkirchen. Womöglich sah man den germanischen Drachenkämpfer als Vorläufer christlicher Drachenbezwinger wie Sankt Michael, Sankt Georg oder gar Christus als Bezwinger des Höllendrachen an. Nach dem Schema christlich-biblischer Typologie gehen diese zudem als Sieger hervor, während Sigurd/Siegfried zwar den Drachen erschlägt, selbst aber einem Komplott zum Opfer fällt. Ob sich Sigrid, die wohlhabende Witwe aus Södermanland, solchen Gedankengängen ergeben hat, mag dahingestellt sein. Sie brachte ihren Mann jedenfalls mit einem Helden zusammen, dessen Sagen äußerst beliebt waren – bei Heiden wie bei Christen. Was den Brückenbau betrifft, spricht einiges für dessen Größe und Bedeutung. Demnach bestand er nicht nur aus einem Wegdamm, sondern sogar aus einer 65 m langen Holzbrücke. Die damit verbundene Familie hat noch andernorts auf Runensteinen ihre Spuren hinterlassen. Das spricht für ihre Bedeutung im Gebiet des Mälarsees.

## *Die starken Runenfrauen*

Nicht nur Sigrid, die Auftraggeberin der Ramsundritzung, erweist sich in der ausgehenden Wikingerzeit als wohlhabende und einflussreiche Grundbesitzerin. Frauen sind in der Welt der mittelschwedischen Runensteine allenthalben präsent – nicht zuletzt als Auftraggeberinnen. So auch in der Inschrift des uppländischen Steins von Eggeby, den eine Ragnelf für ihren Sohn Anund setzen ließ. Dabei unterstreicht sie den Brückenbau, der natürlich ihr eigentliches Erinnerungswerk darstellt: »Es wird nicht geben ein größeres Denkmal, die Mutter machte es zum Gedenken an ihren einzigen Sohn.«

Welche Rolle kam den Frauen der Wikingergesellschaft aber zu? Sicherlich herrschten im Skandinavien jener Zeit patriarchalische Verhältnisse, in denen die Männer das Sagen hatten. Die Eheschließung war eine Übereinkunft zwischen zwei Familien, wobei der Wille der Braut keine Rolle spielte. Der angehende Ehemann hatte dem Vater der Braut einen Brautpreis zu zahlen. Formal durfte er sich nur eine Ehefrau nehmen, darüber hinaus konnte er jedoch Verhältnisse mit Konkubinen oder Sklavinnen unterhalten. Allerdings gibt es Hinweise dafür, dass sich Frauen durchaus gewisse Freiheiten verschafften und angesehene Mitglieder der Gesellschaft waren. Dies bezeugt am deutlichsten das norwegische Schiffsgrab von Oseberg aus der Mitte des 9. Jahrhunderts. In diesem reichsten Grab der Wikingerzeit hatte eine regionale Königin ihre letzte Ruhestätte gefunden.

Aber nicht nur als Angehörige der Oberschicht, auch in der Magie und als Seherinnen nahmen Frauen wichtige Positionen ein. Selbst die gewöhnliche Bäuerin trug als Hausherrin bei der Abwesenheit ihres Mannes – etwa anlässlich eines Wikingerzuges – einen bedeutenden Teil an Verantwortung. Sie übernahm dann die Aufsicht über den Hof und die Landwirtschaft. Schließlich setzte sich durch, dass der Ehemann die erwähnte Brautsumme unmittelbar an seine Frau zahlte. Darüber hinaus erhielt sie vertraglich auch die Verfügung über ihre Mitgift und den Anteil am gemeinsamen Besitz zugesichert. Das garantierte der Ehefrau gewisse Freiräume, die sie durch den fortbestehenden Kontakt zu ihrer eigenen Familie ausbauen konnte. Bei Missachtung der Ehefrau durch die Familie ihres Mannes kam es häufig zu Sippenauseinandersetzungen.

Die Skandinavierinnen spielten zudem bei der Kolonialisierung neuer Länder wie etwa Islands und Grönlands eine wichtige Rolle. Waagen und Gewichte, die man Frauen mit ins Grab legte, zeugen von deren Tätigkeit als Händlerinnen. Diesen Beruf und verschiedene handwerkliche Tätigkeiten konnten Frauen unabhängig von ihrem Mann ausüben. Deshalb dürften sich in Haithabu und anderen Handelsplätzen auch etliche Frauen niedergelassen haben.

Zahlreiche schwedische Runensteine des 11. Jahrhunderts unterstreichen die Einschätzung von gesellschaftlich starken und bedeutenden Frauen, die übrigens nicht nur Gedenksteine und Brückenbauten für ihre verstorbenen Männer und Söhne hinterließen. Es fanden sich darüber hinaus Inschriften, die regelrechte Rechtsdokumente darstellen und in denen Frauen dominante Rollen spielen.

Das beste Beispiel dafür bietet die Felsplatte von Hillersjö auf einer Insel im Mälarsee, deren Ausmaße 2,8 × 1,0 m betragen. Sie bietet eine der längsten Runeninschriften überhaupt, deren einzelne Zeichen überwiegend auf einem sich mannigfaltig kringelnden Schlangenkörper zu finden sind. Wie bei Rechtsdokumenten selbst in der Wikingerzeit üblich, ist das ganze eine langwierige und komplizierte Angelegenheit, weswegen wir uns die Originalinschrift und ihre Übertragungen und Übersetzungen ersparen wollen. Auf ein bemerkenswertes Detail sei gleichwohl verwiesen. Im Auge der Schlange lassen sich nämlich vier rechtsläufige Runen entziffern: ᚱᚼᚦᚢ, die als *raþ þu*, ›Lies das!‹, zu lesen sind. Dies ist eine Aufforderung an den Betrachter und Leser, das Folgende genau zur Kenntnis zu nehmen.

Dabei handelt es sich um die Regelung einer Erbfolge, die hier genau dokumentiert wird. Das Bemerkenswerte daran: Im Mittelpunkt steht letztlich eine Frau. Die Inschrift dazu ist in etwa wie folgt wiederzugeben: Ein Mann namens Germund nahm die Jungfrau Gerlaug zur Frau. Diese bekam einen Sohn, der ebenso verstarb wie ihr Ehemann, der ertrank. Danach verheiratete sich Gerlaug mit einem Gudrik. Von den gemeinsamen Kindern überlebte nur die Tochter Inga (irgendwann scheint auch Gudrik gestorben zu sein). Diese heiratete Ragnfast, der wie ein mittlerweile geborener Sohn verstarb. Die Alleinerbin Inga heiratete erneut, diesmal einen Erik. Als beide den Tod fanden und offensichtlich keine Kinder hinterließen, beerbte Gerlaug ihre Tochter Inga und erhielt deren vom Ehemann gewonnenes Erbe (Text Düwel 2008, S. 129). »Der Skalde Thorbjörn ritzte die Runen« heißt es am Ende der Inschrift.

Die überlebende Gerlaug beerbte letztlich zwei Ehemänner und ihre Tochter Inga und übernahm damit auch das Erbe von deren beiden verstorbenen Männern, ihren Schwiegersöhnen. Die rechtlichen Verhältnisse dieser komplexen Erbfolge bieten Rechtshistorikern durchaus Grund zur Forschung. Gerlaug überlebte dies alles zweifelsohne als überaus reiche Grundbesitzerin, die zu den führenden Familien der Umgebung zählte. Von den spröden Rechtsbestimmungen und dem reichen Erbe einmal abgesehen, bezeugt das Runendenkmal von Hillersjö eine Familiensaga, die sich über drei Generationen erstreckt und tragische Momente nicht missen lässt.

## *Die letzten Spuren Ingvars des Weitgereisten*

Die Unmengen schwedischer und insbesondere uppländischer Runensteine des 11. Jahrhunderts bezeugen jedoch nicht nur christlichen Glauben und spröde Rechtsausführungen, sie bieten auch Nachrichten von Erlebnissen und Schicksalen, die zutiefst dem alten Abenteuergeist der Wikinger verpflichtet sind. Diese Steine werden wegen ihrer entsprechenden Inschriften etwas nüchtern als »Auslandfahrersteine« bezeichnet. Damit sind Gedenksteine gemeint, die an jene Männer erinnern, die auf große Fahrt gingen und zumeist nicht in die Heimat zurückkehrten.

Beispielhaft steht dafür eine denkwürdige Unternehmung unter Führung eines Häuptlingssohnes, der danach unter dem bezeichnenden Namen Ingvar der Weitgereiste Ruhm erlangte. Seine legendäre Wikingerfahrt könnte etwa wie folgt verlaufen sein: Im Jahr 1036 fand sich eine Flotte von 30 Schiffen auf dem Mälarsee unweit des heutigen Stockholm zusammen. Angeführt wurde sie von besagtem Ingvar, damals ein junger Mann Anfang zwanzig, der wahrscheinlich sogar aus der Königssippe der Svear stammte. Er ließ überall in Mittelschweden Männer anwerben, die mit ihm und seinem Bruder Harald ins Reich der Rus und noch weiter fahren sollten.

Diese Auslandfahrt hatte sich zum Ziel gesetzt, Reichtum und Ruhm zu erwerben. Dabei erwies man sich als sehr flexibel: Indem man sich in Kiew oder Konstantinopel als Söldner verdingte, indem man slawische Stämme oder die Moslems am Kaspischen Meer überfiel und ausplünderte oder indem man einfach Handel trieb. Wie weit Ingvars Vorstellungen und Ziele gingen ist nicht bekannt. Seine Männer lockten jedenfalls vielversprechende Aussichten. In diesem Sinne machte sich die kleine Flotte auf den Weg durch die Schären und über die Ostsee zum Ladogasee, um der üblichen Route über die russischen Flüsse zu folgen. Möglicherweise unterstützten sie den Kiewer Fürsten Jaroslaw den Weisen bei seinen Feldzügen gegen das Steppenvolk der Petschenegen. Die Hilfe eines Verwandten des Schwedenkönigs nahm dieser gern an und entlohnte ihn entsprechend angemessen.

Danach fuhren Ingvar und seine Männer den Dnjepr abwärts, überwanden dessen berüchtigte Stromschnellen und gelangten ins Schwarze Meer. Dort entschlossen sich die Anführer wahrscheinlich, nicht zum Bosporus zu steuern und dem byzantinischen Kaiser ihre Dienste anzubieten. Sie dürften sich mehr davon versprochen haben, unter den Moslems und Arabern zu heeren und im Gebiet von Kaukasus und Kaspischem Meer reiche Beute zu machen. Mit dieser mutmaßlichen Entscheidung verliert sich die Spur des sagenhaften Wikingerzugs. Irgendwo weit im Osten endete er 1041 in einem Debakel. Ingvar, sein Bruder Harald und die meisten Männer fanden den Tod – möglicherweise auf dem Weg nach Buchara in Zentralasien oder vor den Toren Bagdads.

Sogar dieser Rekonstruktionsversuch der Geschehnisse müsste unterbleiben, gäbe es nicht doch einige historische Spuren darüber. Beginnen wir damit, dass im Laufe der Zeit aus der historischen Gestalt Ingvars eine Sagenfigur wurde, die auf ihrer Fahrt Abenteuer mit Riesen und Drachen zu bestehen hatte. Davon ist zumindest in der isländischen *Saga vom weitgereisten Yngvarr* (*Yngvars saga víđförla*) zu lesen, die erst in Handschriften des 15. Jahrhunderts überliefert wird. Was sie bietet ist eine bunte und unterhaltsame Mischung aus Vorzeitsagas, wie sie die Isländer schätzten, und gelehrte mittelalterliche Enzyklopädien beinhalten. Das Ergebnis ist eine Abenteuergeschichte, in der doch einige dürftige Informationen zu Ingvar und seiner Fahrt durchschimmern. Hinzu kommt eine Nachricht in den nüchternen *Isländischen Annalen*, denen zufolge im Jahr 1041 der schwedische Ostfahrer Yngvarr den Tod gefunden haben soll. Und dann kommen noch die Runensteine ins Spiel.

Wie man sich bei der Größe der Expedition vorstellen kann, hatten viele Familien ihre Angehörigen verloren. Denen errichtete man nach dem herrschenden Brauch Gedenksteine zur Erinnerung an die Vermissten und mutmaßlich Toten. Im ganzen Mälarsee-Gebiet (in Södermanland und Uppland) blieben immerhin 26 dieser Runensteine für Ingvars Fahrtgenossen erhalten. Auf ihnen finden sich allenthalben Formulierungen wie »Er war ostwärts gefahren mit Yngvar.«, »Er fiel ostwärts mit Yngvar.«, »Er starb in Yngvars Gefolge.« oder »Er endete mit Yngvar.« Und ab und an fällt der Landesname Serkland, der vom lateinischen *sericum*, ›Seidenland‹, übernommen wurde und die arabisch-muslimischen Gebiete Vorderasiens bezeichnet.

Unter diesen Gedenksteinen muss man jenem eine herausragende Bedeutung zuschreiben, der mittlerweile vor dem bekannten Schloss Gripsholm die Blicke auf sich zieht. Ihn hat nämlich Tola, die Mutter Ingvars und Haralds errichten lassen. Ihr Mann Emund – er findet unter dem Namen Eymund in der besagten isländischen Saga Erwähnung – dürfte bereits verstorben gewesen sein. Darum kam Tola das Gedenken an ihren Sohn Harald zu: Wie üblich dient ein sich windender Schlangenkörper den Runen als Ritzfläche. Diese beginnen unmittelbar am Schlangenkopf (zuerst umgekehrt) und verlaufen rechtsläufig bis zum Schlangenschwanz.

*Abb. 13: Runenstein von Gripsholm*

× ᛏᚢᛚᛅ : ᛚᛁᛏ : ᚱᛅᛁᛋᛅ : ᛋᛏᛅᛁᚾ : ᚦᛁᚾᛋᛅᛏ : ᛋᚢᚾ :
ᛋᛁᚾ : ᚼᛅᚱᛅᛚᛏ : ᛒᚱᚢᚦᚢᚱ : ᛁᚾᚴᚢᛅᚱᛋ : ᚦᛅᛁᛦ ᚠᚢᚱᚢ :
ᛏᚱᛁᚴᛁᛚᛅ : ᚠᛁᛅᚱᛁ : ᛅᛏ : ᚴᚢᛚᛁ : ᛅᚢᚴ :
ᛅ : ᚢᛋᛏᛅᚱᛚᛅᚱ : ᚾᛁ : ᚴᛅᚠᚢ : ᛏᚢᚢ : ᛋᚢᚾᛅᚱ : ᛚᛅ :
ᛅ ᛋᛁᚱᚴ : ᛚᛅᚾ : ᛏᛁ

× *tula : lit : raisa : stain : þinsa*| |*at : sun : sin : haralt : bruþur : inkuars : þaiʀ furu : trikila : fiari : at : kuli : auk : a:ustarla*| |*ar:ni : kafu : tuu : sunar:la : a sirk:lan:ti*

›Tola ließ errichten diesen Stein nach ihrem Sohn Harald, dem Bruder Ingvars (ᛁᚾᚴᚢᛅᚱᛋ in der rechten oberen Ecke).‹ Es folgt eine Strophe mit Stabreim und einer skaldischen Umschreibung: ›Sie fuhren tapfer fern nach Gold, gaben im Osten dem Adler (Speise), sie starben südwärts in Serkland (ᛋᛁᚱᚴᛚᛅᚾᛏᛁ).‹ ›Den Adler füttern‹ umschreibt dabei auf übliche poetische Weise die Tatsache, viele Feinde zu töten, gilt doch der Adler als Tier des Kampfplatzes.

## *Runen und die letzte große Fahrt*

Dem Muster dieses bedeutenden Vorreiters folgen die Auslandfahrersteine in ihrer Masse. Üblicherweise sind es Verwandte, manchmal auch Fahrtgenossen, die der draußen Gebliebenen gedenken und dies in der Heimat allen kundtun. Das bedeutet natürlich auch, dass die Kenntnis des jüngeren Futharks recht verbreitet war und die Runensteine somit reichlich Lesestoff boten. Lassen wir einige für sich selbst sprechen. Nicht wenige bezeugen schwedische Abenteurer auch im westlichen Europa. Diese sogenannten Westfahrer zog es insbesondere nach England, wo sie bekanntlich für den dänischen König Sven Gabelbart Tribute einforderten und sich später in der Leibwache von dessen Sohn Knut verdingten. So ließen zwei Söhne namens Grjutgard und Einridi ihrem »kühnen« Vater Gudver auf dem Runenstein von Grinda (Södermanland) eine Inschrift ritzen: Westwärts in England sei er gewesen, Tribut habe er erworben, in Sachsen (Norddeutschland) habe er Burgen angegriffen.

Andere gedenken in Uppland (Kålsta) ihres Vaters mit dem Wunsch, Gott möge seiner Seele helfen, was sie mit einem Kreuz verdeutlichen. Er diente in der besagten Leibwache *(þingalið)* König Knuts in England.

In Husby-Lyhundra (Uppland) taten sich gleich fünf Brüder zusammen, um des sechsten zu gedenken. Er befand sich offensichtlich auf der Fahrt nach England, als ihn in Jütland der Tod ereilte. Der Stein von Spånga (Södermanland) besingt einen Westfahrer als tapfer stehend am Steven seines Schiffes, er, der im Westen begraben ist.

Die Mehrzahl der Runensteine bezeugt allerdings Ostfahrer. Eine genaue historische Zuordnung wie bei den Englandfahrern ist dabei nicht möglich. Umso mehr ist man auf Mutmaßungen wie bei den Ingvarsteinen angewiesen. Aber die Ländernamen allein verheißen bereits mit etwas Phantasie die Atmosphäre des großen Abenteuers. So fand etwa ein Sigvid in Holmgard (Nowgorod) den Tod. Andere »saßen« als Händler oder kämpften in *Garðaríki* bzw. *Garðar* und starben dort. Gemeint ist mit diesem »Reich der Burgen« das Reich der Rus, Russland. Und weiter ging's nach *Grikkland*, ›Griechenland‹, in den Inschriften bloß als *Grikkir* bezeichnet. So nannte man das prächtige Konstantinopel sowie das gesamte Byzantinische Reich, wo man mit etwas Glück reich werden konnte. Das verkündet ausnahmsweise ein Überlebender und Heimgekehrter: »Runen ritzen ließ Ragnvald, war in Griechenland Führer der Heerschar« (Ed, Uppland). Dieser Nordmann diente vermutlich in der renommierten Warägergarde.

In Östergötland bietet der Runenstein von Högby besonders viel Stoff. Mit einer Höhe von gut über 3 m wurde er später in einer Kirche verbaut und überdauerte so die Zeiten. Auf der Vorderseite gedenkt eine Hinterbliebene ihres Onkels: »Thorgerd errichtete diesen Stein nach ihrem Mutterbruder Assur, der draußen bei den Griechen den Tod fand.« Auf der Rückseite findet sich ein Preisgedicht auf umtriebige Brüder, das in etwa so gelesen werden kann: »Der edle Mann Gulli zeugte fünf Söhne: bei Fyris fiel der tapfere Krieger Asmund; es endete Assur ostwärts bei den Griechen; auf Bornholm wurde Halfdan erschlagen; Kari fand den Tod und ebenso Bui.« Und auch die Ritzerformel fehlt nicht: »Thorkel ritzte die Runen.«

Aber in den Inschriften der Auslandfahrersteine geht es nicht nur um Raubzüge, Kriegsdienste und gewaltsamen Tod. Zwei Steine aus der königlichen Residenzstadt Sigtuna belegen ganz andere Verhältnisse. Ihnen zufolge ließen die »Gildenbrüder der Friesen« den jeweiligen Stein für einen *felaha* errichten, einen Kollegen und Gildenbruder. Unter dem altnordischen Begriff *félagi* verstand man den Teilnehmer an einem partnerschaftlichen Unternehmen, bei dem man »Kapital« wie die Ausrüstung des Schiffes, Handelsware u. a. zusammenlegte. Dementsprechend fielen dann die jeweiligen Gewinnanteile aus. Hier dokumentieren die spätwikingerzeitlichen Runensteine den überaus wichtigen Handel jener Zeit, der seine Fortsetzungen im Laufe des Mittelalters fand.

# 8. Prof. Tolkiens Lieblingsrunen: Das englische Futhorc

## *England und Runen: altes Futhark – neues Futhorc*

Wie die Skandinavier pflegten auch die Engländer und Friesen (an den Nordseeküsten, ihre Runen sollen nur kurz erwähnt werden) die Runenschrift weiter, unterzogen sie jedoch einer nicht unerheblichen Sonderentwicklung zum sogenannten Futhorc. Hier sei der »Tolkien-Faden« des 1. Kapitels noch einmal kurz aufgenommen, denn die altenglische bzw. angelsächsische Runenreihe nahm sich der Wissenschaftler und Fantasy-Autor ganz besonders als Vorlage. Dies gilt in erster Linie für den *Hobbit*, in dem er die alten englischen Zeichen mit Runen des älteren Futharks und Sonderzeichen kombiniert. Als Kenner der frühen englischen Literatur und Geschichte war ihm dies ein besonderes Anliegen.

Werfen wir im Folgenden einen Blick auf diese angelsächsische Epoche der Britischen Inseln, wo der Gebrauch von Runen eigentlich auszuschließen war, denn in den ersten 400 Jahren n. Chr. hatten die Römer große Teile der keltisch besiedelten Inseln ihrem Reich angegliedert. Bis auf Schottland und Irland entstanden fast überall römische Provinzen, deren Einwohner zusehends romanisiert wurden. Mit Beginn der Völkerwanderungszeit geriet der westliche Reichsteil zunehmend ins Wanken und die Römer zogen sich von den äußersten Grenzen zurück. Im Norden Englands betraf dies den Hadrians- und Antoninuswall, deren Schutztruppen angeblich 407 n. Chr. mit sämtlichen Soldaten Britanniens abgezogen wurden. Zurück blieb eine romanisierte Bevölkerung mit keltischen Wurzeln und überwiegend christlichen Glaubens.

Anfangs konnten sich die nun schutzlosen Britannier gut behaupten. Aber dann unternahmen von Schottland her die kriegerischen Pikten Raubzüge in die ehemalige Provinz Roms.

Die Britannier fühlten sich dadurch ernsthaft bedroht und erbaten sich Hilfe aus Rom, die jedoch abgelehnt wurde. In dieser beängstigenden Situation kam laut dem englischen Geschichtsschreiber Beda Venerabilis ein britannischer König namens Wurtgern (Vortigern) auf die Idee, die Hilfe germanischer Krieger zu erbitten. Damit waren die später sogenannten Angelsachsen gemeint. Deren Heimatgebiete lagen jenseits der Nordsee, aber sie waren im Süden Britanniens bestens bekannt – teils als Seeräuber, teils als Söldner im Dienste Roms. Der Überlieferung nach landeten die Herbeigerufenen unter ihren Anführern Hengist und Horsa im Jahr 449 n. Chr. in Britannien. Für die Passage benutzten sie lange Ruderbote, mit denen sie die Küsten entlangfuhren, um an der schmalsten Stelle des Ärmelkanals überzusetzen. Mit dem 23 m langen Nydam-Boot blieb ein Schiff dieser Art in Schleswig erhalten.

Drei Stämme aus Norddeutschland und Dänemark entsandten ihre Krieger: Sachsen, Angeln und Jüten. Sie kämpften erfolgreich, fanden aber auch Interesse an den fruchtbaren Ländereien der Einheimischen. Als Folge ruderten immer mehr Stammeskrieger herüber und brachten schließlich ihre Familien mit. Aus Söldnern wurden Einwanderer und kriegerische Landnehmer, die die Britannier unterwarfen oder weit nach Westen in die Gebiete von Wales und Cornwall verdrängten. Beda und die *Angelsächsische Chronik* berichten von dieser Landnahme: Die Jüten hätten sich im südöstlichen Kent festgesetzt, die Sachsen in den anschließenden südenglischen Gebieten von Essex, Sussex sowie Wessex (deren Namen erinnern an sie), die Angeln schließlich in Ostanglien, dem mittleren Mercia sowie Northumbrien im Norden. Im Übrigen ist nur sehr wenig über jene Ereignisse in Britannien aus dieser Zeit (5./6. Jahrhundert n. Chr.) bekannt, weshalb man auch von den *Dark ages*, ›Dunkle Jahrhunderte‹, spricht.

Gewiss ist, dass immer mehr germanische Siedler nach England kamen und deren Häuptlinge zahlreiche kleine Reiche gründeten. Als Ganzes kam für diese Gebiete der Name England auf: Angel-Land, Land der Angeln. Die verfallenden Römerstädte blieben ihnen jedoch ebenso fremd wie der bis dahin unter den Britanniern herrschende christliche Glaube. Wie dann die sieben Königreiche seit dem 9. Jahrhundert zusehends in die Züge der Wikinger verstrickt wurden, haben wir bereits angesprochen. Mit der Eroberung Englands durch Wilhelm den Eroberer aus der Normandie endet 1066 die eigentliche angelsächsische Geschichte, die eng mit dem Gebrauch der Futhorc-Reihe verbunden werden kann. Mit den Dänen und Norwegern gelangten bekanntlich Inschriften in deren jüngerem Futhark auf die Britischen Inseln. Geschichte und Gebrauch des Futhorc nahmen hingegen einen anderen Verlauf.

In Ermangelung einer germanischen Bevölkerung blieben Runen ursprünglich auf den Inseln völlig unbekannt. Nach allem, was wir wissen, kamen die Schriftzeichen erst mit der angelsächsischen Landnahme in Gebrauch, und die erfolgte zwischen 450 und 550 n. Chr. Damit verknüpfen sich etliche Fragen: Wann genau und auf welchem Wege kamen die Runen nach England? Gehörten sie noch dem älteren Futhark an, das bekanntlich auf dem Festland um 600 n. Chr. außer Gebrauch kam? Wie und warum entwickelte sich schließlich das Futhorc?

Antworten auf diese Fragen können nur Runenfunde geben. Und solche liegen bereits aus dem 5. Jahrhundert n. Chr. in England vor. Als bislang älteste Inschrift gelten sechs Zeichen, die um 400 n. Chr. auf den Fußkochen eines Rehs geritzt wurden. Dieser fand sich in Caistor-by-Norwich (Norfolk, East Anglia). Entsprechend dem Inschriftenträger lauten die Runen ᚱᚨᛇᚺᚨᚾ, *raïhan,* und damit schlicht ›Reh‹. Warum man diese Ritzung vornahm, ist letztlich unklar. Liegt dem eine bloße Bezeichnungsübung zugrunde (vergleichbar dem 100 Jahre älteren Frienstedter Kamm mit *ka(m)ba*)? Da die Zeichen zudem noch dem älteren Futhark zugerechnet werden, stellt sich darüber hinaus die Frage, ob diese womöglich noch in der Heimat der Angeln (um das heutige Schleswig) eingeritzt wurden oder tatsächlich erst in England?

Während dem Fußknochen etwas Barbarisch-Archaisches anhaftet, kommt der mutmaßlich zweitälteste englische Runenfund ganz anders daher. Der Goldbrakteat von Undley (East Anglia) wird dem 5. Jahrhundert n. Chr. zugeschrieben und gehört zu jenen prächtigen kleinen Scheiben, denen wir uns bereits im 3. Kapitel gewidmet haben. Auf dem Objekt von 2,3 cm Durchmesser rahmt eine Zierleiste unter anderem einen großen, behelmten Männerkopf im Profil ein – so wie er von den Wodan/Odin-Brakteaten bekannt ist. Ob hier Wodan gemeint ist, muss fraglich bleiben. Denn ein weiteres markantes Motiv zeigt zweifelsohne eine berühmte Szene der römischen Mythologie, nämlich eine Wölfin, die die Brüder und späteren Gründer Roms, Romulus und Remus säugt. Gleichwohl ist die Goldscheibe irgendwo in Norddeutschland, Dänemark oder in England hergestellt worden. Damit dürfte sie zu jenen Übergangsstücken gehören, die noch so manches der römischen Vorlagen übernommen haben. Original germanisch ist jedenfalls die linksläufige Runeninschrift, die halbkreisförmig um das Männerprofil verläuft und gut lesbar ist: In der Umschrift lautet sie entweder *gagaga maga medu* und wäre damit dem älteren Futhark zugehörig oder *gægogæ mægæ medu*, was den Lauten des Futhorc entspräche. Leider bereitet die Deutung der elf Zeichen (einige sind Binderunen) einige Probleme. Hier soll deswegen eine Auswahl an Interpretationen geboten werden, denen zufolge die Runen »Wölfin. Belohnung für Verwandten« oder etwas mit Glück und Met ausdrücken könnten. Nach Auffassung einiger Forscher diente der prächtige Goldbrakteat als Geschenk eines angelsächsischen Häuptlings oder Königs an einen verdienten Gefolgsmann und Verwandten.

Die beiden ältesten englischen Runeninschriften bezeugen mit Sicherheit nicht mehr als die Anwesenheit von Germanen auf der Hauptinsel Britanniens, genauer in jenem Gebiet, für das angelsächsische Siedler aus anderen historischen Quellen bzw. archäologischen Funden belegt sind. Demnach hätten sie anfangs noch die ältere Runenreihe benutzt, aus der sich womöglich schon seit dem 5. Jahrhundert n. Chr. eine Sonderentwicklung ergab, die 200 Jahre später im Großen und Ganzen abgeschlossen war.

Diese weiterentwickelten Zeichen werden als anglo-friesische Runenreihe oder eben Futhorc bezeichnet. Ihre Runen finden sich auf etwa 90 Denkmälern in England. Weitere 20 Runeninschriften sind friesischer Provenienz. Alle stammen aus dem Zeitraum zwischen dem 5. und 9. Jahrhundert n. Chr. Die englischen Inschriften werden auf 37 Runensteinen überliefert (die in Friesland nicht vorkommen), auf Gegenständen aus Metall und auf einigen Knochen. Außerdem haben im Laufe der Zeit nach der Christianisierung angelsächsische Rompilger in Italien einige Runen-Graffiti hinterlassen.

Die anglo-friesische Reihe unterscheidet sich auf andere Art und Weise vom älteren Futhark als die Wikinger-Reihe. Denn während diese die Anzahl der Runen von 24 auf 16 reduziert, erweitert jene das Futhorc auf über 30:

| | | | | | | | |
|---|---|---|---|---|---|---|---|
| ᚠ | f | ᚻ | h | ᛏ | t | ᚪ | a |
| ᚢ | u | ᚾ | n | ᛒ | b | ᚫ | æ |
| ᚦ | th | ᛁ | i | ᛖ | e | ᚣ | y |
| ᚩ | o | ᛄ | j | ᛗ | m | ᛠ | ea |
| ᚱ | r | ᛇ | ï | ᛚ | l | ᚸ | g- |
| ᚳ | c | ᛈ | p | ᛝ | ŋ | ᛣ | k |
| ᚷ | g | ᛉ | x | ᛞ | d | ᛤ | k- |
| ᚹ | w | ᛋ | s | ᛟ | œ | | |

*Abb. 14: Das altenglische Futhorc*

Auf der Grundlage der überlieferten Runenreihe wurden einige Zusatzzeichen eingeführt. Dies erwies sich als notwendig, weil in der gesprochenen Sprache vor allem die Vokale Veränderungen erfuhren. Das führte dann dazu, dass wegen des Lautwandels die a-Rune ᚫ einen Umlaut æ repräsentierte. Für das weiter verwendete a führte man eine neue Rune ᚪ ein. Dies galt auch für die bisherige o-Rune ᛟ, die nun ebenso auf einen anderen Laut, nämlich œ, verwies. Für den damit zeichenlosen o-Laut verwendete man die neue Rune ᚩ. Aber es kam auch zu regelrechten Innovationen: Für einen Laut y ritzte man die neue Rune ᚣ, für den Diphtong ea das Zeichen ᛠ. In nordenglischen Inschriften wurde dazu noch auf ein paar Sonderzeichen zurückgegriffen: Für Varianten des Lautes k schrieb man ᛣ und ᛤ,

für g ᚸ. Und aus der h-Rune ᚺ wurde eine Rune mit zwei Zweigen ᚻ.

Zum Glück für die Überlieferung sind einige Runenträger mit der Futhorc-Reihe erhalten geblieben. Das bemerkenswerteste dieser Stücke dürfte das Themse-Kurzschwert (Thames scramasax) aus dem 9. Jahrhundert sein, in dessen Klinge sich die Reihe mit 28 Zeichen findet. Außerdem der Personenname ᛒᛠᚷᚾᚩᚦ (?), *Beagnoþ*, der wahrscheinlich den Besitzer der edlen Waffe oder ihren Schmied bezeichnet.

*Abb. 15: Inschrift des Themse-Kurzschwerts*

Allzu wenig ist über die Verwendung der Futhorc-Runen bekannt. Was die überlieferten Funde betrifft, kann von geographischen Schwerpunkten ausgegangen werden: Bis zu 200 Jahre nach der Ankunft der Angelsachsen finden sie sich im Süden und Osten Englands, also etwa in East Anglia, danach vor allem in den mittleren, westlichen und nordöstlichen Gebieten, wo Runen anscheinend gerade in Northumbrien eine Blütezeit erlebten. Die Verwendungszwecke sind vielfältig. Runeninschriften wurden in auffallende Monumente geritzt und geschlagen, finden sich aber auch in praktischen Mitteilungen und mit magischer Bedeutung. Umfangreiche Texte wie auf dem schwedischen Rök-Stein sind zwar nicht bekannt, dafür jedoch etliche Kurzinschriften mit vielen Personennamen, die wie beim Themse-Schwert Hersteller, Eigentümer, aber auch Verstorbene bezeichnen.

Wie wir noch sehen werden, wurde die altenglische Runenreihe mit ihren zahlreichen Zeichen in einem Land verwendet, das sich zunehmend verchristlichte; das jedoch ebenso die frühe mittelalterliche Gelehrsamkeit übernahm und diese mit alten Gepflogenheiten verband. Diese Toleranz den germanischen Traditionen gegenüber und der geradezu kreative Umgang damit gewährte den einheimischen Runen noch eine lange Lebensdauer. In den Königreichen der Angelsachsen griff man unter Christen wie Gelehrten gern auf die altgermanischen Schriftzeichen zurück. Ein besonderes Phänomen stellen übrigens die Runenmünzen dar, von denen bislang hunderte gefunden wurden. An diversen königlichen Münzstätten als Serienanfertigung geprägt, bieten sie Platz sowohl für lateinische Buchstaben als auch für Runen. So finden sich in bunter Mischung im Laufe der Jahrhunderte Goldmünzen unter anderem aus Kent, Silbermünzen (sceattas), Silberpfennige aus Ostanglien und Kupfermünzen aus Nordengland, geprägt im 9. Jahrhundert im Auftrag der Könige Northumbriens, mit denen die englischen Runenmünzen ihr Ende finden.

## *Das Wunder-Runenkästchen*

Das herausragende, immer noch rätselhafte und vielbesprochene Glanzstück der altenglischen Futhorc-Träger ist das Runenkästchen von Auzon, benannt nach seinem Fundort in der zentralfranzösischen Auvergne. Auf welchen Wegen die 23 × 18,5 × 10,5 cm große Schatulle dorthin gelangte, bleibt letztlich ungeklärt. Jedenfalls befand sie bzw. ihr größter Teil sich im 19. Jahrhundert im Pariser Antiquitätenhandel, wo sie 1857 der englische Gelehrte und Mitarbeiter des Britischen Museums A. W. Franks erwarb. Zehn Jahre später ließ er das mittlerweile auch nach ihm benannte »Franks Casket« dem British Museum in London zukommen. Dort befinden sich bis heute mit dem Deckel, der Vorder- und Rückseite sowie der linken Seite vier Platten. Die rechte, später gefundene Platte wird im Museum Bargello in Florenz aufbewahrt. Das ursprüngliche Kästchen wurde aus Walbein wahrscheinlich in Nordengland kurz nach 700 geschnitzt. Dies dürfte in einem der damals reichen und gelehrten Klöster Northumbriens geschehen sein, für deren überall im frühen Abendland gerühmte Gelehrsamkeit Beda Venerabilis (gestorben 735) und Alkuin (um 730–804) stehen – letzterer war Leiter der Domschule in York und führender Gelehrter an der Aachener Palastschule Karls des Großen. Das Kästchen ist in eigenartiger Weise der damaligen nordenglischen Gelehrsamkeit verpflichtet, verbindet es doch traditionelle germanische mit christlich-biblischen und antiken Bildmotiven sowie Runen mit Lateinschrift. Was seine Funktion und die genaue Bedeutung der Bilder betrifft, so sind diese Punkte seit seiner Entdeckung im 19. Jahrhundert vielfach umstritten. Die zumeist gut lesbaren Runeninschriften stellen dabei ausnahmsweise sogar das geringste Problem bezüglich der Deutung dar.

Schauen wir uns im Folgenden die einzelnen Elfenbeinplatten an:

*Abb. 16: Runenkästchen von Auzon. Deckel*

Der nur fragmentarisch erhaltene Deckel zeigt in einer bewegten Szenerie eine Schar von Kriegern im Angriff. Auf der rechten Seite erkennt man in einem Gebäude einen Schützen mit gespanntem Bogen, dahinter anscheinend eine weibliche Gestalt. Die Vielzahl von filigran herausgeschnitzten Details dieser Deckelplatte lässt sich gar nicht beschreiben, kann nur unmittelbar visuell wirken. Eine wichtige Interpretationshilfe bieten jedenfalls die fünf Runen über dem Bogenschützen: ᚫᚷᛁᛚᛁ, *Ægili*. Als Erklärung bietet sich dementsprechend eine uns bereits bekannte Gestalt der germanischen Heldensage an, von der man leider viel zu wenig weiß: Egill (so die altnordische Namensform), der Bruder des Meisterschmieds Wölund bzw. Wieland. Seinen Namen mutmaßt man bereits auf der alamannischen Gürtelschnalle von Pforzen (»Aigil und Ailrun«, vgl. Kap. 4). Für deren Deutung griffen wir auf das *Wölundlied* zurück, das ihn und seine Walkürenfrau Ölrun erwähnt.

Hier hilft nun die norwegische *Saga Thidreks von Bern* weiter, die als große Sagensammlung um 1250 niedergeschrieben wurde. Sie überliefert die Geschichte des Meisterschützen Egill. Er kommt an König Nidungs Hof, wo Welent (Wölund) gefangen gehalten wird. Dort muss er – in Wilhelm-Tell-Manier – mit einem Pfeilschuss einen Apfel vom Kopf seines Sohnes schießen. Anschließend verhilft er Welent zur Flucht in einem Federhemd, worin dieser davonfliegt. Als er auf Befehl Nidungs auf den Meisterschmied schießen muss, täuschen Egill und Welent dessen Tod vor. Genau diese Szene dürfte auf dem Deckel des Auzon-Kästchens dargestellt sein. Und Wölund wäre dann die obige Figur in der Waagerechten.

*Abb. 17: Runenkästchen von Auzon. Vorderseite*

Die Vorderseite des Runenkästchens ist zweigeteilt: Rechts unschwer zu erkennen die Anbetung des Jesuskindes durch die später sogenannten Heiligen drei Könige. Evangeliengetreu hat der nordenglische Schnitzer drei Magier dargestellt und dies mit der kleinen Runeninschrift ᛗᚫᚷᛁ, mægi, verdeutlicht.

Links daneben stellt er wiederum das Geschehen der Wielandsage dar, diesmal gemäß der Überlieferung des *Wölundliedes*. Danach wird der Schmied von den Kriegern König Niduds gefangen genommen. Auf Anraten der Königin lässt ihm dieser die Kniesehnen durchtrennen, um eine Flucht unmöglich zu machen. Außerdem lässt er ihn auf eine Insel bringen, wo er

Kleinode schmieden muss (Schmiedewerkzeuge wie Hämmer sind dargestellt). Als ihn die beiden jungen Söhne des Königs trotz Verbots aufsuchen, gewinnt Wölund ihr Vertrauen und gebietet ihnen Schweigen. Bei einem erneuten Besuch köpft er sie mit dem schweren Deckel einer Truhe (Körper und Kopf sind vor dem am linken Rand stehenden Wölund zu erkennen). Ihre Hirnschalen überzieht er mit Silber und schenkt sie als prachtvolle Pokale Nidud, ohne dass dieser etwas davon ahnt. Aus den Augen fertigt er Edelsteine, die er der Königin schickt, aus den Zähnen macht er Brustringe und schenkt sie der Königstochter Bödwild. Als ihr ein Goldring bricht, bietet ihr Wölund Hilfe an (vgl. Frauengestalt vor Wölund). Dann macht er sie betrunken, missbraucht und schwängert sie. Mit einem Fluggerät oder Flügelhemd (vgl. die Egillsage auf dem Deckel) erhebt er sich schließlich lachend in die Lüfte und verkündet dem König seine Rache.

Die rechte, Vögel fangende Figur entspricht nicht dem *Wölundlied;* sie bezieht sich womöglich auf Egill, der aus den Vogelfedern Wöhlunds ein Flügelhemd fertigt. Übrigens liegt mit dem altenglischen Gedicht *Deors Klage* (englisch *Deor's Lament*) ein dem Runenkästchen zeitnahes Textzeugnis vor, das die Kenntnis der Wielandsage in England bestätigt. Es erwähnt nämlich Wielands (Welund) Gefangenschaft und Verstümmelung bei König Niđhad, die Trauer Beadohilds über den Tod ihrer Brüder und ihre Schwängerung durch Wieland.

Die am Plattenrand verlaufende Runeninschrift widmet sich weder der Wielandsage noch der Anbetung des Jesuskindes, sondern dem Geschick des Wals, aus dessen Bein das Kästchen geschnitzt wurde: Die Runen beginnen am rechten oberen Rand und verlaufen rechtsläufig: ᚠᛁᛋᚳ•ᚠᛚᚩᛞᚢ• ᚪᚻᚩᚠᚩᚾᚠᛖᚱᚷ, *fisc flodu ahofonferg*, ebenso geht es am rechten Rand weiter mit ᛖᚾᛒᛖᚱᛁᚷ, *enberig*, unten verlaufen die Runen linksläufig (hier normalisiert rechtsläufig wiedergegeben): ᚹᚪᚱᚦᚷᚪ:ᛋᚱᛁᚳᚷᚱᚩᚱᚾᚦᚫᚱ ᚻᛖᚩᚾᚷᚱᛖᚢᛏᚷᛁᛋᚹᚩᛗ, *warþga:sricgrornþærheongreutgiswom*. Der linke Rand schließt sich dem wieder rechtsläufig an mit ᚻᚱᚩᚾᚫᛋᛒᚪᚾ, *hronæsban*. Normalisiert ergibt sich daraus folgender altenglischer Satz: *Fisc flodu ahof on fergenberig / warþ gasric* (König des

Schreckens als Umschreibung des Wals) *grorn þær he on greut giswom / hronæsban*, ›Den Fisch hob die Flut auf die Uferklippe, der Wal wurde betrübt, als er auf den steinigen Strand schwamm. Walbein‹

Die linke Seite widmet sich in Bilddarstellung und randständiger Runenschrift der römischen Gründungssage, namentlich der Säugung der beiden ausgesetzten späteren Stadtgründer Romulus und Remus durch eine Wölfin. Ob und inwiefern der zweite Wolf und die vier Lanzenträger weitere Bedeutung haben, ist umstritten und konnte bislang nicht zufriedenstellend geklärt werden. Die frühe Kenntnis des antik-römischen Motivs findet übrigens eine Bestätigung auf dem erwähnten Brakteaten von Undley, auf dem sich die Szene bereits 300 Jahre früher auf englischem Boden findet. Die Inschrift beginnt oben rechts und folgt dann immer dem Uhrzeigersinn: ᚱᚩᛗᚹᚪᛚᚢᛋᚪᚾᛞᚱᛖᚢᛗᚹᚪᛚᚢᛋᛏᚹᛟᚷᛖᚾ, *romwalusandreumwalustwœgen*, fährt am rechten Rand fort mit ᚷᛁᛒᚱᚩᚦᚫᚱ, *gibroþær*, und steht dann unten auf dem Kopf (was hier normalisiert wird): ᚪᚠᛟᛞᛞᚫᚻᛁᚫᚹᚣᛚᛁᚠᛁᚾᚱᚩᛗᚫᚳᚫᛋᛏᚱᛁ: *afœddæhiæwylifinromæcæstri:*. Am linken Rand fügt sich abschließend ᚩᚦᛚᚫᚢᚾᚾᛖᚷ, *oþlæunneg*, an. Altenglisch wiederum zu lesen als *Romwalus and Reumwalus, twægen gibroþær, afæddæ hiæ wylif in Romæcæstri, oþlæ unneg*, ›Romulus und Remus, zwei Brüder, eine Wölfin nährte sie in Rom, fern der Heimat‹.

Die Rückseite des Runenkästchens weist gegenüber den bisher vorgestellten gewisse Abweichungen auf. Zunächst einmal thematisiert sie ein historisch verbürgtes Ereignis, nämlich die Eroberung Jerusalems durch Roms Legionen unter Kaiser Titus im Jahre 70 n. Chr. Insbesondere der römisch-jüdische Geschichtsschreiber Flavius Josephus ist in seiner *Geschichte des jüdischen Krieges* ausführlich auf den jüdischen Aufstand sowie die Eroberung und Zerstörung von Jerusalem und des dortigen Tempels eingegangen. Aus dieser Quelle dürfte man auch in Nordengland um 700 geschöpft haben. Vier Bildfelder gehen auf die Kämpfe und den Auszug der Juden ein, wobei Kaiser Titus eine herausgehobene Rolle zukommt.

Die sich an allen Rändern außer dem unteren hinziehende Inschrift vollzieht einmal einen Wechsel von Runen zu lateinischen Buchstaben und dann wieder zu Runen, was die zweite Besonderheit der Rückseite darstellt. Die Runen beginnen links und sind immer rechtsläufig zu lesen: ᚻᛖᚱᚠᛖᚷᛏᚨᚦ, *herfegtaþ*, dann am oberen Rand ᛏᛁᛏᚢᛋᛖᚾᛞᚷᛁᚢᚦᛖᚨᛋᚢ, *titusendgiuþeasu*, mit einer Unterbrechung zum lateinischen *HICFUGIANTHIERUSALIM*, dann rechts fortgesetzt von ᚨᚠᛁᛏᚨᛏᚩᚱᛖᛋ, *afitatores*. Altenglisch sind die Zeilen demgemäß einmal zu lesen als *her fegtaþ Titus end Giuþaeus* (lateinisch Giuþaeus für Iudaeus) ›Hier kämpfen Titus und ein Jude‹. Dann folgt in lateinischer Sprache *HIC FUGIANT* (richtig wäre fugiunt) *HIERUSALIM afiatores*, ›Hier fliehen die Einwohner von Jerusalem‹. Links und rechts unten finden sich die gesondert geschriebenen Runen ᛞᚩᛗ, *dom*, und ᚷᛁᛋᛚ, *gisl*, die als Einzelwörter ›Gericht‹ und ›Geisel‹ bedeuten, aber als zusammengesetztes Wort den Personennamen Domgīsl ergeben, womit der Schnitzer gemeint sein könnte.

Die sogenannte Florentiner Platte unterscheidet sich nicht nur aufgrund ihrer späteren Auffindung und ihres derzeitigen Aufenthaltsortes in Florenz von den anderen Teilen des »Franks Casket«, auch Zustand und Beschaffenheit sind schlechter. Die Runeninschrift ist zwar im Großen und Ganzen zu lesen und zu verstehen, verwendet aber doch einige unklare Geheimrunen – darum wollen wir hier auf die Wiedergabe der einzelnen Zeichen verzichten. Ebenso wirft die Bilddarstellung viele Fragen auf und hat bisher keine allgemein anerkannte Erklärung gefunden. Hauptsächlich identifizierbar sind von rechts nach links drei mutmaßliche Frauengestalten, eine weitere Figur neben einem Pferd, schließlich ein Krieger vor einem seltsamen Mischwesen, das eine Menschengestalt mit Flügeln und einem Pferdekopf darstellen könnte. In dieser Szenerie finden sich drei recht gut lesbare Runenwörter: ᚱᛁᛋᚳᛁ, *risci*, ›Binse, Rohr‹ sowie ᛒᛁᛏᚨ, *bita*, ›Beißer‹ und ᚹᚢᛞᚢ, *wudu*, ›Wald‹. Die randläufigen Runen können gelesen werden als *her hos sitiþ on harmberga*, ›hier Hos (oder Herhos) sitzt auf dem Harmberg‹, *agl*[ac] *drigiþ swa hiræ Ertae gisgraf*, ›Unheil erduldet sie, wie Erta es ihr auferlegte‹ und *sarden sorga and sefa torna*, ›eine erbärmliche Höhle von Sorgen und Herzenspein‹. Sind Erta und Herhos unbekannt gebliebene germanische Gottheiten? Stellen die drei geheimnisvollen Frauengestalten die drei Nornen dar, wie wir sie aus der isländischen Überlieferung der Eddas kennen? Ist das Ganze eine Illustration zu den Abenteuern des Helden Jung-Sigurd (vgl. Ramsundfelsen) mit dessen Prachtpferd Grani in der Mitte und dem Drachen Fafnir am linken Rand? Selbst die walisisch-kymrische Sagengestalt der Königin Rhiannon ist aus den inselkeltischen Mythen herangezogen worden, um das Rätsel der rechten Seite des Runenkästchens zu lösen. Bis auf weiteres wartet man allerdings noch auf eine plausible Erklärung.

Das gilt übrigens auch für das gesamte Runenkästchen, dem sicherlich zu Recht eine zusammenhängende Absicht unterstellt wird. Grundsätzlich stellt sich die Frage, ob es sich dabei um ein profanes Schmuckkästchen oder um einen kleinen Reliquienschrein handelt. Als vorrangige Bedeutungsträger dürften die filigran geschnitzten Szenen anzusehen sein. Was aber haben Wielandsage, Anbetung Jesu, die römische Romulus-und-Remus-Sage, die Zerstörung des Tempels und die rätselhafte Platte in Florenz miteinander zu tun? Was verbindet sie?

Manche Interpreten wollten in dem Gesamtprogramm einschließlich Runen eine Darstellung im Kontext germanisch-heroischer Hofhaltungen sehen – mit einem verschlüsselten astronomischen Code und etlichen mythologischen Bezügen zu Odins Kriegerparadies Walhall. Glaubwürdiger scheint jedoch der christliche Hintergrund der ausgeprägten northumbrischen Klosterkultur, die bekanntlich vorchristliche Sagen mit christlichen Inhalten typologisch in Beziehung setzte. Ein Beispiel: Die Vorderseite zeigt im Rahmen der Wielandszenerie den erwähnten Vogelfänger; in der Anbetungsszene daneben schreitet den drei Magiern ein gansartiger Vogel voraus. Symbolisiert er den Heiligen Geist und damit die Stärken des christlichen Glaubens gegenüber dem materiellen Flughemd der Wielandsage? Gleichviel, die Wege des Elfenbeinschnitzers und seiner Bilder werden letztlich sein Geheimnis bleiben. Davon abgesehen bietet das Runenkästchen ein hervorragendes Zeugnis der altenglischen Runenschrift.

Trotz der Vielzahl der Interpretationen lässt sich die enge Beziehung des »Franks Casket« zur christlich-biblischen Gelehrsamkeit der Angelsachsen nicht leugnen. Dabei begann deren Bekehrung so richtig eigentlich erst 597 n. Chr., als Papst Gregor der Große den Benediktiner Augustinus über den Ärmelkanal sandte. Die Missionierung schritt rasch voran, aber der heidnische Glaube an Woden (so die altenglische Bezeichnung Wodans) und andere Gottheiten bestand fort und mischte sich teils sogar mit dem neuen. Dies zeigt sich besonders prächtig und beispielhaft am Schiffsgrab von Sutton Hoo, auf das man unter einem Grabhügel im südostenglischen Suffolk stieß. Das 27 m lange, mastlose Ruderboot enthielt zahlreiche Beigaben wie Schwert, Helm und Rüstung, eine goldene Spange, Silberschalen und eine goldverzierte Börse mit Münzen; besonders auffallend sind eine Standarte, ein 9 cm hoher Bronzehirsch auf einem Ring, der ursprünglich ein Szepter schmückte und eine ca. 70 cm hohe hölzerne Harfe – auf Runen ist man leider nicht gestoßen. Diese reichhaltige Ausstattung zeigt sowohl christliche als auch heidnische Elemente, die skandinavischen Einfluss belegen. Das Grab wurde wohl um die Mitte des 7. Jahrhunderts n. Chr. angelegt und war einem ostanglischen König gewidmet – wahrscheinlich Raedwald (ca. 624 n Chr. gestorben) oder einem seiner Neffen. Ob es dem Toten wirklich als letzte Ruhestätte diente, ist übrigens ungewiss. Vielleicht wurde dem bereits christlich bestatteten Herrscher zusätzlich ein Grabhügel errichtet, der den heidnischen Traditionen folgte. Auf ein ähnliches Phänomen stoßen wir 300 Jahre später bei der Residenz der dänischen Könige in Jelling (vgl. Kap. 6).

Das Christentum brachte England jedenfalls keinen Frieden: Die Herrscher der sieben Königreiche bekriegten sich unablässig und hatten sich zudem innenpolitischer Konkurrenten zu erwehren. Nicht wenige Könige dieser Heptarchie (Herrschaft der sieben Reiche) fielen durch die Hand von Meuchelmördern oder im Kampf, so 642 n. Chr. der northumbrische Herrscher Oswald, der alsbald als Heiliger verehrt wurde. Hatte lange

Zeit Northumbrien die Führung inne, trat schließlich Mercia an seine Stelle, bis sich in der Wikingerzeit Wessex durchsetzte und sowohl die angelsächsischen Konkurrenten als auch die Dänen erfolgreich bekämpfte.

Trotz dieser kriegerischen Zeitumstände erlebte die altenglische Literatur vom ausgehenden 7. bis ins 11. Jahrhundert eine ausgesprochene Blütezeit. Denn während unter den südgermanischen Stämmen des Frankenreichs die geistlichen Gelehrten überwiegend lateinisch schrieben und die vorchristlichen Relikte wenig achteten – auch der Gebrauch des älteren Futharks endet bekanntlich recht früh –, griff man in England ohne Scheu auf alte Traditionen zurück.

Dazu zählte insbesondere der Stabreim, mittels dem die Germanen Wörter gleichen Anlauts verbanden. Die altenglische Stabreimdichtung kennt genaue Reim- und Akzentregeln und verwendet den vorchristlichen Wortschatz einschließlich reicher Umschreibungen. Das bedeutet, dass man die einheimischen Sprachen auch zur Niederschrift verwendete. Bereits Caedmon, ein Mönch des northumbrischen Klosters Whitby, der als »Vater der altenglischen Dichtung« gilt, verfasste im 7. Jahrhundert n. Chr. einen Hymnus in seiner Muttersprache. Danach entstanden Bibelübersetzungen, Hagiographien, Geschichtswerke, aber auch der seltsame *Traum des Kreuzes (Dream of the Rood)*, dessen Text auf dem monumentalen Steinkreuz von Ruthwell in Runenschrift zitiert wird (vgl. unten). Eine Besonderheit der altenglischen Überlieferung stellen die Elegien dar, kurze Gedichte, in denen sich ein lyrisches Ich über die trostlose Gegenwart beklagt. So bedauern etwa ein Wanderer und ein Seefahrer den Verlust von Freunden und Verwandten *(The Wanderer, The Seafarer)* und in *Deors Klage (Deor's Lament)* zeigt sich der Skop (Dichter) Deor davon betrübt, dass er als Hofsänger von einem Konkurrenten verdrängt worden ist. Er tröstet sich mit den Geschicken Wielands des Schmieds, was nicht der einzige Bezug zum Runenkästchen von Auzon ist! Bekanntlich klagt in der Inschrift der Vorderseite der Wal über sein Geschick, an den steinigen Strand gespült worden zu sein, und trifft damit den Ton der altenglischen Elegien.

Das Glanzstück der angelsächsischen Dichtung stellt ohne Zweifel das Heldenepos *Beowulf* dar, das wahrscheinlich im 8. Jahrhundert verfasst wurde und in einer um 1000 niedergeschriebenen Handschrift überliefert ist. Im Mittelpunkt der Handlung stehen drei Heldentaten des südschwedischen Gautenkriegers Beowulf, nämlich die siegreichen Kämpfe mit dem Moormonster Grendel, mit dessen Mutter sowie mit einem Drachen. Die Erzählungen enthalten etliche Abschweifungen, die als Voraus- oder Rückschau bzw. Andeutungen auf andere Personen, Motive bzw. Ereignisse aus Beowulfs Leben und auf weitere germanische Heldensagen eingehen. Wahrscheinlich schrieb ein Geistlicher diesen einzigartigen Text nieder.

Die meisten dieser literarischen Werke dürften im Umfeld der Klöster entstanden sein, deren Interesse an den vorchristlichen Heldensagen und den alten Runenzeichen offensichtlich groß war. Überhaupt wäre die bis ins 11. Jahrhundert nachzuverfolgende Pflege des Futhorc ohne die Akzeptanz der Kirche nicht denkbar. Dabei wurden wie am Runenkästchen von Auzon lateinische Buchstaben und Runen ohne Bedenken gemischt.

Das gilt auch für den Schrein des heiligen Cuthbert aus der Kathedrale von Durham in Northumberland, der aus der Zeit um 700 stammt und damit sogar etwas älter als das Runenkästchen von Auzon sein dürfte. Sein Inneres enthielt liturgische Gewänder, ein Evangelium, Sakralgegenstände wie ein Brustkreuz und anderes mehr. Auf dem Eichenholz des Sarges finden sich Darstellungen von Christus, den Evangelisten mit ihren Symbolen, Apostel, Erzengel sowie eine Madonna. Diese werden teils auch benannt und mit alphabetischer bzw. Runenschrift bezeichnet. Dass darum die Namen der Evangelisten Matthäus, Marcus und Johannes in Runen geschrieben wurden, scheint ohne tiefere Absicht erfolgt zu sein. Ein Goldring aus Manchester, auf das 9. Jahrhundert datiert, trägt eine überwiegend lateinische Inschrift mit eingeschobenen Runen: ᚫDREDMECAHEAᚾREDMECᚪXROᚠ, *Ædred mec ah, Eanred mec agrof,* ›Ædred besitzt mich, Eanred beschrieb mich‹.

In dem hausförmigen Buchenkästchen von Mortain in der Normandie, englischen Ursprungs und vielleicht aus Mercia, verkündet die Inschrift: ›Gott helfe Æada, [der] dies ciismeel machte‹. Cismel dürfte eine sonst unbekannte Bezeichnung des Kästchens sein. Aber Kleriker und gläubige Laien erwiesen Runen nicht nur auf kleinen, eher dem privaten Gebrauch zugänglichen Gegenständen ihre Referenz. Sie taten dies auch auf Steinen in Kreuzform und mit Bildern versehen. So etwa der Stein von Falstone in Northumberland (9. Jahrhundert), der eine Gedenkinschrift in lateinischen Buchstaben und Runen trägt: »[N. N. errichtete] ein Monument nach Hroethberht, nach seinem Onkel. Bete für seine Seele.« Das altenglische Wort *bēcun* als Bezeichnung des Monuments mag dabei eine ähnliche Bedeutung wie das uns bereits bekannte *kumbl* in Skandinavien gehabt haben.

## *Das Runenkreuz von Ruthwell*

Unter diesen steinernen Denkmälern der altenglischen Runenschrift ragt im wahrsten Sinne des Wortes das bereits erwähnte Kreuz von Ruthwell heraus, das trotz mancher Schäden und nicht immer geglückter Restaurationen eine Höhe von 5,5 m hat. Mit einer Breite von maximal einem halben Meter erweist es sich als sehr schmales Objekt, das sich heute in der Kirche von Ruthwell in der südschottischen Region Dumfries and Galloway befindet. Gleichwohl ist es dem angelsächsischen Kulturbereich zuzuordnen, denn in seiner Entstehungszeit, wahrscheinlich in der ersten Hälfte des 8. Jahrhunderts, gehörte die Gegend zum nordenglischen Königreich Northumbrien. Dessen kultureller Tradition ist das Kreuz nach Beschaffenheit, Darstellung und Kunststil verpflichtet. Das größte erhaltene englische Runendenkmal ist nämlich wie andere Kreuze auch ein Bildstein.

Die Nord- und Südseite zeigen Szenen aus dem Leben Jesu wie etwa Verkündigung und Kreuzigung. Die einzelnen Darstellungen werden von einer lateinischen Inschrift in lateinischen Buchstaben umrahmt, die das Bildgeschehen erläutern. Die Ost- und Westseite enthalten Runen und bieten davon abgesehen ein ganz außerordentliches Zeugnis. Das gilt weniger für die Anordnung der Runen, die an jeder der insgesamt vier Kanten in zwei bis vier waagerecht angeordneten Zeichen von oben nach unten zu lesen sind. Allerdings bieten sie ein höchst bedeutsames literarisches Zitat, nämlich einen Auszug des altenglischen Gedichts *Dream of the Rood (Traum des Kreuzes),* das vollständig erst mehr als zwei Jahrhunderte später in einer Handschrift überliefert wird (Vercelli-Buch). Dort stoßen wir auf einen der seltsamsten Texte der altenglischen Literatur, in dem sich einmal mehr alte germanische Elemente mit neuen christlichen vermischen. Was hier kein Auftreten heidnischer Mythen und Gottheiten bedeutet, sondern einen altertümlichen Wortschatz wie *Middan-geard* für die Erde (das Vorbild für Tolkiens Fantasy-Welt *Middle-earth,* ›Mittelerde‹) und *Dom-dæg,* ›Gerichtstag‹, für den Tag des Jüngsten Gerichts.

Seinen später bezeugten, auf den ersten Blick befremdlichen Titel hat das Gedicht der Tatsache zu verdanken, dass darin jenes Kreuz (*Treow* (›Baum‹), *Beam* (›Stamm‹), *Gealga* (›Galgen‹) bezeichnen immer das Kreuz), an dem Christus gekreuzigt wurde, personifiziert die Erzählerrolle einnimmt. So spricht es davon, wie es den mächtigen König, den Herrn der Himmel gehoben habe, wie es und wie er den Spott ertragen haben und wie es von Pfeilen verwundet und mit Blut benetzt wurde. Letzten Endes erträgt das Kreuz die Leiden Jesu mit und erlebt ihn in typisch germanischer Sicht als triumphierenden Helden. Das Runenkreuz von Ruthwell zitiert daraus unter anderem wie folgt: ᛣᚱᛁᛋᛏ ᚹᚫᛋ ᚩᚾ ᚱᚩᛞᛁ ᚻᚹᛖᚦᚱᚫ / ᚦᛖᚱ ᚠᚢᛋᚫ ᚠᛠᚱᚱᚪᚾ ᛣᚹᚩᛗᚢ / ᚫᚦᚦᛁᛚᚫ ᛏᛁᛚ ᚪᚾᚢᛗ. In altenglischer Übertragung ist hier zu lesen *Krist wæs on rodi. Hweþræ / þer fusæ fearran kwomu / æþþilæ til anum* und zu Deutsch ›Christus war an dem Kreuz. Da kamen Reisende von Fern zu ihrem Herrn‹.

Die Runen der Futhorc-Reihe finden sich jedoch nicht nur in epigraphischen Inschriften, sondern werden auch in den Handschriften der gelehrten Kleriker verwendet. Das gilt insbesondere für die Verwendung von Runen als Zusatzzeichen für Laute, die im lateinischen Alphabet keine unmittelbare Darstellung finden, so etwa das þ für den th-Laut. Runennamen dienen außerdem als beliebte Abkürzungen. So stößt man oftmals in den Handschriften auf die m-Rune ᛗ für *monn*, ›Mann‹, und die d-Rune ᛞ für *daeg*, ›Tag‹. Überhaupt beschäftigten sich auch die englischen Gelehrten wie andernorts im Abendland (vgl. Kap. 9) mit den alten germanischen Zeichen. Futhorc-Reihen, Runenalphabete und Zusammenstellungen von Runen, lateinischen Buchstaben-Entsprechungen und Runennamen kursierten noch während des ganzen Mittelalters.

Eine besonders interessante Quelle bietet das altenglische Runengedicht, das wie ähnliche Texte andernorts aus Merkversen besteht, mit deren Hilfe man sich die Runennamen in der Abfolge der Runenreihe verdeutlicht und auswendig lernt. Die dafür verwendeten poetischen Umschreibungen der Namen ähneln übrigens nicht selten den Rätseln, die gemäß der altenglischen Überlieferung eine überaus beliebte literarische Gattung darstellten. Das altenglische Runengedicht greift dabei auf das ältere Futhark zurück und präsentiert dessen erste acht Runennamen. Als Beispiel sei der Vers für die f-Rune angeführt, die bekanntlich für *fehu*, ›Besitz, bewegliche Habe‹ steht: »Reichtum ist Trost für jeden Menschen, jedoch soll jeder reichlich austeilen, wenn er vor Gott Anerkennung verdienen möchte.«

# 9. Runen im Mittelalter:

## Gelehrtes und Derbes

### *Runen im Kloster: Das Abecedarium Nordmannicum*

Die Freizügigkeit, mit der die englischen Kleriker und Gelehrten mit den Runen der Futhorc-Reihe umgingen, stellt ein vorherrschendes Klischee infrage. Ihm zufolge verbindet man die germanischen Schriftzeichen nur zu gern mit den alten Göttern und mit den prächtigen Runensteinen der Wikingerzeit. Dies ist natürlich nicht falsch, aber eben doch nur die halbe Wahrheit: Die Überlieferung bezeugt durchaus verbreitete Kenntnisse der Runen sowohl bei Gelehrten wie unter breiteren Bevölkerungskreisen. Anders als in Britannien verhielt es sich in den Gebieten des späteren Deutschland. Das älteste Zeugnis führt uns hier in die Zeit des Karolingerreichs, nach Fulda und an den Bodensee, aber es betraf nur die gelehrte Beschäftigung mit Runen – dem Volk war der Runengebrauch ein für alle Mal verloren gegangen.

Dieses bemerkenswerte Zeugnis wurde unter der Bezeichnung *Abecedarium Nordmannicum* (ABC der Nordmänner) überliefert und gilt als ältester jener Merkverse für die Runenreihe und Runennamen, wie wir sie bereits mit dem altenglischen Runengedicht kennengelernt haben. Die ziemlich trockene Auflistung von Runen und ihren Namen findet sich in einer Handschrift der Stiftsbibliothek St. Gallen (878 fol.), und zwar seit 1768. Davor ist sie erstmals 1457 im Katalog der nahen Dombibliothek Chur bezeugt. Nun sollen hier alte Pergamente und ihre wechselvollen Geschichten nicht unser Thema sein, aber was die Forschung bezüglich Inhalt und Herkunft des sogenannten *Codex Sangallensis 878* herausgefunden hat, ist doch auch für die darin niedergeschriebenen Runen von Bedeutung.

Die Handschrift bietet nämlich ein regelrechtes Kompendium frühmittelalterlicher Klosterbildung: Sie präsentiert die für die sprachliche Schulung so überaus wichtigen Grammatiken der spätantiken Gelehrten Priscian und Donatus, außerdem den »Brockhaus« jener Zeit, die welterklärenden Etymologien des Isidor von Sevilla, und einiges des berühmten angelsächsischen Gelehrten Alkuin. Ebenso findet sich darin die Zeichnung eines Labyrinths, wie es später in den mittelalterlichen Kathedralen geschätzt wurde. Und dann hat jemand auf zwei Pergamentseiten eine kleine Sammlung von Alphabeten eingetragen, nämlich des Hebräischen und Griechischen, die neben dem Lateinischen als herausgehobene biblische Sprachen galten. Deren Schriftzeichen schließen sich die englischen Runen der Futhorc-Reihe an und zu guter Letzt besagtes *Abecedarium Nordmannicum*.

Der Schreiber wusste offensichtlich sehr gut zwischen den Runenreihen zu unterscheiden, denn das *Abecedarium Nordmannicum* bietet die skandinavische Runenreihe des jüngeren Futhark, also die Schrift der damals noch heidnischen Wikinger. Man geht daher davon aus, dass der St. Gallener Codex irgendwann zwischen 825 und 849 entstanden ist. Die Handschriftenexperten wollen ihn sogar einer historischen Person zuschreiben, nämlich Walahfrid Strabo, dem Abt des Klosters Reichenau auf der gleichnamigen Insel im Bodensee. Bevor der weithin berühmte Gelehrte 849 während einer Reise unglücklicherweise in der Loire ertrank, führte er ein bewegtes Klerikerleben. Im Kloster Fulda ist er als Schüler des damals noch berühmteren Hrabanus Maurus bezeugt. Die Handschrift dürfte Walahfrid Strabo als Vademecum gedient haben – als persönliches Handbuch, in das er selbst Texte und Wissen niederschrieb.

Was aber hat ein gelehrter Klosterbruder mit Wikingerrunen zu tun, die übrigens sehr genau jenen auf den zeitnah entstandenen dänischen Runensteinen von Gørlev und Malt entsprechen? Nun, Runen als solche waren den Gelehrten des Fränkischen Reiches durchaus bekannt. Dafür hatten jene Kleriker aus England und insbesondere aus Northumbrien gesorgt, die überall hohes Ansehen genossen und für die ihre Futhorc-Reihe eine selbstverständliche Schrift war. Und Alkuin als ihr berühmtester Vertreter lehrte nicht nur an der Aachener Hofschule, sondern hatte auch besagten Hrabanus Maurus, den späteren Bischof von Mainz, unterrichtet. Von diesem ist jedenfalls sein Interesse an Runen bekannt. Kein Wunder also, dass dessen Schüler Walahfrid Strabo wiederum die englischen Runen geläufig waren. Das Wissen um die dänischen Zeichen des *Abecedarium Nordmannicum* dürfte entweder über Gesandtschaften aus Dänemark zu ihm gelangt sein, die damals des Öfteren am kaiserlichen Hof anzutreffen waren, oder über fränkische Missionare, die wie Ansgar um 830 nach Haithabu und Birka gelangten. Sie interessierten sich durchaus für die Kultur der nordgermanischen Heiden und so mag die Kenntnis des jüngeren Futharks ins Frankenreich gelangt sein. Runen im Norden entziffern zu können oder gar Christliches in den Schriftzeichen ritzen zu können sahen sie zweifelsohne nicht als nutzlos an. Der große Runenstein von Jelling und die Menge von Runensteinen in Uppland gaben ihnen letztlich Recht.

Womöglich schrieb Walahfrid Strabo selbst die ihm vermittelten Zeichen in sein Handbuch. Ein Jahrtausend später stießen die unermüdlichen Gelehrten und Altertumsforscher Jacob und Wilhelm Grimm auf die Eintragungen und entzifferten sie. Letzterer geht in seinem Runenbuch (vgl. Kap. 11) auf sie ein. Dann wurde 1828 versucht, die hochinteressante Stelle un-

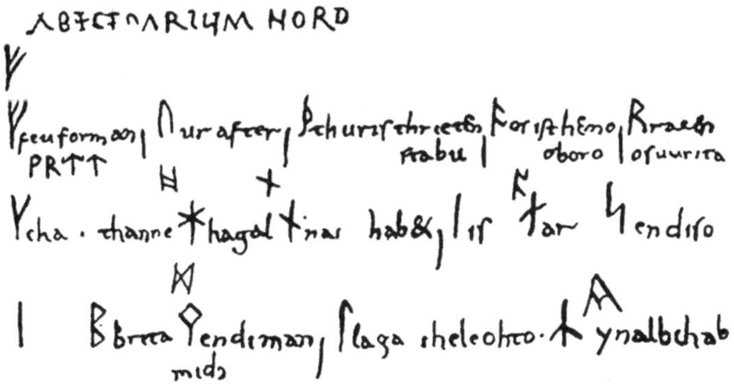

*Abb. 18: Abschrift des Abecedarium Nordmannicum*

ter Einsatz einer Chemikalie lesbarer zu machen – was gründlich schief ging und das Gegenteil bewirkte. Aber immerhin liegt Wilhelm Grimms Abschrift vor:

In der Übersetzung:

> »Vieh (f) zuerst, Ur (u) danach, Thurse (Þ) als dritten Stab, Ase (a) ist rechts davon, Rad (r) am Ende zu schreiben.
> Danach dient dann Fackel (Geschwür; k), Hagel (h) hält Not (n), Eis (i), Jahr (a) und Sonne (s).
> Tiu [t; Rekonstruktion], Birke (b) und Mann (m) inmitten, Wasser (l) das lichte, Eibe (I/ei) schließt alles ab.«

Im Übrigen hält sich die Niederschrift an die gewöhnliche Einteilung in drei Gruppen, allerdings wurden zwischen den Zeilen zusätzlich altenglische Runen geschrieben. Die verwendeten Wörter sind dem nordgermanischen, aber auch dem westgermanischen und hochdeutschen entnommen. Eine bunte Mischung also, die belegt, wie mit der Runenreihe gearbeitet und sie mit bekannten Futhorc-Zeichen verglichen wurde.

## *Runen in Büchern*

Die Arbeit Walahfrid Strabos stellt das altehrwürdigste jener »Runica Manuscripta« dar, also jener Manuskript- bzw. Buch-Runen, die sich in mittelalterlichen Handschriften finden. Mit dem altenglischen Runengedicht beginnt eine Reihe von Merkversen, die Runennamen und die Abfolge der Runenreihen überliefern. Auch aus dem mittelalterlichen Skandinavien sind solche Runengedichte bekannt: Ein schwedisches ist erst aus der Neuzeit überliefert, das altnorwegische stammt vielleicht noch aus dem 13. Jahrhundert, ist aber 1728 beim Brand der Bibliothek von Kopenhagen zerstört worden. Bleibt das altisländische Runengedicht, das seit etwa 1500 in zahlreichen Handschriften überliefert wurde, aber ursprünglich auch auf das 13. Jahrhundert zurückzuführen ist – in eine Zeit, in der sich die schon längst christlichen Isländer brennend für ihre Vergangenheit interessierten.

Die Runennamen lesen sich erheblich unterhaltsamer als im *Abecedarium Nordmannicum*, verwenden sie doch poetische Umschreibungen und zusätzliche Informationen. Die f-Rune ᚠ (Besitz, Reichtum) etwa wird umschrieben als »Streit der Verwandten, Feuer der Flut und Weg der Schlange«, was allesamt poetische Metaphern für Gold sind und zum Teil den Nibelungenschatz der germanischen Heldensage bezeichnen. ᚬ steht für den mittlerweile veränderten a-Laut und bezeichnet nach Angabe der Handschrift Jupiter und somit den Gott Odin: »o (óss) ist der alte Gaut und Asgards Krieger-König und Walhalls Fürst.« Auch bei der t-Rune ᛏ greift man auf alte Götternamen und Mythen zurück: »(Týr) ist der einhändige Ase, Überbleibsel des Wolfes, der Fürst der Tempel«, hier mit dem römischen Mars gleichgesetzt. An dieser Stelle sei noch einmal daran erinnert, dass wir die Namen der Runen und ihre Bedeutungen ausführlich erst aus diesen mittelalterlichen Texten kennen.

Runenzeichen tauchen jedoch auch andernorts in Handschriften auf: So als Zusatzzeichen zum lateinischen Alphabet etwa im althochdeutschen *Wessobrunner Gebet* aus der Zeit um 800, das in einer lateinischen Sammelhandschrift des Klosters Wessobrunn in Oberbayern überliefert ist. Der christliche Text in bairischer Sprache ist vielleicht in Fulda entstanden und zeigt wie das *Abecedarium Nordmannicum* angelsächsische Einflüsse. Diesen ist auch die Verwendung der sogenannten Sternrune ✱ geschuldet, die eigentlich j repräsentiert, hier aber für die Silbe ga- steht. Um 830 niedergeschrieben wurde das althochdeutsche *Hildebrandslied*, dessen Entstehungsort ebenfalls im Kloster Fulda vermutet wird. An schriftlichen Besonderheiten weist es das altenglische ᚦ auf, das bekanntlich in allen Futhark-Reihen verwendet wurde.

Schließlich seien noch zwei Beispiele aus Skandinavien genannt: In der isländischen *Bósa saga*, einer abenteuerlichen Vorzeitgeschichte mit spätmittelalterlicher handschriftlicher Überlieferung, spricht die zauberkundige Busla neun Fluchstrophen. Einem Sagakopisten schien die bloße Wiedergabe mithilfe des lateinischen Alphabets anscheinend nicht magisch genug, weswegen er sämtliche Flüche in Runen schrieb. Noch weiter gingen der oder die Schreiber des *Codex Runicus,* der kurz nach 1300 auf mehr als 200 Pergamentseiten nur in Runen zumeist des jüngeren Futharks geschrieben wurde. Der Text hat allerdings nichts mit Magie und Zauberei zu tun, sondern behandelt eine erheblich sprödere Materie: Er bietet mit dem Gesetz von Schonen die älteste überlieferte skandinavische Rechtssammlung. Was immer der Schreiber damit bezweckte und warum er sich die Mühe machte, wissen wir nicht. Gab er sich einfach einer Spielerei hin oder wollte er die alten Runen als Buchrunen zu einer neuen Blüte führen? Wenn eine Handschrift die Vorlage für den Manuskriptfund in Jules Vernes Roman *Reise zum Mittelpunkt der Erde* sein könnte (vgl. Kap. 1), dann der *Codex Runicus,* der wie das Manuskript aus dem Roman zur Gänze in Runen geschrieben wurde. Geheimnisse bietet er jedoch genauso wenig wie die Wegbeschreibung zum Erdmittelpunkt.

## *Kirchenrunen*

Selbst vor Kirchen machten die Runenritzer des Mittelalters nicht Halt. Dies galt insbesondere für die norwegischen Stabkirchen, deren Wände aus senkrecht gestellten Pfosten bestanden. Baulich standen die vom ausgehenden 11. bis ins 13. Jahrhundert errichteten Sakralbauten ganz in der Tradition der im nördlichen Europa verbreiteten Holzkirchen. Hunderte von ihnen soll es gegeben haben, erhalten blieben nur rund dreißig. Diese Stabkirchen bezeugen die Fortführung der vorchristlichen Wikingerkultur, sei es durch Elemente des Schiffsbaus oder des ornamentreichen nordgermanischen Tierstils.

Das zeigt sich insbesondere am Holzportal der Stabkirche von Hylestad, das um 1200 entstanden und leider nur als Rest des Baus erhalten geblieben ist. Auf den Portalpfosten wurden jedenfalls Szenen der nordgermanischen Nibelungensagen dargestellt, etwa wie Sigurd den Drachen Fafnir tötet (vgl. Ramsundfelsen) und das Ende Gunnars in der Schlangengrube. Allgemein dürften zahllose Drachendarstellungen zur Abwehr des Bösen gedient haben. Die mit am besten erhalten gebliebene Holzkirche diese Art findet sich in Borgund im westlichen Norwegen und ist wohl um 1200 errichtet worden. Auf den ersten Blick beeindruckt sie mit ihren aufgesetzten Giebeln und den davon aufragenden Drachenhäuptern. Weniger fällt eine Runenritzung an der Nordseite ins Auge, nach jener Himmelsrichtung also, die unter Heiden wie Christen mit dämonischen Mächten und Bedrohungen in Zusammenhang gebracht wurde. Es dürfte darum kein Zufall sein, dass in der Inschrift ein Thorir bekundet, er habe die Runen am Abend des Olafsfestes geritzt, als er hier vorbeikam. Die Nornen (vorchristliche, mythologische Frauengestalten, die für das menschliche Schicksal Verantwortung tragen) bewirkten Gutes wie Böses, aber ihm hätten sie große Schwierigkeiten bereitet. Einer solchen Verbindung von christlichem Glauben, Dämonenfurcht und Aberglauben begegnet man des Öfteren in der Welt der Stabkirchen.

Runen als Graffiti scheinen demnach dazugehört zu haben, sei es zur Vermittlung von Bauinschriften, zur Erinnerung an Personen- und Hofnamen, sei es zur Darstellung von Gebeten (Paternoster) oder auch banalen Grüßen und ähnlich Belanglosem (»Priester Arne will Inga haben.«). Selbst Geheimrunen und ganze Gedichtstrophen vertraute man dem Kirchenholz an.

Eine besondere Eindrücklichkeit bieten jene Inschriften, die Zeugnis geben von den Bürgerkriegen um den norwegischen Thron in der zweiten Hälfte des 12. Jahrhunderts. Das gilt vor allem für die Herrschaft König Sverrir Sigurdssons, der das Land von 1184 bis 1202 regierte. Um den Thron zu gewinnen und sich gegen Adelsherren ebenso wie gegen mächtige Bischöfe zu behaupten, musste er allerdings etliche Schlachten schlagen. Von diesen Umständen zeugt eine Inschrift in der Stabkirche Høre im südlichen Oppland. Ihr zufolge ließen die Brüder Erling und Audun das Holz für die Kirche in dem Sommer fällen, in dem Jarl Erling, der umtriebige Opponent des Königs, in der Schlacht den Tod fand. Dies soll sich im Jahr 1179 ereignet haben. Noch unmittelbarer bezieht sich folgende Inschrift auf das zeitgenössische Geschehen: »Sigurd Jarlsson schnitt die Runen am Samstag nach der Botolvmesse (17.6.) ein, als er hierher floh und nicht zum Vergleich mit Sverrir gehen wollte, den Töter seines Vaters und seiner Brüder« (etwa 1195; zitiert nach Düwel 2008, S. 154).

Runenfunde beschränken sich jedoch nicht nur auf norwegische Stabkirchen, sondern wurden auch in Steinkirchen aller skandinavischen Länder gemacht. Das gilt sogar für die altehrwürdige Domkirche Nidaros in Trondheim, wo der Schrein des norwegischen Nationalheiligen Olaf stand, der Erzbischof residierte und die norwegischen Könige gekrönt wurden. Dort verewigten sich vermutlich zwei Pilger namens Jon und Ivarr, als sie in Runen kundtaten, sie hätten hier in der Nacht vor dem Olafsfest Wache gehalten. Davon abgesehen widmete man überall in den Kirchen des Nordens Maria, der Muttergottes, Runeninschriften. Ob in Kirchen oder davor – überall wurden Runen geritzt.

Selbst an die alte Runensteinsitte knüpfte man an, nur dass sich jetzt die Steine in anderen Formen im Umfeld der Gotteshäuser erhoben. Das gilt für den schlanken, über 2 m emporragenden Stein von Norra Åsum im südschwedischen Schonen, der um 1200 in der damals zu Dänemark gehörenden Region aufgestellt wurde – und eingemauert im Fußboden der Kirche den Zeiten trotzte. Die Inschrift wendet sich an Christus, der denen helfen möge, die die Kirche erbauten, nämlich Erzbischof Absalon von Lund (1201 gestorben) und dessen mutmaßlichen Bruder Esbern.

Von Runensteinen dieser Art ist es zu Grabsteinen nicht weit, weswegen sich selbst dort etliche Runen erhalten haben. Zumeist mit der üblichen Formulierung »hier ruht …«. Eine in Oslo gefundene Inschrift verspricht immerhin, dass jeder, der die Runen entziffere, Wohnung im Himmelreich erhalte. Ein besonders schönes Zeugnis bietet das um 1130 errichtete Grabmal von Botkyrka südlich von Stockholm, das in die früheste Zeit nach der endgültigen Annahme des Christentums führt. Der 1,72 m lange Sandstein (50 cm breit, 55 cm hoch) wurde in Form eines Kirchbaus gearbeitet und mit kunstvoller Ornamentik versehen, die an die Wikingerkunst anknüpft. Außerdem findet sich auch Figurenschmuck: auf der einen Längsseite wohl unter anderem eine Darstellung von David mit dem Löwen, auf der anderen unter Arkaden Christus umgeben von Aposteln, ein Erzengel mit Posaune und Verstorbene, die sich am Tag des Jüngsten Gerichts aus ihren Gräbern erheben. Und über all dem läuft gewissermaßen am First eine Runeninschrift entlang in altschwedischer und lateinischer Sprache. Zu Deutsch: »Karl machte den Stein nach Björn, seinen Verwandten, Svens und Bänkfrids Sohn in Hammarby, sein … Hier liegt er unter diesem Stein. Bänkfrid … sein Sohn.« Die lateinische Inschrift bittet schließlich darum, dass er von Sünde frei sein möge.

Runen finden sich auch allenthalben auf Taufbecken, Glocken, Reliquiaren und Kruzifixen (»Ich heiße Jesus von Nazareth«). Ein etwa 23 cm hohes Elfenbeintäfelchen aus Byzanz, kunstvoll im 11. Jahrhundert geschnitzt, war nach Dänemark gelangt. Dort fügte man auf eigene Art und Weise eine Ergänzung hinzu: Auf die kleine Fußstütze ritzte jemand zwischen die Füße Jesu dessen Namen in Runen. Was im damaligen Heiligen Römischen Reich vergessen und völlig undenkbar war, wurde in Skandinavien gang und gäbe: Runen und Kirche schlossen einander nicht aus.

## *Zeichen für alles: Die Runenhölzchen*

Aber Runen erfreuten sich auch in ganz anderen Kreisen großer Beliebtheit, nämlich unter Kaufleuten und Händlern, die unter anderem an Handelsplätzen wie Bergen, Trondheim, Sigtuna und Schleswig zusammenkamen. Dort betrieben sie Handel mit aller Welt – etwa mit dem typischen Trockenfisch als Exportschlager. Vor allem deutsche Kaufleute des Hanse-Bundes zog es in den Norden, besonders in das südwestnorwegische Bergen, wo ein großes Handelskontor mit dem bezeichnenden Namen Tyskebryggen (›Deutsche Brücke‹ im Sinne von Landungsbrücke) entstand.

Unter den dort ansässigen Kaufleuten und Handwerkern stellten die Norddeutschen eine ansehnliche Minderheit. Allerdings waren es wohl die Norweger allein, die sich in dem späterhin nur noch als Bryggen bezeichneten alten Hanseviertel des Mediums der Runenschrift bedienten und damit offensichtlich weit über Bergen hinaus kommunizierten. Unser Wissen darüber ist letztlich einer Feuersbrunst zu verdanken, die Mitte der 1950er-Jahre große Teile des Handelsviertels zerstörte. Denn vor dem Wiederaufbau stellten die Archäologen etliche Untersuchungen an und machten einen Sensationsfund: Weit über 600 Inschriften zeugen von der Beliebtheit der Runen im mittelalterlichen Bergen und darüber hinaus in ganz Skandinavien. Im Umfeld des Handels errichtete man allerdings keine pompösen Runensteine, sondern nutzte die alten Zeichen als eine Art Alltagsschrift.

Deren bevorzugte Träger waren zwischen dem 12. und 14. Jahrhundert sogenannte Runenhölzchen (altnord. *rúnakefli* oder nur *kefli,* ›Hölzchen‹), 10 bis 15 cm lange Holzstäbchen (mitunter auch quadratisch), deren vier Seiten geglättet und damit für das Ritzen von Runen präpariert waren. Dafür bediente man sich zumeist der Kurzzweigrunen des jüngeren Futharks, wobei die vielfachen sprachlichen Veränderungen durch zusätzliche Zeichen angepasst wurden. Was ritzte man mit ruhiger Hand an Kleinstrunen in diese Holzstäbchen? Zur Freude der Forschung über die Alltagsgeschichte alles, was das Leben so hergab. Dazu gehörte nach überkommener Tradition die bloße Runenreihe, aber auch Inschriften mit Namen und mit lateinischen Texten, nicht zu entziffernde Geheimrunen und magische Formeln sowie natürlich auch Christliches und sogar recht obzöne Formulierungen, an denen der Mann des Mittelalters offenbar ähnliche Freude hatte, wie der moderne. Aber der Runengebrauch ging noch viel weiter und diente sogar dem Schreiben von Rechnungen, vielerlei Briefen und von Warenetiketten.

Ein Blick auf einzelne Inschriften enthüllt uns folglich das pralle Leben in Bergen und Norwegen zu jener Zeit. Da gibt es einfache Nachrichten die sich um Waren und ihre Herkunft drehen: »Torkjell, der Münzmeister, sendet dir Pfeffer« (um 1200). Aber auch ökonomische Probleme sind Themen dieser

Inschriften, wie ein Runenhölzchen-»Brief« von ca. 1300 belegt. Sein Verfasser bzw. Ritzer namens Tore der Schöne beginnt nämlich ein Schreiben an seinen Handelspartner Havgrim mit »Gottes und seinem Gruß, in guter Kameradschaft und Freundschaft«. Er beklagt sich über in Bergen fehlende Waren wie Fisch bzw. Bier und bittet den Kompagnon, er möge beim Bonden vorstellig werden, einem einflussreichen Mann. Mit Vorsicht und diplomatischem Geschick solle er diesen dazu bringen, nach Bergen zu kommen und sich die Lage anzuschauen. Außerdem fordert er, gegenüber einem gewissen Thorstein (einem Konkurrenten?) Schweigen zu wahren. Für sich selbst bittet er noch um die Übersendung von Handschuhen. Und: »Versprich mir nicht Prügel wegen meiner Machtlosigkeit.«

Wie bei Kirchenrunen geht auch in der Bergenser Handelswelt die aktuelle Politik nicht spurlos an den hölzernen Runenmitteilungen vorüber. So wurde etwa ein Brief gefunden, den wahrscheinlich ein Sohn König Sverrirs eigenhändig geritzt hat – ein Sohn des norwegischen Herrschers also, dessen Herrschaftszeit mit internen Machtkämpfen verbunden war. Hier nun bittet sein Sohn den Adressaten um eine zügige Waffenlieferung, vor allem um Eisenspeere. Politische Geheimdiplomatie und private Winkelzüge bezeugt eines der weithin verbreiteten Wachstäfelchen, die für Notizen genutzt wurden. Auf besagter Tafel fanden sich unter der Wachsschicht Runen ins Holz geritzt. Das Ganze erwies sich also als eine Art Geheimbrief. Harmlos kommt dagegen eine Nachricht daher, die dem Reisenden ein Haus in Bergen empfiehlt, wo er sichere Aufnahme fände.

Kommen wir schließlich noch zum zu allen Zeiten menschlichsten Themenkomplex »Liebe, Sex und Neckerei«, wofür die Runenhölzchen etliches an Material bieten. Augenscheinlich noch recht unschuldig kommt bspw. die kurze Inschrift *ost : min : kis : mik,* ›Meine Liebe, küss mich!‹ daher. Es bleibt allerdings fraglich, ob es sich hier wirklich um eine harmlose Liebesbotschaft oder vielleicht doch um eine magische Formel handelt, mit deren Hilfe der Runenritzer die »Liebe« zu den gewünschten Gefühlen zwingen wollte. Die hingegen ganz offenkundige Anwendung eines Liebeszaubers bezeugt eine Inschrift aus dem ausgehenden 14. Jahrhundert, die tief in die Kiste aus Mythen, Magie und Volksglaube greift: Da ritzt jemand Heilrunen und Schutzrunen gegen Alben, Trolle, Thursen und eine Troll-Walküre – damit diese Wesen und insbesondere die böse Troll-Walküre der Angebeteten nicht schaden können. Und dann der magische Befehl: »Sitze niemals, schlafe niemals … Liebe mich wie dich selbst.«

Die Schreckensnamen entstammen allesamt der vorchristlichen Mythologie, deren Gestalten im Angesicht der Kirche zu Dämonen mutierten und nur noch Bedrohliches an sich hatten. Selbst die Walküren, einstmals Odins hehre Dienerinnen, um die gefallenen Krieger vom Schlachtfeld nach Walhall zu geleiten und dort zu bewirten, werden hier zu bösartigen, furchterregenden Ungeheuern (als die sie ursprünglich wohl sogar angesehen wurden).

Für solchen Liebeszauber bietet übrigens ein Götterlied der *Älteren Edda* ein anschauliches Beispiel. Im *Skirnirlied* (Skírnismál, auch *Skirnirs Fahrt* Skírnisför genannt) verliebt sich der Gott Freyr unsterblich in die schöne Riesentochter Gerd. Deswegen schickt er seinen Diener Skirnir ins Riesenland zum Hof ihres Vaters. Dort soll er für seinen Herrn um Gerd freien. Aber die Angebetete erweist sich als äußerst widerspenstig und lehnt ab. Deswegen greift Skirnir zu anderen Mitteln und droht ihr allerlei Übles an. Dazu gehört auch eine Runendrohung: »Einen Thurs ritz ich dir und drei Stäbe, Geilheit und Wahnsinn und Ungeduld; so ritz ich's ab, wie ich's einritzte, wenn es sein muss.« (Strophe 36). Mit dem Thurs ist natürlich die uns wohlbekannte Rune ᚦ gemeint. Dies nur ein Beispiel unter vielen – auf den Runenhölzchen finden sich sogar die Namen Thors und Odins, allerdings nicht mehr als Gottheiten, sondern als dämonische Mächte aus der heidnischen Vergangenheit.

Kommen wir zum Sex bzw. zu obszönen Inschriften, deren Entstehung man sich gut in den Bergenser Wirtshäusern beim sprichwörtlichen »Wein, Weib und Gesang« vorstellen kann – den Wein brachten übrigens die norddeutschen Kaufleute mit ins Land. Dort verdienten sich zweifelsohne auch Prostituierte ihren Lebensunterhalt. Zumindest bezeugt eine Inschrift die »Vorzüge« einer dieser Frauen: »Mit Rannveig der Roten sollst du Sex haben, das ist größer als der Penis eines Mannes und kleiner als der eines Pferdes« (Dagmar M. H. Hemmie. Ungeordnete Unzucht: Prostitution im Hanseraum (12.–16 Jahrhundert). Köln 2007, S. 1).

Man darf jedenfalls das Resümee ziehen, dass die Bergenser die Runenschrift sehr gut beherrschten. Aber das gilt eben auch für andere Teile Skandinaviens. So finden sich in Norwegen mittelalterliche Runen an Felswänden, die Inschrift auf dem Felsblock von Hennøy (Sogn und Fjordane) verheißt gar einen Goldschatz, der dort liegen soll (aber bis heute nicht gefunden wurde). Im schwedischen Sigtuna – und nicht nur dort – fanden sich Tierknochen mit eingeritzten Runen. Außerdem nutzte man Holzstäbe mit Runenkalendern, auf denen die Wochentage, Sonntage und kirchliche Festtage vermerkt wurden. Alles spricht dafür, dass die Skandinavier die überkommenen Runen ihren Bedürfnissen anpassten und sie noch lange in Gebrauch hatten.

## *Magie-Runen in Blei und Holz*

Auf Neufunde und Überraschungen darf man dabei stets gespannt sein. Das erwies sich in jüngerer Zeit besonders an den Bleiamuletten, mit denen sich eine ganze Gruppe von Runenträgern auftat. Wir verstehen darunter kleine Streifen und Bleche aus Blei, gerade mal 1 mm dick, die zu Päckchen zusammengefaltet und auch so gefunden wurden. Ursprünglich trug man sie in zumeist quadratischer Form an einem Band befestigt um den Hals. Denn als magische Amulette sollten sie den Trägern und Trägerinnen Kraft spenden und sie vor Unheil bewahren. Einige Dutzend davon wurden bislang in Skandinavien gefunden. Ihre breite Streuung in Siedlungen, Kirchen, Friedhöfen und einzelnen Gräbern spricht für eine große Verbreitung.

Die Nordgermanen des 12. bis 15. Jahrhunderts folgten damit einer Tradition, die bereits ihre Vorfahren ein Jahrtausend zuvor gekannt hatten. Man denke nur an die prächtigen Goldbrakteaten mit ihren Abbildungen und Runen (vgl. Kap. 3). Das Erscheinungsbild der Bleitäfelchen war dagegen jedoch viel bescheidener. Für eine neue Zeit und einen anderen Geist spricht zudem die Verwendung der lateinischen Sprache, die man neben altnordischen Inschriften auch hier findet. Ebenso haben sich die Vorstellungen und Kenntnisse magischer Formeln gewandelt. Greift man doch jetzt des Öfteren auf antik-christliche Magie zurück, die ihren Weg in den Norden gefunden hatte. Das gilt beispielsweise für die verbreitete Sator-Formel, deren Gebrauch mindestens bis auf das 1. Jahrhundert n. Chr. zurückgeführt werden kann. Darunter ist ein magisches Buchstabenquadrat von 5 × 5 Feldern zu verstehen, so angeordnet, dass die Wörter waagerecht wie senkrecht lesbar sind. Eine solche »Palindrom-Anordnung« fand sich auch auf einem Runenhölzchen, nur eben in Runen geschrieben:

Sator ᛋ ᛆ ᛏ ᚮ ᚱ
Arebo ᛆ ᚱ ᛂ ᛒ ᚮ
Teneth ᛐ ᛂ ᚿ ᛂ ᚦ
Obera ᚮ ᛒ ᛂ ᚱ ᛆ
Rotas ᚱ ᚮ ᛐ ᛆ ᛋ

Was das Ganze zu bedeuten hat, bleibt schon beim lateinischen Original ziemlich rätselhaft. So etwa die mögliche Übersetzung »Der Sämann (Urheber) Arepo hält mit Mühen die Räder«. Oder haben wir es hier mit einem Anagramm zu tun, also mit einer Buchstabenverdrehung, die ausdrückt, dem Apostel Petrus öffne sich eine allegorische Rose? Oder geht es dabei um Zahlenmystik? Ob die skandinavischen Runenritzer und die Amuletttträger sich über das genannte Problem im Klaren waren, muss angezweifelt werden. Für sie zählte wohl allein die magische Kraft, die der Formel innewohnen sollte.

Die magischen Inschriften dieser Art konnten aber auch stärker christlichen Inhalten verpflichtet sein, was sich in der üblichen Formulierung »Ave Maria« und im »Paternoster« ausdrückte. Darüber hinaus waren es auch neutralere Aussagen wie *Pax portantibus, salus habentibus,* ›Friede denen, die (es) tragen, Heil denen, die (es) haben‹. Selbst das bis heute bekannte Abracadabra ritzte man in Runen.

Werfen wir einen Blick auf das Bleiplättchen von Odense auf der dänischen Insel Fünen, das 7,3 × 3,5 cm misst, wobei die einzelne Runenhöhe gerade einmal 3 mm beträgt. Denn der kleine Träger nahm doch einiges an Runen auf, die eine bunte Mischung antiker Zaubertraditionen und christlicher Inhalte darstellen. Dementsprechend erscheinen an Anfang und Ende der Inschrift seltsam-exotische Reimwörter, denen, alleinstehend vielleicht sinnfrei, magische Wirkung unterstellt wurde: *Anakristi anapisti* und *Khorda inkhorda khordai.* Ritzen und Sprechen solcher Zauberwörter hat man sich wahrscheinlich unter entsprechenden Gebärden vorzustellen. Dass sich Magie und Christentum auf den Bleitäfelchen nicht ausschließen, zeigt das Zentrum der Inschrift mit dem kraftvollen *Christus vincit,* ›Christus siegt‹, und den Bitten oder sogar magischen Befehlen »Christus, befreie mich, Asa, von allem Übel« und »Das Kreuz Christi sei über mir, Asa, hier und überall.«

Beeindruckend ist die Bleiplatte von Blæsinge auf Seeland, deren Inschrift wohl irgendwann zwischen 1200 und 1400 entstanden ist, und die auseinandergefaltet 4 × 12 cm misst. In diese doch recht kleine Bleifläche hat man immerhin 440 Runen eingeritzt.

Der lange lateinische Text bietet eine ausführliche Beschwörungsformel, die sich an sieben Schwestern mit antik-mediterranen Namen richtet und diese davon abhalten soll, Augen und Gliedern Schaden zuzufügen. Ein namentlich nicht näher bezeichneter Diener Gottes wendet sich zudem an die Dreieinigkeit von Vater, Sohn und Heiligem Geist. In ihm möge die Kraft Christi wohnen. Auf die Beschwörung der Macht des Kreuzes (*ecce crucem domini,* ›Sieh das Kreuz des Herrn‹) folgt die beschwörende Formel: »Flieht feindliche Mächte«. Den Abschluss bildet ein *Paternoster,* mit dem der Wunsch zum Ausdruck gebracht wird, dass Christus den Träger vor allem Bösen beschützen soll. Hier wie andernorts dienen die Runen dem Ziel, mit magischen Mitteln insbesondere Krankheiten zu bekämpfen oder gleich ganz von einem fernzuhalten.

Etwas anders verhält es sich mit dem Bleiblech von Kävlinge aus dem südschwedischen Schonen, das sich in lateinischer Sprache um 1200 einmal mehr an die Heilige Dreifaltigkeit wendet, und um Schutz und Segen für den heimischen Hof und seine Bewohner bittet. Eine Seite zeigt zudem den thronenden Christus in einer hochmittelalterlichen Majestas-Domini-Darstellung. Die Menschen des Mittelalters hatten bekanntlich nach ihrer Sicht solchen Schutz bitter nötig. Denn allerorten und somit auch im hohen Norden drohten der Leibhaftige selbst und zahlreiche dämonische Mächte. Überall dort, wo man früher die germanischen Götter und andere überirdische Wesen verehrt hatte, wurden diese, wie bereits dargelegt, nicht selten in den Reigen aus Dämonen und Teufeln aufgenommen.

Ein gutes Beispiel dafür bieten die Alben, denen bereits altenglische Zeugnisse eine widersprüchliche Natur nachsagten, die nicht nur Schönheit auszeichnete, sondern die ebenso dämonische Züge annahmen und die dem Menschen gefährlich werden konnten. Folgerichtig sind einige Krankheiten nach ihnen benannt, etwa der Albschuss (altengl. *ylfa gescot*), den man später Hexen zuschrieb (»Hexenschuss«), oder der Albenzauber *(Ælfsiden),* worunter Fieber verstanden wurde. Die Albenkrankheit *(Ælfsogođa)* bezeichnete womöglich sogar den Irrsinn. Eine in Schleswig gefundene lateinische Inschrift in lateinischen Buchstaben trägt dem Rechnung: »Ich beschwöre euch Alben und Albinnen oder Dämonen« *(eluos uel eluas aut demones).*

Die Geschichte der Runen in den skandinavischen Ländern des Mittelalters ist damit beileibe noch nicht zu Ende erzählt. Denn auch hier ist immer noch mit neuen Funden zu rechnen. Sie alle belegen jedenfalls, dass in Nordeuropa die runische Tradition weitergepflegt und den neuen Zeitumständen angepasst wurde. Bei aller Volkstümlichkeit zeigten dabei insbesondere Gelehrte Interesse an den alten germanischen Schriftzeichen. Ihnen ist darum das Wissen um die Runenschrift zu verdanken. Die Humanisten des 16. Jahrhunderts begannen schließlich, sich wissenschaftlich mit dem Erbe der Runen auseinanderzusetzen (vgl. Kap. 11).

# 10. Runen im Wilden Westen?

## Von Rätseln, Mysterien und vielen Fälschungen

### *Faszinosum Fälschung*

Runen laden zu Missverständnissen und Fälschungen geradezu ein – was einmal an ihrer Bezeichnung liegt. Denn in der breiten Öffentlichkeit und in den Medien sind nicht selten Namen im Gebrauch, die mit den drei in diesem Buch vorgestellten, historisch authentischen Futhark-Reihen nichts zu tun haben. So geistert ab und an die Schrift steppennomadischer Turkvölker Eurasiens unter den Runenbezeichnungen herum und so mancher Interessierte fragt sich zu Recht, was Turkvölker mit Germanen zu tun haben. Geht es dabei etwa um den viel beschworenen Einfluss der Wikinger?

Derlei Spekulationen führen allerdings in die Irre, da es sich hierbei nur um eine unglückliche Benennung handelt und die Schriften nichts miteinander zu tun haben. Problematischer verhält es sich da schon mit neuzeitlichen Runen-Schöpfungen des 19. und 20. Jahrhunderts, denen man zumeist eine ideologische Absicht unterstellen muss. Wir werden am Beispiel der Zeichen an den Externsteinen davon hören. Überhaupt entstammen dergleichen moderne Runenreihen und Zeichenzuordnungen zumeist dem völkischen Umfeld aus den ersten Jahrzehnten des 20. Jahrhunderts. Der schaurige Höhepunkt dieser Entwicklung findet sich während des Nationalsozialismus, als das Hakenkreuz zur prominentesten »Rune« avancierte. Bezeichnend daran ist, dass es sich bei der sogenannten Swastika um ein Zeichen bzw. Symbol globaler Verbreitung handelt, das auch von den germanischen Stämmen benutzt wurde, aber niemals zu den Runenreihen mit ihren Eigenarten gehörte; soviel zu sprachlichen und definitionsbedingten Missverständnissen und eindeutigem Missbrauch der Runen.

Dass die germanischen Schriftzeichen des Weiteren Probleme bereiten, liegt an ihrer Darstellungsform aus Stäben, Zweigen und Haken. Denn im Unterschied etwa zu den komplexen altägyptischen Hieroglyphen können natürliche Erscheinungen mit etwas Phantasie oder Absicht als Runen verstanden und sogar gelesen werden. Schraffierungen, Linien, Ecken und Kanten finden sich an so manchem Fels und bieten reichlich Stoff für die Entdeckung vermeintlicher Runen (auch dafür gibt es weiter unten Beispiele). Bekanntlich stoßen wir sogar in anerkannten Inschriften auf dieses Phänomen. Da gilt es dann, Runen zu unterscheiden von bedeutungslosen Kratzspuren, aber auch von Zusatzzeichen, Trennzeichen oder weiteren mutmaßlich symbolkräftigen Zeichen (zu denen in der Tat auch die Swastika gehört).

Eine ganz andere Kategorie bieten bewusste und beabsichtigte Fälschungen, worunter alles zu verstehen ist, was Authentizität vortäuscht, also insbesondere moderne Runenritzungen, die einen historischen Kontext herzustellen versuchen. Der Runologe Klaus Düwel hat dazu eine eindrückliche Liste der möglichen Gründe erstellt, die sich übrigens für andere menschliche Täuschungsabsichten ebenso anwenden lässt (Düwel 2008, S. 212 f.). Er zählt Gewinnsucht, Eitelkeit, Schadenfreude und Stolz dazu, wobei der letztere vielleicht am fatalsten ist. Dann nämlich, wenn dahinter eine Ideologie steckt, die ein rassistisches oder irrationales Weltbild mit vermeintlichen Originalfunden untermauern will. Dazu mag übrigens auch ohne gezielte Fälschungsarbeit eine einseitige Interpretation bzw. überhaupt eine Entdeckung von Runen gehören. Und nur zu oft weiß man dann einfach nicht, was man von so einem Fund oder den Berichten darüber halten soll.

## *Münchhausens Runen*

Das gilt bereits für Deutschlands früheste Runenentdeckung, die publiziert wurde und für Diskussionen sorgte. Kurioserweise ist die Nachricht davon einem Herrn Münchhausen zu verdanken – allerdings nicht jenem Hieronymus Carl Friedrich Freiherr von Münchhausen (1720–1797), der – ob zu Recht oder zu Unrecht sei dahingestellt – als »Lügenbaron« unter anderem in den Werken Gottfried August Bürgers Berühmtheit erlangte. Als jüngerer Spross des weit verbreiteten Adelsgeschlechts konnte Karl Freiherr von Münchhausen (1759–1836) solch zweifelhafte Verdienste nicht vorweisen. Er stammte aus den Schaumburgischen Ländern im Süden des heutigen Niedersachsen und diente unter anderem dem Landgrafen von Hessen-Kassel als Offizier bei dessen Truppen in Nordamerika (Amerikanischer Unabhängigkeitskrieg), später nahm er 1792/93 an den Feldzügen gegen das revolutionäre Frankreich teil. Aber der Freiherr war nicht nur dem Militärischen zugetan, sondern verstand sich auch als literarischer Schöngeist, was die herzliche Freundschaft mit dem Dichter Johann Gottfried Seume ebenso unterstreicht wie eine umfassende Korrespondenz mit den Gelehrten seiner Zeit.

Zu diesen Gelehrten zählte auch Friedrich David Gräter (1768–1830), der insbesondere an deutscher Volkskunde und an der altnordischen Literatur interessiert war. Dies fand einen Niederschlag in der Anthologie *Nordische Blumen* (1789) sowie in der Zeitschrift *Bragur. Ein litterarisches Magazin der Deutschen und Nordischen Vorzeit*. An diesen Themen fand auch Karl von Münchhausen Gefallen. Außerdem hatte er Gräter von einem ganz bemerkenswerten Fund zu berichten, auf den einer seiner Vorfahren gestoßen sei: eine Runeninschrift aus deutschen Landen! Das erweckte selbstredend die Aufmerksamkeit des *Bragur*-Herausgebers und so erschien Münchhausens Beitrag zum sogenannten Ostastein im Jahre 1798 einschließlich eines Kupferstichs mit Runenbild.

Im Stil der Zeit preist er Westfalen und die Grafschaft Schaumburg an der Weser als Land voll von Denkmälern aus dem grauesten Altertum, voll von Druidenaltären (damals trennte man noch nicht streng zwischen Kelten und Germanen), Hermannsburgen (die angeblich mit Hermann dem Cherusker zu tun hatten), Götzen- und Totenhainen. Genauer fände sich zwischen Hannover und Preußisch Minden ein großer

Wald, wo einst die Cherusker ihre heiligen Haine gehabt hätten. Dort überall sei folglich mit »Überbleibsel[n] aus den Zeiten der Druiden und Barden« zu rechnen, der »alten Teutschen« also. Hier nun, in diesem altertümerreichen Gebiet, sei man am Fuße des Felsens Hohnstein auf besagten Stein gestoßen: »Tief im rauhen Gebürge hatte ihn ein Bach zu Tage gespühlt.« Davon habe sich im Übrigen eine auf Holz gemalte Abbildung in einer »Rüst- und Rumpelkammer« einer der Münchhausischen Burgen erhalten.

Karl von Münchhausen versucht sich in seinem Artikel natürlich auch an einer Deutung des Fundes. Dabei schienen für ihn dessen Abbildungen ergiebiger als die mutmaßlichen Runen zu sein. Jedenfalls erkennt er darauf Darstellungen von Sonne und Mond sowie eines Götzen, der die Mondgöttin Ostar darstellen soll – daher der Name »Ostastein«. Diese Ostara erfreut sich ab und an bis heute einer gewissen Bekanntheit als vermeintliche Namensgeberin des Osterfestes, obwohl keinesfalls sicher ist, ob die althochdeutsche Bezeichnung *Ôstarûn* wirklich den Namen einer solchen Gottheit enthält. Die damaligen Gelehrten nahmen Ostara jedenfalls sehr ernst, ließ sich doch über ihren Namen die ideale Verbindung der alten Mythen zum Brauchtum des Volkes herstellen (der Osterbräuche nämlich). Und so versucht sich ein Professor Wilhelm Strack 1817 an den Runen, die er besingt als »Schalle, Lied des Hohensteins […] hier walt Ostar« usw. Bereits Gräter war eine Entschlüsselung angegangen: »Opfert der guten Erde […] Trink (jeder) sein Horn aus.«

Was war nun aber wirklich dran an Münchhausens Runenstein? Einmal war es kein Runenstein wie wir ihm in Skandinavien tausendfach begegnen, sondern ungewöhnlicherweise eine Scherbe aus gebranntem Ton; gefunden wohl bereits um 1500 und irgendwo in einer Burg der Münchhausens aufbewahrt. Diese Scherbe soll neben Runen bekanntlich Sonne und Mond sowie eine gehörnte Gottheit gezeigt haben. Karl von Münchhausen selbst verweist in diesem Zusammenhang auf »Ludolph den Gelehrten«. Er habe jene Tontafel erstmals erwähnt. Gemeint war damit Ludolph von Münchhausen (1570–

1640), ein durchaus herausragender Gelehrter, dessen Bibliothek zu den berühmtesten des Heiligen Römischen Reiches gehörte. Zahlreiche Reisen hat er unternommen, darunter auch in die skandinavischen Länder. Das Interesse an der Runentafel ist ihm also zuzutrauen. Womöglich gilt das gleiche aber auch für eine Fälschung. Oder hat sich Freiherr Karl einfach nur einen Scherz erlaubt? Vielleicht war das Ganze aber auch bloß ein Missverständnis, weil man auf der Scherbe unbedingt Runen erkennen wollte.

Einer modernen Analyse entzieht sich der Ostastein leider; er gelangte nämlich in die Bestände der Universität Helmstedt, die 1810 aufgehoben wurde, wobei die Tafel verloren ging. Bereits Wilhelm Grimm sieht sie in seinem Runenbuch von 1821 kritisch: »Gegen ein im Bragur des Hrn. Gräter Bd. 6. Abtheil. 2. mitgetheiltes, angeblich altdeutsches Denkmal, auf dem sich Runenschrift befindet, bin ich zu mißtrauisch, als daß ich es für irgend einen Beweis könnte gelten lassen.« (S. 163). Deutsche Runenfunde schienen damals sowieso schnell verloren zu gehen, wie ein weiterer Hinweis Grimms belegt: »Zu Prausnitz, im Fürstenthum Jauer in Schlesien, ist 1768 bei einem alten Stollen ein Stein, angeblich mit Runen bezeichnet, gefunden worden. Er kam 1769 nach Berlin, wo ihn die Academie der Wissenschaften erhielt, scheint aber gegenwärtig verloren zu seyn [...]« (S. 163). Vom Ostastein ist letztendlich nicht mehr geblieben, als der zweifelhafte Ruf, Deutschlands älteste Runenfälschung zu sein.

## *Hoffnung, Zweifel, Unsinn*

Nicht nur in Deutschland tat man sich mit Missdeutungen schwer, sondern selbst im runenreichen und darum erfahreneren Skandinavien. Dafür hat der in Island und Dänemark wirkende Gelehrte Finnur Magnússon (1781–1847) gewissermaßen einen Präzedenzfall geliefert. Er wurde nämlich auf einen Basaltfelsen namens Runamo im südschwedischen (und ehemals dänischen) Blekinge aufmerksam gemacht, auf dem man Runen zu erkennen glaubte. Das Außergewöhnliche daran war die Tatsache, dass davon bereits um 1200 der dänische Geschichtsschreiber Saxo Grammaticus berichtet hatte: »In Blekinge ist ein Felsen zu sehen, über den ein Weg geht, mit seltsamen Schriftzeichen geschmückt« (*Gesta Danorum,* Vorrede). Der Isländer nahm folglich den Reiseweg auf sich, um den Felsen in Augenschein zu nehmen. Tatsächlich erkannte er eine Runeninschrift. Damit jedoch nicht genug, folgte der Lesung offensichtlich ohne große Probleme die Deutung und dieser dann eine Übersetzung, der zufolge die Inschrift sogar ein Heldengedicht überlieferte. 1841 veröffentlichte Finnur Magnússon diese Übersetzung unter dem *Runamo og Runerne (Runamo und die Runen).* Dies sorgte weit über Dänemark hinaus für wissenschaftliches Aufsehen, bis wenige Jahre später eindeutig nachgewiesen werden konnte, dass es sich bei den »Runen« um natürliche Risse und Linien handelte, die der Eiszeit geschuldet waren. Seine Phantasie hatte dem Isländer einen Streich gespielt und sein Name blieb mit dem Runamo-Skandal verbunden.

Während dies das Paradebeispiel für eine katastrophale (weil letztlich nachweisbare) Fehlinterpretation ist, lag der Fall des 1924 bei archäologischen Grabungen im österreichischen Kärnten gefundenen Knochenpfriems von Maria Saal anders. Dessen Inschrift nahm sich der damals führende Runologe Carl Wilhelm Marstrander aus Norwegen an. Die sechs Runen las er linksläufig und ergänzte sie mit Vokalen. Das Ergebnis: *mik Nefo sezo,* ›mich besäte Nefo (mit Runen)‹. Diese Inschrift datierte er auf das 1. Jahrhundert v. Chr., was natürlich einer Sensation gleichkam. Bekanntlich ordnet man die ältesten Funde 200 Jahre jünger ein, die sich zudem alle im südskandinavischen Raum finden.

Mit der Inschrift von Maria Saal kam nun der südliche Alpenraum ins Spiel. Eine geographische und chronologische Einordnung, die vorzüglich zu der von Marstrander vertretenen These der norditalischen Alphabete als Vorlagen der Runenschrift passte. Wie stark Runendeutungen von den eigenen Überzeugungen und Annahmen abhängig sein können, bewies sich kurz darauf. 1930 bezichtigte sich nämlich ein Soldat eines Alpenjäger-Regiments, das an der Grabung beteiligt war, der Fälschung der Runen, was soweit führte, ihm nicht so recht zu glauben. Ein kurioser Fall also, den Jahrzehnte später eine genaue Untersuchung der Knochenoberfläche und eine chemische Analyse klären konnten: Die Runen waren nicht historisch authentisch und damit eine Fälschung!

Im Fall der sogenannten Weser-Runen führten derartige moderne Analysen zu einem anderen Ergebnis. Die Ende der 1920er-Jahre in der Unterweser bei Baggerarbeiten freigelegten Knochen, drei mit Runen, einer mit runenähnlichen Zeichen, konnten wider Erwarten dem Fälschungsverdacht entzogen und dem frühen 5. Jahrhundert n. Chr. zugeordnet werden (was zumindest für die Runenknochen gilt).

Ein solches Ergebnis bildet bei der Fülle an Zweifelsfällen allerdings eher die Ausnahme. Ansonsten lautet das Urteil doch eher auf Fälschung, was sich ab und an schon durch die Plumpheit einer Inschrift ankündigt. So, wenn etwa auf einer merowingerzeitlichen Fibel aus Kärlich bei Koblenz ausgerechnet *wodani hailig*, ›Wodan heilig‹, zu lesen ist. Von einer regelrechten »Fälschungsaffäre« sprach man bei Funden aus der niederländischen Provinz Friesland, in die Vertreter der NS-Ideologie und deren Institution »Ahnenerbe« verstrickt waren. Fälschungen finden sich auch in anderen Teilen Europas, so am Comer See in Norditalien, wo auf einen Steinblock laut Inschrift ein Sergius etwas geritzt haben soll, oder auf einem Granitblock am südfranzösischen Wasserfall von Rûnes, dessen Name Fälschern offensichtlich als Inspiration diente. Ein anderer, 1978 gemachter Fund bei Trier fällt wohl in die Rubrik der Zweifelsfälle. Dabei handelt es sich um einen nur wenige Zentimeter großen rechteckigen Rahmen aus Serpentin (nebst einem Miniaturhasen), dessen Längsseiten zwei linksläufige Runenfolgen zeigen, *wilsa* und *wairwai* zu lesen. Was dieser »merkwürdige Fund« (Düwel, RGA 25, S. 518) mit seiner Inschrift genau bedeutet, ist unklar. Runologen haben sich seiner durchaus angenommen und wie üblich mehrere Deutungen vorgeschlagen, so die eines Zeugungszaubers.

Neben Fälschungen, Zweifelsfällen und fatalen Irrtümern sind in diesem Kapitel auch Fälle anzusprechen, bei denen Inschriften als Beweise einer bestimmten Meinung bzw. Theorie gelesen werden, und zwar derart, dass eine Entscheidung darüber letztlich eine Glaubensfrage ist. So etwas galt vor wenigen Jahrzehnten für die Runenfibel von Soest. Diese prächtige Scheibenfibel aus Gold, mit einem Durchmesser von 5 cm und auf der Vorderseite mit verschiedenfarbigem Glasfluss und Almandinen gefüllt, datiert man ins ausgehende 6. Jahrhundert n. Chr. und damit in die Merowingerzeit. Im sächsischen Westfalen gelangte sie schließlich als Beigabe in ein reich ausgestattetes Frauengrab.

Die Runen sind wie bei den angesprochenen alamannischen Fibeln auf die Rückseite geritzt. Allerdings bieten sie wegen ihrer Anordnung einige Lesungsprobleme. Am unteren Rand steht gut lesbar die Zeichenfolge *Rāda Daþa*, was die meisten Interpreten als zwei Frauennamen verstehen, die vielleicht die Schenkerinnen der Fibel bezeichnen. Die größeren Schwierigkeiten bereiten die Runen in der oberen Hälfte, die in keiner zwingenden Reihenfolge stehen. Teils bilden sie ein sogenanntes Runenkreuz X, an das andere Runen bzw. Zweige angeritzt wurden. Teils ist überhaupt fraglich, ob es sich um Runen oder irgendwelche Zusatzzeichen handelt. Die üblicherweise favorisierte Lesung ist jedenfalls *atano*, was als Name des Runenritzers verstanden wird. Außerdem wurden Überlegungen angestellt, die über die Lesung bloßer Personennamen hinausgehen, etwa einige der Zeichen als Monogramm zu interpretieren. Oder ist das Ganze besser als »Gabe und Erbbesitz des Atto« zu verstehen? Eine Interpretin fühlte sich bei *rada daþa* an eine magische Reimformel à la »hocus pocus« erinnert, das *atano* deutete sie als Terminus, der ebenfalls magische Wirkung zeigen sollte.

Schließlich hat sich der häufig als Privatgelehrter apostrophierte Heinz Ritter-Schaumburg (1902–1994) der Soester Fibel angenommen. Mit seinem Bestseller *Die Nibelungen zogen nordwärts* sorgte er 1981 in einer breiten Öffentlichkeit sowie in der Presse für Furore und wurde, wenn auch kritisch, sogar in den

Wissenschaftskreisen zur Kenntnis genommen. Was war geschehen? Ritter-Schaumburg unterzog den berühmtesten deutschen Text des Mittelalters, das *Nibelungenlied*, einer fundamentalen Umdeutung. Er siedelte das mittelhochdeutsche Heldenepos um Siegfried, Burgunder und Hunnen nicht mehr in Worms und an der Donau an, sondern in Niederdeutschland. Die wahren Nibelungen seien von der Voreifel bei Zülpich über den Rhein ins westfälische Soest, also nordwärts, gezogen, wo sie ihren Untergang erlebten.

Um zu diesem Schluss zu gelangen, musste der Autor auf den nordischen Nibelungenstoff zurückgreifen, genauer auf die norwegische *Thidrekssaga*, noch genauer auf deren spätmittelalterliche schwedische Version. Und damit kommen wir zu einer weiteren Neuerung der Interpretation Ritter-Schaumburgs. Er glaubte gerade hinter diesem schwedischen Text historische Ereignisse und Personen ausfindig machen zu können, die tatsächlich ins 6. Jahrhundert n. Chr. zurückführten. Der Rest ist bis heute Glaubenssache, denn in der Tat finden sich im Nibelungenstoff der *Thidrekssaga* niederdeutsche Einflüsse. Ob das ausreicht, um das ganze *Nibelungenlied* mit seinen Handlungsorten in Frage zu stellen, ist in der Germanistik genauso umstritten wie Ritter-Schaumburgs Methode, einen mittelalterlichen Text wie eine Dokumentation zu lesen, in der fast jedes Detail eine Entsprechung in der Merowingerzeit hat. Den wissenschaftlich unbefangenen Lesern gefiel es jedenfalls und Ritter-Schaumburg hat bis heute seine Jünger.

Und damit kommen wir zurück zur Soester Runenfibel. Da der Autor überall an den entsprechenden Lokalitäten auf der Suche war nach Relikten dessen, was die Saga erzählte, wurde er auch in Sarkophagen, altem Mauerwerk und archäologischen Funden fündig. Und die Scheibenfibel passte perfekt in das Soest des 6. Jahrhunderts n. Chr., in dem die Nibelungen aus der Voreifel ihren Tod gefunden hatten. Insofern liest und deutet er die Runen schlichtweg als Monogramm eines Königs und als dessen Herrschaftszeichen. Den Personennamen Atano liest er als Atalo, König von Soest. Der ähnelt den Namen Attala oder Atila, Formen des Namens Atli, wie König Etzel im

Norden heißt. Andere Runen liest er als Gudilla, was er mit aller Vorsicht zu Gudrun und Grimhild stellt – Krimhilds Bezeichnungen im Norden. Damit findet er den Namen des westfälischen Hunnenkönigs auf der Fibel sowie den seiner Gemahlin aus dem Rheinland. War die prächtige Scheibenfibel womöglich ein Geschenk des Königs an seine Gattin?

Auf diese Weise machte Ritter-Schaumburg Geschichte lebendig und faszinierend, auch wenn diese Gedanken- und Wortspiele wissenschaftlich nicht genügen. Natürlich fälschte er nicht und irrte sich im eigentlichen Sinne auch nicht, er gab ja nur zu bedenken und unterzog die Runen einem phantasievollen Gedankenspiel.

## *Runen an den Externsteinen?*

Ein anderes Beispiel unseres Themas bieten die Externsteine, ein bizarres Sandsteingebilde im Teutoburger Wald bei Horn-Bad Meinberg. Seit Jahrhunderten galten sie als germanisches Heiligtum. Als erster sah wohl 1564 ein altertumsinteressierter Pfarrer Hamelmann aus Lemgo in dem Naturgebilde ein heidnisches Heiligtum der Sachsen, das Karl der Große verchristlicht hatte. Später wollte man in den durchaus von Menschen bearbeiteten Sandsteinen eine uralte Sternwarte erkennen. Schließlich vertrat in den 1920er-Jahren Wilhelm Teudt (1860–1942), ein Laienforscher der deutschtümelnden völkischen Bewegung, erneut die These, die Externsteine seien ein herausragendes germanisches Heiligtum gewesen.

Demzufolge nahmen sich nach ihrer Machtergreifung 1933 die Nazis des Naturdenkmals im Teutoburger Wald an. Vor allem der an Geschichte (und Geschichtsfälschung) interessierte SS-Chef Heinrich Himmler unterstützte dort archäologische Grabungen. Aber aus der definitiven germanischen Zuschreibung der Externsteine wurde nichts. Weder die Ausgrabungen im »Dritten Reich« noch spätere wissenschaftlich korrekte Untersuchungen haben irgendwelche Hinweise auf Germanen erbracht. Christliche Einflüsse waren hingegen unübersehbar, wofür das romanische Kreuzabnahmerelief auf einer Felswand spricht, das früheste und monumentalste nördlich der Alpen. Gleichwohl zieht es diverse Gruppen zu dem Naturdenkmal mit der geheimnisvollen Aura, nicht zuletzt zur Sommersonnenwende: Neuheiden, Esoteriker, Laienforscher, Pseudowissenschaftler sowie Neonazis.

Für diejenigen, die von einer Verbindung der Externsteine zu den Germanen aus welchen Gründen auch immer nicht lassen können, wäre natürlich der Fund einer Runenritzung eine geradezu traumhafte Wunscherfüllung. Insofern hat man schon seit langem versucht, in den zahlreichen Bearbeitungsspuren an den Felsen die alten germanischen Schriftzeichen zu erkennen. So glaubte man etwa fündig geworden zu sein in der neuzeitlichen Darstellung eines Galgens, worin man in der Tat die zwei Runen ᛦ ᛦ sehen kann, die oben mit einem waagerechten Strich verbunden sind. Diese Darstellung diente allerdings tatsächlich als Symbol der Gerichtsbarkeit, fand sie sich doch zudem in einem Raum, der der Stadt Horn als Gefängnis gedient hatte. Für Kenner der komplexen Runenmaterie gibt das natürlich nichts her, wobei das Gleiche auch für etliche Steinmetzzeichen ᚷ mit diversen »Zweigen« gilt.

Dann allerdings 1992 ein Sensationsfund – allerdings nur für bekennende Laienforscher einer bestimmten Couleur. Einer jener Externsteinforscher war nach eigenen Aussagen während eines Spaziergangs an eine an sich unzugängliche und deswegen selten besuchte Stelle geraten und hatte dort prompt Runen gefunden. Jeweils umritzt von säulenartigen Umrissen, die bis in Details ein Abbild der Externsteine boten. Auf immerhin 80 × 60 cm erstreckt sich dieses Bild mit 18 Runenzeichen.

»Runenkenner« der Szene erkannten in den Zeichen ziemlich rasch das »Alte Runenalphabet«, ihre richtige Lesung ergibt in sechs Sinnsprüchen das »Vaterunser«. Soviel Text gewinnt man nur, indem die 18 Zeichen nicht nach ihrem Laut-, sondern mit ihrem Begriffswert und anderen Zusätzen gelesen werden. Liegt also auch hier ein sehr frühes Zeugnis des christlichen Glaubens vor? Mitnichten, denn nach einem dem völkischen Umfeld geschuldeten Geschichtsbild hat Jesus sein Gebet bei Kelten oder Germanen gelernt – und damit bei den angeblich ältesten Völkern überhaupt. Eine derartige Überlegung verweist natürlich auf Thesen und Weltbilder, die weit von der Runologie als seriöse Wissenschaft entfernt sind.

Eine Runologin ist der Frage nachgegangen, welche Runen an den Externsteinen überhaupt vorlägen. Und sie ist fündig geworden: Nicht älteres oder jüngeres Futhark, sondern das »Runen-ABC« des Guido List, eines völkischen Esoterikers, der 1908 seine auf Eingebung, Erkenntnissen und Rekonstruktionen basierende Runenreihe vorlegte (vgl. dazu Kap. 12). Durch Rudolf John Gorslebens Werk *Hoch-Zeit der Menschheit* (1930) fand diese moderne Runenreihe weitere Verbreitung – insbesondere nach 1933. Wann genau die List-Fabelrunen in den Stein geritzt wurden, musste bislang offenbleiben. Als gesichert gilt, dass es irgendwann im 20. Jahrhundert geschah. Daher müssen die Externstein-Runen als Zeugnis ideologischer Runenrezeption gelten, mit authentischen Runen haben sie nichts zu tun. (Pesch, Alexandra. Noch ein Tropfen auf die heißen Steine … Zur 1992 entdeckten Runeninschrift an den Externsteinen. In: Runica – Germanica – Mediaevalia. Hg. v. Heizmann, Wilhelm / Nahl, Astrid van. 2003 (37), S. 567–580)

## *Runen in Amerika?*

Seitdem der amerikanische Doppelkontinent mit der Entdeckung des Kolumbus 1492 in den Fokus Europas rückte, wird der Frage nachgegangen, woher die indigenen Einwohner, damals wie heute allzu oft als »Indianer« bezeichnet, stammen und welchen außeramerikanischen Einflüssen sie unterworfen waren. Gerade im 20. Jahrhundert kamen die unterschiedlichsten Thesen auf, denen zufolge der eine oder andere Stamm aus Nachfahren der Kelten, Ägypter, der verlorenen Stämme Israels oder der Wikinger bestand.

Womit wir beim Thema wären, denn den Nordleuten werden Kontakte zur nordamerikanischen Ostküste nachgesagt. Und immerhin erzählen zwei hochmittelalterliche Sagas der

Isländer (die *Saga von den Grönländern* und die *Saga Eriks des Roten*) von einem rätselhaften Vinland, das irgendwo westlich von Island und Grönland im Weltmeer zu finden sei. Seit den Ausgrabungen der 1960er-Jahre wissen wir, dass an der Nordspitze der kanadischen Insel Neufundland um 1000 in der Tat eine kleine Wikingerkolonie existierte. Irgendwelche Runen fanden sich dort allerdings nicht.

Dennoch stellen Runen oder Wikingerobjekte für die Amerikaner seit dem 19. Jahrhundert ein Faszinosum dar, was man womöglich mit dem Wunsch nach mehr historischer Tiefe erklären kann. Nicht selten waren es skandinavische Einwanderer und ihre Nachfahren, die aus nachvollziehbaren Gründen nur zu gern Runen auf der Spur waren. Und man wurde immer wieder fündig! Bereits im 18. Jahrhundert wollte man auf dem Stein von Dighton (Taunton, Massachusetts) »altnordische Runen« entdeckt und gelesen haben, was in Boston und Umgebung ein regelrechtes Wikingerfieber ausbrechen ließ – nicht zum letzten Mal übrigens, denn gerade Neuengland gilt natürlich als eine den Wikingerschiffen durchaus zugängliche Region. Aber letztlich wurde es nichts mit den Runen des Steins von Dighton. Sie erwiesen sich nämlich als ganz andere Zeichen oder Symbole, die man wohl den Algonkin-Indianern zuschreiben muss.

Dann fand sich um 1920 am Strand von No man's Land bei Martha's Vineyard ein Stein, den eindeutig Runen zierten, die zudem noch gut zu lesen waren: der Name des berühmten Wikingers und Amerika-Entdeckers Leif Eriksson und in römischen Ziffern die Jahreszahl MI (1001). Dabei handelte es sich natürlich um einen plumpen Scherz, den die Fachleute ganz schnell als solchen entlarvten. Genauso verhielt es sich auch mit Runen auf einem Stein in Rhode Island, die als »Leifs Fels« gelesen werden können. Weiter nördlich in der kanadischen Provinz Neuschottland stieß man auf den Stein von Yarmouth, am Ufer der Fundy Bay. Seinen Runen zufolge sollte ein Sohn Hakos seinen Männern eine Ansprache gehalten haben. Das war viel Text für offensichtlich zufällige Ritzungen, denen wahrscheinlich indianische Zeichen hinzugefügt worden waren. Während solche Funde an der Nordostküste und selbst ihrem weiteren Hinterland durchaus im Bereich dessen liegen, was die Wikinger hätten erreichen können, ist die Lokalisierung mutmaßlicher Runen an einem Sandsteinfels in Oklahoma doch sehr fragwürdig.

Dabei ist natürlich ausschlaggebend, welchen Thesen und Überzeugungen man anhängt. Nach Auffassung des umstrittenen französischen Wissenschaftlers Jacques de Mahieu (1915–1990) waren die Wikinger in vielen Teilen Mittel- und Südamerikas unterwegs und taten sich dort sogar als Reichsgründer hervor. Mahieu war davon anscheinend so überzeugt, dass er Expeditionen ins Amazonasgebiet und nach Paraguay unternahm, wo er sogar Runeninschriften gefunden haben will; ebenso Felsen, die ihn an die Externsteine erinnerten, und die er demgemäß als uralte germanische Kultobjekte ansah. Aber der Franzose war mehr als ein erfolgreicher Autor von »Sachbüchern« – seine Werke lagen in den 1970er-Jahren auch in deutschen Übersetzungen vor. Als überzeugter Anhänger rechtsextremer Positionen hatte er während der Besatzung Frankreichs mit den Deutschen kollaboriert und musste deshalb das Land nach 1945 verlassen. In Argentinien fand er eine neue Heimat und betrieb eine bemerkenswerte »wissenschaftliche« Karriere, die er auch dazu nutzte, Beweise für seine kruden, rassistischen Theorien zu suchen. Demnach hatten die Wikinger im Andengebiet die Herrscherkaste der Inkas begründet. Im indigenen Volk der Guayakis in Paraguay wollte er gar direkte Nachfahren der Wikinger sehen. Kein Wunder, dass sein Name im Zentrum so mancher Verschwörungstheorie herumspukt, die der seriösen Wissenschaft eine Vertuschung der Wahrheit um Amerika vorwirft. In diesem Kontext werden dann auch alle möglichen Zeichen durch ein paar Zusätze zu Runen, denen Beweiskraft zugeschrieben wird.

## *Ein Runenstein aus Minnesota*

Der berühmteste Runenfund ganz Amerikas fand sich auf dem Stein von Kensington in Minnesota in der Nähe der Großen Seen. Im Für und Wider seiner Echtheit ist eine Unmenge an Literatur entstanden und immerhin hat er eine Art Ehrenplatz in einem Museum gefunden, dem von Alexandria in Minnesota, das sich durchaus stolz sogar als Wikingerstadt bezeichnet. Das kommt in diesem amerikanischen Bundesstaat gut an, der traditionell vielen skandinavischen Einwanderern aus Schweden und Norwegen eine neue Heimat geboten hat.

Insofern mochte es durchaus einem Zufall geschuldet sein, dass ausgerechnet der schwedischstämmige Farmer Olaf Ohman im Jahr 1898 beim Roden auf eine über 200 Pfund schwere Steinplatte stieß, die teilweise vom Wurzelwerk einer Pappel umschlungen war. Nachdem er sie davon befreite hatte, erkannte er, dass der Stein, 80 cm hoch, 40 cm breit und 13 cm dick, einem Grabstein ähnelte. Schnell entdeckte man zahlreiche Zeichen, die als Runen identifiziert werden konnten. Aber der Runenstein von Kensington hatte damals, zu Beginn des 20. Jahrhunderts schlechte Karten. Denn einige Runen identifizierten die Fachleute als völlig unbekannt oder zumindest als anachronistisch. Zudem erwies sich der Text in einer Sprache, die man als »irgendwie Skandinavisch mit amerikanischen Einsprengseln« verstand. Das war natürlich deutlich: Die Inschrift wurde als Fälschung entlarvt und geriet daraufhin rasch in Vergessenheit, bis 1909 der Amateurhistoriker, Schriftsteller und gebürtige Norweger Hjalmar Rued Holand den Stein kaufte. Er legte eine neue Übersetzung der Inschrift vor, verband sie mit historisch bezeugten Ereignissen und hatte anscheinend ein gutes Händchen für Werbung. Der »Kensington Stone« wurde eine Erfolgsgeschichte.

Laut Holands Übersetzung führt er uns ins 14. Jahrhundert und damit natürlich in die Nachwikingerzeit, in der gleichwohl zumindest in Grönland noch skandinavische Kolonien existierten:

> »Wir sind acht Goten (Schweden) und 22 Norweger auf Erkundungsfahrt von Vinland durch den Westen. Wir lagerten an einem See mit zwei Schären, eine Tagesreise nördlich dieses Steins. Wir waren unterwegs und fischten, als wir eines Tages heim kamen und wir zehn Leute rot vor Blut und tot fanden. Ave Maria, rette uns vom Übel. Zehn Leute von uns sind vierzehn Tagesreisen von dieser Insel entfernt am Meer und wachen über unsere Schiffe. Im Jahre des Herrn 1362.«

Diesen Text verband der Übersetzer mit einer historisch bezeugten Expedition im Auftrag des schwedischen Königs Magnus Eriksson, die um 1360 ein ganzes Jahrzehnt nach Grönland und Vinland (und damit Amerika) unterwegs war. Die Teilnehmer hätten im Laufe der Jahre ihre Sprachen vermischt und die Runen ohnehin nicht mehr sattelfest beherrscht, was zu den Unstimmigkeiten der Inschrift mit den üblichen Runenreihen geführt hätte.

Auf einmal verband sich mit dem umstrittenen Stein eine ganze Geschichte mit menschlichen Schicksalen und mit nachvollziehbaren Erklärungen über den Zustand der Inschrift. Die Annahme seiner Echtheit fand immer mehr Gefallen. Bereits 1911 wurde er anlässlich der Tausendjahrfeier der Normandie ausgestellt. Später bestätigte sogar das renommierte Smithsonian Institute in Washington seine Echtheit. Nun war ganz Minnesota im Wikinger-Fieber. Im Laufe der Zeit aber flaute diese Euphorie wieder ab und die Runologen zeigten sich felsenfest von der Fälschung der Kensington-Inschrift überzeugt. Sie wollen übrigens in der Sprache Anklänge des schwedischen Dialekts aus Dalarna gefunden haben, der Heimat des Entdeckers Olaf Ohman. So steht einmal mehr das wissenschaftliche Diktum gegen die glaubensmäßige Überzeugung so mancher amerikanischer Wikingerenthusiasten.

# 11. Von Runenforschern, Germanentümlern und Esoterikern

## *Runen vor der Sintflut: Ihre Wiederentdeckung in Skandinavien*

Fälschungen einer Runeninschrift machen natürlich nur dann Sinn, wenn Runen als alte germanische Schriftzeichen bekannt sind. Und das war lange Zeit nicht überall selbstverständlich. Das zeigt uns ein Blick auf Deutschland um 1500. Die humanistischen Gelehrten jener Zeit hatten sich vom mittelalterlichen Weltbild abgewendet und die antiken Quellen neu erschlossen, was zur Wiederentdeckung so mancher Handschrift führte. Darunter das einzig erhaltene Manuskript der *Germania* des Tacitus. Deutsche Humanisten wie Konrad Celtis, Heinrich Bebel und Jakob Wimpfeling gaben diesem Text eine ganz besondere Bedeutung: Für sie waren die Germanen die »ersten Deutschen« und damit Urahnen des deutschen Volkes. Alles, was als germanisch galt, war altertümlich, rein und eben typisch deutsch. Der Dichter und Gelehrte Ulrich von Hutten machte aus dem Cherusker-Häuptling Arminius, den legendären Sieger der »Schlacht im Teutoburger Wald« im Jahre 9, einen ersten deutschen Nationalhelden.

Damals kam auch die sprachgeschichtlich falsche Germanisierung des vermutlich römischen Namens Arminius zu Hermann zustande. Zugleich entstand das in Deutschland lange Zeit vorherrschende Germanenbild, das erst in der Mitte des 20. Jahrhundert eine endgültige Revision erfuhr. Wie gut hätten deutsche Runen zu diesem Bild gepasst! Aber von solchen wusste man eben nichts. Bekanntlich war der epigraphische Runengebrauch bereits im frühen 7. Jahrhundert n. Chr. erloschen. Übrig blieb die gelehrte Beschäftigung mit den Schriftzeichen der Wikinger, wie sie das *Abecedarium Nordmannicum* bezeugt. Mit fortschreitender Missionierung Skandinaviens erlosch auch dieses Interesse, sodass man im Laufe der folgenden

Jahrhunderte Runen nicht kannte oder schlichtweg nicht zur Kenntnis nahm.

Aber die Humanisten Dänemarks, Schwedens und anderer Länder des Nordens schufen sich einen neuen Zugang zu den alten Schriftzeichen. Unter dem Schlagwort der »Nordischen Renaissance« wandten sie sich im 16. und 17. Jahrhundert verstärkt der eigenen Geschichte und Kultur zu. Was insbesondere auf Island zur erfolgreichen Suche nach mittelalterlichen Pergamenten führte, die Sagatexte und Eddalieder überlieferten.

Hier kommt nun der neue Umgang mit den Runen ins Spiel, deren weithin verstreute Inschriften gesucht, gesammelt und in dickleibigen Ausgaben publiziert wurden. Die damit verbundenen Überlegungen zu Herkunft und Geschichte der Runen bezeugen ein durchaus patriotisches Interesse. Zu den humanistischen Gelehrten zählte auch der Schwede Olaus Magnus (1490–1557), einer der letzten Bischöfe Uppsalas vor Einführung der Reformation. Von ihm stammen etliche historiographische Werke und als Besonderheit eine detailreiche Karte Skandinaviens, kurz als *Carta marina* bezeichnet oder zu Deutsch: »Seekarte und Beschreibung der nordischen Länder und deren Wunder, sorgfältig ausgeführt im Jahr des Herrn 1539«.

Darauf ist der Nordatlantik nach damaliger Überzeugung von unzähligen Meeresungeheuern und Fabelwesen bevölkert. Aber es finden sich auch Informationen mit nüchternem Wert. Dazu gehören zweifelsohne die Darstellungen von Bauta- und Runensteinen, von denen vor allem das mittlere und südliche Schweden, aber auch Norwegen voll ist. Und hält nicht weit oben im Norden, noch jenseits der Finnmark, ein Riese hölzerne Runentafeln in seinen Händen? Sehr wahrscheinlich, denn in einer späteren Geschichte der nordischen Völker (1555) werden die Runen auf die ferne Vergangenheit zur Zeit der Riesen zurückgeführt.

Die Gelehrten der Renaissance bescheinigten den einheimischen Schriftzeichen in der Tat ein geradezu biblisches Alter. So auch Johannes Magnus (1488–1544), Bruder des Erstgenannten und letzter katholischer Erzbischof von Uppsala. In seiner Geschichte über die schwedischen Stämme (1554) sieht er die Runen entstanden »vor oder kurz nach der Sündflut«. Insofern standen selbst Fabeleien über ihren hebräischen Ursprung den damaligen schwedischen »Wissenschaftlern« nicht fern. Diesen durchaus ernst gemeinten Spekulationen über Herkunft und Alter der Runenschrift lag ein zutiefst nationalpolitisches Anliegen zugrunde, nämlich sich vom Rande Europas zu einer Großmacht mit einer langen und bedeutenden Geschichte zu mausern. Das tat man auch realpolitisch, etwa als König Gustav II. Adolf als selbst erklärter Schutzherr der deutschen Protestanten im Dreißigjährigen Krieg militärisch intervenierte – wobei er bekanntlich 1632 in der Schlacht bei Lützen den Tod fand.

In diesen Kontext gehört, die Runen als eigenständiges Zeugnis der schwedischen Kultur anzusehen. Und das klappte selbst unter Annahme einer biblischen, also nahöstlichen Herkunft. Demzufolge brachte nämlich Magog, Sohn des Noahsohnes Japhet, die Schriftzeichen in den Norden. Den Höhepunkt dieser Aufwertung der schwedischen Geschichte erreichte allerdings Olof Rudbeck (1630–1702), der als Professor in Uppsala wirkte. Er arbeitete nämlich jahrzehntelang an dem Nachweis, dass Schweden mit dem berühmten Atlantis des griechischen Philosophen Platon identisch sei. Das Ergebnis ist ein vierbändiges, opulentes Werk mit dem Titel *Atland eller Manheim* (lateinisch *Atlantica sive Manheim*), das zwischen 1675 und 1698 sowohl auf schwedisch als auch auf lateinisch erschien. Ihm zufolge soll es der Japhetsohn Gomer gewesen sein, der nach der Sintflut den Weg in den Norden gefunden und sich dort angesiedelt hätte. Daraus habe sich Atlantis um seine Hauptstadt bei Uppsala entwickelt, wofür Rudbeck dutzendfach »Beweise« liefert. Damit galt ihm Schweden als »ältester Staat der Welt«, von dem die Menschheitskultur ihren Ausgang genommen habe. In dieser atlantischen Supermacht des Nordens seien unter anderem auch die Astronomie und die Schrift in Form der Runen erfunden worden. Die phantasievollen Fabeleien des schwedischen Professors haben heute natürlich als Kuriosum zu gelten, das aber damals durchaus den nationalen Zeitgeist ausdrückte.

Die Hervorhebung eines germanischen Volkes (und seiner Schrift) sollte beileibe kein vereinzeltes Phänomen bleiben, sondern mehr als 200 Jahre später im deutschsprachigen Raum Nachfolger finden (vgl. unten). Unter den schwedischen Vertretern der skandinavischen Renaissance gewannen die Runen jedenfalls einen ganz neuen, ideologisch geprägten Wert. Ihnen wurde nun ein extrem hohes Alter unterstellt, womit sie gleichsam kosmische Bedeutung gewannen und so etwas wie eine symbolische Urschrift wurden. Von den authentischen Zeugnissen des älteren Futharks ist diese maßlose Übertreibung natürlich weit entfernt.

Aber obwohl die skandinavischen Gelehrten fortan die einheimischen Runen an Altehrwürdigkeit gern den mediterranen Alphabeten voranstellten, nahm mit ihnen doch auch eine andere, sehr verdienstvolle Beschäftigung mit den Inschriften ihren Anfang: das Sammeln und Dokumentieren. Mit dieser Tätigkeit gewann etwa der schwedische Reichsantiquar Johan Bure (latinisiert Johannes Bureus, 1568–1652), als hochgeachteter Lehrer des späteren Königs Gustav II. Adolf bekannt, Berühmtheit. Eine 1599 veröffentlichte Inschriftensammlung brachte ihm gar den Ruf eines »Entdeckers« der Runen ein. Diese verdienstvolle Arbeit führte später Johan Göransson (1712–1769) fort. In seinem monumentalen Runenwerk *Bautil* (›Bußfelsen‹, 1750) präsentierte er immerhin die Abbildungen von 1200 schwedischen Runensteinen. Die Inschriften mancher dieser Steine wären in der folgenden Zeit wohl für immer verloren gegangen, hätte sie Göransson nicht in der Mitte des 18. Jahrhunderts dokumentiert.

Wie die Schweden nahmen sich auch die benachbarten Dänen ihres reichen Runenerbes an. Dabei traten beide Mächte als historische und politische Rivalen auf, die bis ins 18. Jahrhundert weit von einem friedlich-brüderlichen Verhältnis entfernt waren und so manchen Krieg miteinander führten. Das heutige Südschweden mit der bekanntesten Provinz Schonen galt übrigens als altes dänisches Gebiet, das erst 1660 auf Dauer an Schweden fiel (weswegen sich Runeninschriften aus diesen Gebieten auch in dänischen Sammlungen finden). Allerdings führten diese Rivalitäten in Dänemark zu keinem »Größenwahn« eines Olof Rudbeck und man orientierte sich relativ sachlich am Werk des dänischen Geschichtsschreibers Saxo Grammaticus (um 1200) und an der reichen altisländischen Überlieferung (Island war bis 1944 mit Dänemark verbunden).

Der berühmteste Frührunologe und Reichsarchivar Ole Worm (latinisiert Olaus Wormius, 1588–1654) schloss sich zwar in seinem Werk *RUNER seu Danica Literatura antiquissima, vulgo Gothica dicta* (1636) der Ansicht eines hohen Alters der Schrift an (älter zumindest als die griechischen und lateinischen Buchstaben), bot aber ansonsten eine äußerst ernsthafte und zuverlässige Auflistung von Runensteinen und ihren Inschriften. Im Übrigen lag es in der Natur der Sache, dass schwedische wie dänische Inschriften gewissermaßen synonym mit Runensteinen waren. Vielerorts waren sie noch präsent oder fanden sich zumindest verbaut – etwa im Umfeld von Kirchen. Eine archäologische Forschung mit Funden aus Grabbeigaben oder Opfergaben existierte noch nicht und hätte wohl auch kaum zur mühsamen Entdeckung und Lesung der unscheinbaren Einritzungen geführt.

## *Runen und Romantik*

Runen und Runensteine werden in Skandinavien seitdem als wichtige Teile des kulturellen Erbes wahrgenommen. Das gilt auch für die Epoche der Romantik, in der Schriftsteller wie der Däne Adam Oehlenschläger oder der Schwede Esaias Tegnér (vgl. Kap. 1) mit der Behandlung historischer Themen Runen zumeist als ausdrucksstarke Requisiten nutzten. Im Norden wurden die Schriftzeichen regelrecht zu motivischen Versatzstücken, die vielerorts Verwendung fanden und sich darum recht großer Popularität erfreuten.

Wie stand es damit in Deutschland, das ganz offensichtlich über keine steinernen Runenzeugnisse verfügte? Hier geschah anscheinend das, was sich auch an den Liedern der Edda nachweisen lässt. Aus Mangel an eigener Überlieferung griff man auf die so apostrophierten stammverwandten Skandinavier und ihr Erbe zurück und bediente sich daran. Ein Beispiel unter vielen, die das zunehmende Interesse an den skandinavischen Zeugnissen belegen, ist die bereits erwähnte Zeitschrift *Bragur* von David Friedrich Gräter. Da mag es mehr als ein Zufall sein, dass Münchhausens Runenfund ausgerechnet dort vorgestellt und besprochen wurde (vgl. Kap. 10).

Aber bekanntlich blieb es dabei: Deutschland war offensichtlich runenlos. Es blieb der dichterischen Phantasie überlassen, dagegen anzuschreiben. Was nordische Stoffe betraf, tat dies unter den Romantikern vor allem der von einer eingewanderten Hugenottenfamilie abstammende preußische Baron Friedrich de la Motte Fouqué (1777–1843). Aus seinem umfangreichen Werk ist bis heute allein das Kunstmärchen *Undine* (1811) bekannt geblieben, alles andere an opulenter Ritterromantik und Germanentümelei wird selten zur Kenntnis genommen oder gar gelesen. Aber Fouqué bietet gleichwohl ein gutes Zeugnis, wie intensiv die skandinavische Überlieferung im Deutschland der Romantik rezipiert werden konnte. So hat er mehrere altisländische Sagas adaptiert und neu bearbeitet oder sich der nordischen Überlieferung des Nibelungenstoffs angenommen, was ihn zu seiner großen Dramentrilogie *Der Held des Nordens* (1810) anregte. Ihr stellte er eine Vorrede an den populären und nationalgesinnten Philosophen Johann Gottlieb Fichte voran, in der es unter anderem heißt: »Aus deutschen Wäldern mahnend stieg der Klang / Uralten Heldenliedes, halb verweht, […] Die alten Helden uns're Norderland's.« Und: »Ein Nordlicht, räth[s]elhaft, hoch, deutsam, fern / Strahlt sie durch Nächte des Norweg'schen Himmels. / So fand sie der, der dies Gedicht begann, / Und von dem mächt'gen Zauberstrahl durchblitzt, / Sang er der Sage Runenworte nach.« Da möchte man sich fragen, was immer unter solchen wohl raunend-geraunten »Runenworten« zu verstehen ist. Jedenfalls stimmt der Ton allemal.

Dass Fouqué mit Runen auch anders umgehen konnte, beweist sein »altsächsisches Schauspiel« *Die Runenschrift*, das 1813 in dem Band *Dramatische Dichtungen für Deutsche* erschien. Die

Handlung ist rasch wiedergegeben, aber Runen spielen darin eine ganz entscheidende Rolle, was durchaus Fouqués Hintergrundwissen verdeutlicht. Sie spielt am Weserufer nahe der Porta Westfalica, dort, wo der Fluss das Gebirge durchbricht und gen Norden fließt. An dieser markanten Stelle siedelt der Dichter sein Drama an, das wie so oft bei ihm vorchristliche Sachsen in höfisch-ritterlichem Ambiente auftreten lässt. Hier ist es die junge Edelfrau Ingeburg, die sich in Begleitung ihrer Amme und etlicher Jungfrauen der Kurzweil hingibt. Und dann ist da noch der sächsische Ritter Hildegast, der von ihr bezaubert ist und ihre Liebe gewinnen will. Dabei hilft ihm als überirdischer Elementargeist der im Fluss hausende Wesernix. Just dieses Naturwesen beherrscht die Kunst des Runenritzens (»Sehr zauberstark« (S. 130)). Ein von ihm empfohlener Runenstab, vor der Liebsten Tür gelegt, dass sie den Fuß drauf setzen muss, bewirkt nämlich einen Liebeszauber (was durchaus historischen Inschriften entspricht). Der darüber begeisterte Hildegast sieht sich am Ziel seiner Wünsche: »Den Stab her! Sprich die Runen« (S. 131) – »O Runen, Runen, o ihr sel'gen Runen!« Prompt fliegt ihm aus der Weser ein Stock vor die Füße, den es nun nach der Vorgabe des Nix zu beritzen gilt. Alles gelingt und Ingeburg tritt auf den Runenstab. Zur dramatischen Not führt aber die Tatsache, dass dem Sachsenritter ein Fehler unterlaufen ist und er der Geliebten Krankheitsrunen untergeschoben hat.

Der Wesernix, dem Hildegast übelste Absicht unterstellt, zeigt sich erst widerspenstig, wird aber schließlich vom Ritter gefangen genommen. Notgedrungen schaut er sich die Runenritzung an und erkennt: »Nun schau, an diesem einen Häcklein liegt es wohl. Ich bog's hinauf, Du beugtest es hinab, Und umgewandelt war der ganze Spruch.« (S. 149). Er verspricht Hilfe, wozu sich aber als passender Runenträger nur ein Zweig hoch oben in der Felswand findet. Daraus soll sich Hildegast einen neuen Stab schneiden und mit Runen versehen. Nun, irgendwann ist der Ritter zu Tode verletzt und Ingeburg endlich in ihn verliebt – aber trotzdem geht die Geschichte nicht zuletzt mit Hilfe des Wesernix gut aus (S. 117–168).

Das Schauspiel gehört selbst in Fouqués Werk nicht zu seinen stärksten Arbeiten. Bemerkenswert bleibt für uns jedoch allemal das verarbeitete Wissen über Runenstäbe und die Wirkmächtigkeit von Zaubersprüchen. Zumindest in interessierten Kreisen waren die Runen in Deutschland also angekommen. Dies belegt etwa auch – bezeugt in Grimms Wörterbuch der deutschen Sprache – der Dichter Friedrich Rückert, der vom berühmten Turnvater Jahn dichtet: »drauf hat er noch mit gutem stift geschrieben eine runenschrift der nordische runenmeister.«

Der Geist der Romantik zeigte sich jedoch nicht nur in der Poesie, sondern auch in der wissenschaftlichen Erforschung des heimischen Altertums. Hier haben natürlich die Brüder Grimm mit ihren Arbeiten zu mittelalterlicher Dichtung, Mythologie, Märchen und Sagen sowie zur deutschen Sprache und zu Rechtsüberlieferungen Pionierarbeit geleistet. Bei dieser Fülle ist es fast selbstredend, dass der jüngere Wilhelm Grimm auch das erste Buch über Runen veröffentlicht und damit die deutsche Runenforschung begründet hat. Mit seinem Werk *Ueber deutsche Runen* (1821) und einem weiterführenden Aufsatz (*Zur Literatur der Runen*, 1828) hat er als erster die verstreute Runenüberlieferung in Handschriften (Runica Manuscripta, vgl. Kap. 9) gesammelt und erforscht sowie die älteren Runen zu deuten und erklären versucht. Außerdem lieferte er eine Begründung, warum man auch für Deutschland von Runenritzungen auf Gegenständen ausgehen müsse. Und noch bevor die Skandinavier selbst so recht eine Ahnung davon hatten, widmete er sich den Goldbrakteaten der Völkerwanderungszeit mit ihren Runeninschriften und Bildern.

Wilhelm Grimm sollte Recht behalten: Der 1837 erfolgte Fund des Goldrings von Pietroasa bestätigte kontinentale Runeninschriften seiner Art. Knapp drei Jahrzehnte später und damit einige Jahre nach Grimms Tod entdeckte man die Runen auf der Nordendorfer Fibel und damit auf deutschem Gebiet. 1874 veröffentlichte der Däne Ludvig Wimmer eine schmale Abhandlung, die er 1887 auf Deutsch zu einem Buch über die Runenschrift ausbaute. Damit legte er den Grundstein der modernen Runenforschung, deren zahlreiche Vertreter mit unzähligen Veröffentlichungen bis heute international höchst aktiv sind. Aber diese reichhaltige Forschungsgeschichte soll im Folgenden nicht mehr unser Thema sein.

## *Runen, Okkultismus und die völkische Bewegung*

Dem Vorausgegangenen konnten wir entnehmen, dass im Lauf des 19. Jahrhunderts das Wissen um Runen in Skandinavien und Deutschland durchgehend präsent war. Für die nordeuropäischen Länder darf man dabei eine gewisse Volkstümlichkeit der alten Schriftzeichen feststellen, die dort letztlich nie gänzlich verloren ging und zu einem unverkrampften Umgang mit ihnen führte. Anders im deutschsprachigen Raum, in dem Runen bekanntlich ohnehin nicht in dem Maße heimisch waren und vor allem von den Romantikern erschlossen und angeeignet wurden. Hier kam es gegen Ende des 19. Jahrhunderts sowohl im erst 1871 gegründeten Deutschen Reich als auch im deutschsprachigen Teil der Doppelmonarchie Österreich-Ungarn zu einer ideologischen Entwicklung, die sich gleichfalls der Runen bediente und diese für die Zeit nach dem Zweiten Weltkrieg 1945 in völligen Misskredit brachte. Selbst Runenforschung war danach in Deutschland regelrecht obsolet geworden und deutsche Runenforscher waren in Skandinavien alles andere als gut gelitten.

Basierend auf verbreiteten Ideen nationalistischer Überhöhung, antisemitischer Vorstellungen und rassistischer Primate formierte sich eine Weltanschauung, die außerhalb der beiden genannten deutschsprachigen Länder ihresgleichen suchte. Den Rassebegriff verbanden ihre Anhänger mit den Germanen, die sie letztlich als identisch mit den Deutschen ansahen. Weitergehend schrieb man der germanischen bzw. nordischen Rasse eine Vorbestimmung zu, die unter anderem die völlige Überlegenheit über andere Rassen oder Völker reklamierte.

Diese Rassenideologie fand wenige Jahrzehnte später ihren mörderischen Niederschlag im NS-System und der Rassenpolitik des »Dritten Reiches«. Frühzeitig finden sich bereits solche Begriffe wie »Blutsbekenntnis«, »deutsches Blut«, »Rassenhygiene« oder »Sippenpflege«. Mit der Gleichsetzung von nordischer Rasse, Germanen und Deutschen (was noch um den Arier-Begriff zu erweitern wäre) schuf sich die extrem nationalistische Bewegung die Basis einer Weltanschauung, die zu historischen Verfälschungen, Verschwörungstheorien, esoterischen Welterklärungen und zur Aneignung nordgermanischer Überlieferungen führte. Diese äußerst heterogene Sammlungsbewegung zeigte sich bereits vor dem Ersten Weltkrieg voll ausgebildet (Parole »Ein Volk, ein Gott, ein Reich!« 1911). Mit ihren antidemokratischen und antimodernistischen Anschauungen wurde ihr die Weimarer Republik zutiefst verhasst. Allerdings konnten ihre Parteien bei demokratischen Wahlen nie besonders punkten. Und größere Sympathisantengruppen in der Bevölkerung konnte sie wohl auch nie hinter sich scharen.

Trotzdem war ihr Einfluss beachtlich. Denn diverse Gruppierungen wie die »Deutschvölkische Vereinigung«, der »Deutsche Orden«, der »Alldeutsche Verband«, die »Thule-Gesellschaft«, der »Deutsch-Österreichische Schutzverein Antisemitenbund«, die »Deutschvölkische Beamtenvereinigung« oder der »Deutschvölkische Schutz- und Trutzbund« verbreiteten ihr obskures Gedankengut unter anderem in Hunderten von Verlagen für Bücher, Zeitungen und Broschüren in hoher Auflage sowie in zahlreichen Veranstaltungen und Vorträgen, die nach 1918 nicht selten in Provokationen des demokratischen Systems mündeten. Die Beispiele der erfolgreichen Zeitschriften »Heimdall«, daneben »Odin« und »Iduna« sowie der Wölund-Verlag oder die Nornenloge belegen den starken Rückgriff auf die altnordische Überlieferung Skandinaviens. Denn natürlich sahen die deutschen Quellen germanischer Geschichte, Kultur und Religion eher dürftig aus. Deswegen griff man nur zu gern auf die bereits angesprochene Überlieferung etwa der Isländer zurück, deren Edda- und Sagaliteratur sich auch außerhalb der völkischen Bewegung einer recht großen Beliebtheit erfreute. Ebenso beutete man das mittelhochdeutsche *Nibelungenlied* aus, das nun nicht mehr höfisch, sondern germanisch-schicksalsschwer gelesen wurde. Und die uralte Volksbeschreibung *Germania* des Römers Tacitus avancierte gar zu einer Art Offenbarungsbuch über das germanische, sprich deutsche Wesen. Was es noch als bemerkenswert zu berücksichtigen gilt: Solcherart pseudowissenschaftliche Lehren fanden durchaus in bildungsbürgerlichen Kreisen einen Niederschlag und nicht wenige renommierte Professoren nahmen sich ihrer an und bedienten sich dann insbesondere nach 1933 der ganzen verqueren Ideologie und Terminologie.

Für eine derartige massenhaft verfälschende Umdeutung der Geschichte und ihrer Motive sowie Requisiten stellten die Runen eine leichte Beute dar. Denn schon recht bald artikulierten die Völkischen ihre Abneigung gegen die artfremde (um einen der üblichen Begriffe zu verwenden) lateinische Schrift (Antiqua) und bevorzugten stattdessen die Fraktur-Schrift mit ihren Ecken und Kanten. Diese sollte mehr dem vermeintlichen germanischen Wesen entsprechen. Am liebsten hätte man zweifelsohne auf die Runen als neue völkische Schriftzeichen zurückgegriffen, was letztlich wohl schlicht an der Praktikabilität scheiterte. Dennoch waren Runen als ornamentaler Buch- und Bildschmuck präsent und stellten Erkennungszeichen für die Publikationen der Bewegung dar. Außerdem fanden Runen als vermeintliche ureigenste Schriftzeichen der Germanen in der zahlreichen Literatur einen geradezu unüberschaubaren Niederschlag. Insbesondere griffen völkische Okkultisten nur zu gern auf Runen zurück, um sie mit neuen Inhalten zu versehen und ihnen die Aura einer Geheimlehre zu verleihen. Dies führte für mehrere Jahrzehnte zu einer derart unüberschaubaren Publikationsflut, dass wir uns im Folgenden mit einigen prägnanten Beispielen begnügen wollen.

Den führenden Text dieses völkischen Runenokkultismus legte der aus Wien stammende österreichische Schriftsteller Guido List (1848–1919) vor, der sich selbst gern als Guido von List adelte. Als Esoteriker, Okkultist und Ausrufer der rassistischen Ariosophie-Lehre gehörte er zu jenen umstrittenen und kaum berechenbaren Persönlichkeiten, die sich nicht selten in der völkischen Bewegung eine Heimstatt suchten. 1908 erschien jedenfalls aus seiner Feder *Das Geheimnis der Runen*, das die weitere völkische Runenlehre prägen sollte. Lists Buch hat mit einer wissenschaftlichen Monographie der historischen Runenschrift nichts zu tun, sondern bietet einen ganz dem Verfasser geschuldeten esoterischen Zugang. Dabei beruft sich der Autor auf eine vorübergehende Erblindung, durch die er seherische Fähigkeiten gewonnen habe und außerdem in der Lage gewesen sei, sich des uralten Erbes der Runen im rechten Sinne zu erinnern. Auf dieser Grundlage präsentiert er eine angeblich uralte Reihe von 18 Runen, bei denen er die Eigenschaften als »Buchstaben-Runen« und »Heilszeichen-Runen« unterscheidet. Außerdem kreiert er eigene Runennamen als angebliche »Keim- und Urworte« der arischen Ursprache – für ihn natürlich keine individuelle Schöpfung, sondern eine Erberinnerung.

Letztlich ist die List'sche Runenreihe frei erfunden unter Adaption historischer und insbesondere eddischer Vorgaben der altnordischen Überlieferung. Werfen wir zur Veranschaulichung einen Blick auf seine Darstellung der s-Rune, die er wie folgt beschreibt:

> »›sol, sal, sul, sig, sigi, Sonne, Heil, Sieg, Säule, Schule, Ziel usw.‹ ›sal und sig!‹ – ›Heil und Sieg!‹ – Dieser vieltausendjährige urarische Gruß- und Kampfruf, der auch in dem erweiterten Begeisterungsruf: ›alaf sal sena!‹ variiert sich wiederfindet, ist in der ›Sig-Rune‹ (Siegrune), dem elften Zeichen des Futharkhs, zum Symbol geworden: ›Der Schöpfergeist muß siegen!‹« (List 5. Aufl. 1938, S. 14)

Man vergleiche damit den überlieferten, also historisch bezeugten Begriffswert der s-Rune des älteren Futharks! Aber damit hatte List seinen Runenvisionen noch nicht vollends Genüge getan. Denn er präsentierte eine durchaus spannende Verschwörungs- und Geheimbundgeschichte um seine Runen: Nach der gewaltsamen Christianisierung durch Karl den Großen, der den Runengebrauch verbot, wurde »Runisches Urwissen« über ein Jahrtausend von den »Armanen« gehütet und weitergegeben. Darunter verstand List eine Art Priester, die allerdings als Geheimbund immer wieder im Laufe der deutschen Geschichte ein anderes Gesicht zeigten, so als Minnesängerorden oder Heroldszunft.

Diese von List imaginierte, esoterische Runenüberlieferung stellte bei weitem mehr als eine bloße Zeichenreihe dar, sondern verband sich mit Begriffen wie Meditation, Intuition und somit einer höheren Erkenntnis. An dieser Theorie zeigt sich wie anderswo auch das Faszinierende einer Geheimsymbolik, deren Zeichen sich nur dem Eingeweihten erschließen. Guido Lists Runenbuch hatte insofern in völkischen Kreisen eine ganz beträchtliche Wirkung und fand viele Nachfolger, die sich darauf beriefen. Das gilt übrigens bis heute, wenn wir an den erwähnten Runenfund an den Externsteinen denken. Und so manches im Buchhandel greifbare Buch zur Runenesoterik mag Runen und Elemente des alten völkischen Erfolgstitels beinhalten!

Hier sei Ulrich Hunger zitiert, der sich in einer wissenschaftlichen Monographie mit der Runenkunde im Nationalsozialismus und in der vorausgehenden völkischen Bewegung intensiv beschäftigt hat:

> »Auf die Veröffentlichungen der List-Epigonen kann hier nur in Umrissen eingegangen werden, zumal unlogische Gedankengänge, dauernde Wiederholungen, ungeordnete Argumentationsstrukturen und eine immense Fülle von Details, planlos auf Hunderten von Seiten ausgebreitet, den analytischen Zugriff nahezu unmöglich machen.« (Hunger 1984, S. 319)

In der Tat wäre es auch hier zu viel des Guten, sich den Verstrickungen der völkischen Runeninterpretation in den vielfältigen Ideen ihrer Anhänger zu widmen. In diesem Zusammenhang ist bspw. die Atlantis-These zu nennen, wonach (ähnlich wie es gegen 1700 Olof Rudbeck für die alten Schweden forderte) das historische Vorbild von Platons geheimnisvoller Insel auf die Vorfahren der Germanen zurückzuführen ist, die überhaupt angeblich die älteste Menschheitskultur darstellten, wovon letztlich die Externsteine ebenso wie die Runen zeugten.

Erwähnt sei hier auch noch einmal Rudolf John Gorsleben (1883–1930), der mit seinem bereits genannten Buch *Hoch-Zeit der Menschheit* (1930) Lists Vorstellungen ausbaute und die Runen als »ur-uralte arische Heilszeichen« ansah, »die unseren Vorfahren und deren Vorfahren sich in tiefsten Gebeten kundgaben« (nach Hunger 1984, S. 320). In diesem Umfeld avancierten die Runen letztlich zu einer Urschrift kosmischer Bedeutung.

Eine noch gegen Ende des 20. Jahrhunderts teils aus Unwissenheit der Rezipienten recht erfolgreiche Runeninterpretation bot Philipp Stauff (1876–1923) mit seinem Buch über Runenhäuser (1921), in dem die Ausdeutung von traditionellem Fachwerk im runischen Sinn gelehrt wurde. Demzufolge tat sich dem Eingeweihten in bestimmten Balkenformationen das versteckte Wissen der Bausymbolik kund. Damit war Deutschland voll von »Runenhäusern«, deren Fachwerk es regelrecht über die darin verbauten Runenzeichen zu »lesen« galt. Mit etwas Phantasie lässt sich natürlich in der Balkenanordnung die eine oder andere bekanntlich aus Stäben und Zweigen bestehende Rune hineininterpretieren. Eine systematische Runensemantik hat im Fachwerkbau allerdings niemals existiert. Gleichwohl tauchten noch lange nach 1945 sogenannte Runenhäuser in der Presse auf (wie etwa das Fachwerkhaus in Stadt Blankenberg an der Sieg).

Ideologische Absichten waren bei dieser Adaption völkischen Gedankenguts aber selten zu erkennen. Zumeist handelte es sich eher um einen fahrlässigen Umgang mit deren Publikationen. Dort fanden in den 1920er- und 1930er-Jahren Runen mit allerlei Aufgaben Verwendung, nicht selten als geradezu magisches Offenbarungsmittel, als Schlüssel zum Verständnis der Edda und in einer »Runenschule Runa«, die von den Enthusiasten der »Guido-von-List-Gesellschaft« betrieben wurde. Derart missbräuchliche Euphorie entbehrte selbst nicht komischer Aspekte, so etwa wenn ein Siegfried Adolf Kummer in seinem Werk *Heilige Runenmacht* (1932) der Runengymnastik und dem Runenjodeln das Wort redet: »Die Runenübungen und -tänze sollen vor allem das Rassengefühl und -empfinden stärken und den Uebenden zu einer wahren, germanischen, kernigen Persönlichkeit heranbilden […]« (S. 13).

## »Heil und Sieg« – Runenideologie im »Dritten Reich«

Mit Hitlers Machtergreifung 1933 und der folgenden Etablierung des NS-Systems war es auch mit den komischen Aspekten des Runenmissbrauchs vorbei. Denn obwohl die völkischen Eigenbrötler und Vereinsmeier im Großen und Ganzen zum nationalsozialistischen Machtapparat keinen Zugang fanden, bedienten sich führende Köpfe der Diktatur und deren Ideologen doch ihrer verquasten Runenlehre. Das zeitigte insofern fatale Auswirkungen, als diese nun Baustein des Machtapparats und seiner Weltlehre wurde. Nichts drückte das deutlicher aus als das überall präsente Hakenkreuz, das den Runen zugerechnet wurde. Überhaupt wollte das NS-System von germanischen Schriftzeichen nach dem Vorbild mediterraner Alphabete nichts wissen. Deswegen griff man auf diverse Zusatzzeichen zurück, die nun alle zu Runen wurden und so deren möglichst rein germanische Herkunft erklären sollten. So manche Runenforscher-Karriere im »Dritten Reich« folgte dieser ideologischen Vorgabe oder fand ansonsten ein schnelles Ende.

Runen gehörten jedenfalls zum integralen Symbolbestand des NS-Systems und waren überall präsent (was natürlich zu ihrem schlecht Ruf nach 1945 beigetragen hat). Nicht als bloße Schriftzeichen, sondern als Sinnbilder fanden sie unter anderem in folgenden Beispielen Verwendung:

ᛇ Die alte Eibenrune diente als Rangabzeichen eines Adjudanten der Hitler-Jugend (HJ) und wurde in einer Ärmelraute getragen. Als »Wolfsangel« avancierte sie schließlich in leicht modifizierter Form zum Symbol der berüchtigten Untergrundbewegung des »Werwolfs«, der gegen Ende des Zweiten Weltkriegs den Widerstand gegen die vorrückenden Alliierten in Form von Attentaten, Sabotageakten und militärischer Aufklärung organisierte. Die Untergrundbewegung operierte dabei auch hinter den alliierten Linien und schreckte selbst vor Mord und Terror gegenüber der deutschen Bevölkerung nicht zurück.

ᛋᛋ Das zu trauriger Berühmtheit gelangte Emblem der SS (Schutzstaffel), also jener Organisation, die federführend am

Holocaust beteiligt war, griff auf die s-Rune der älteren Runenreihe zurück, die historisch für das Begriffszeichen der Sonne stand. Guido List machte daraus in seiner erfundenen Runenreihe die »Siegrune« (vgl. oben), die dann mit dem Spruch »sal und sig!« (»Heil und Sieg«) von der SS übernommen wurde.

Von weiteren verwendeten Runenzeichen seien ᛘ als Emblem der Apotheker sowie Sanitäter genannt, die den Äskulapstab ersetzte und nun als Man-Rune bezeichnet wurde, und die Odalrune ᛟ, deren Zeichen den Reichsnährstand symbolisierte. Aber auch jenseits solchen offensichtlichen Runengebrauchs fand diese Art pseudowissenschaftlicher Forschung, Lehre und laienhafter Beschäftigung in einem breiten Spektrum statt. Den Segen dieses durchaus institutionalisierten Runen-Regimes fanden jedenfalls all jene Stimmen, die den Runen germanischen Ursprung, ein möglichst hohes Alter (manchmal bis in die Steinzeit), eine andauernde Kontinuität im Brauchtum des Volkes (Fachwerk) und einen sinnbildlichen Gehalt unterstellten, der die Runen über den Status bloßer Schriftzeichen stellte.

In diversen Einrichtungen des NS-Staates wurde Runen besondere Aufmerksamkeit geschenkt; so unter anderem im »Amt Rosenberg«, das letztlich die Überwachung der gesamten Kulturpolitik betrieb. Sein Leiter, der NS-Chefideologe Alfred Rosenberg (1893–1946), hatte bereits 1930 in seiner rassistischen und antisemitischen Publikation *Der Mythus des 20. Jahrhunderts* den Runen ihren Platz zugewiesen: »Wir erleben soeben die Geburt einer neuen Wissenschaft: der Deutung altgermanischer Symbolik.« Darauf basierte dann nach 1933 eine eifrig betriebene »Sinnbildforschung«, wofür man etwa die h-Rune ᚼ des jüngeren Futharks als Beispiel heranziehen kann, die ursprünglich den Begriffswert »Hagel, jähes Verderben« hatte, nun aber als »die heilige Hagalrune« bezeichnet wurde, als »Sinnzeichen des Allumhegenden«. Dieser alten Wikingerrune unterstellte man jetzt eine dauerhafte Präsenz im deutschen Volksbrauchtum: »in vielfachen Abwandlungen […] und Sinnbildverbindungen überall am deutschen Bauernhaus, in Holz geschnitzt am Haustorbalken, im Mangelbrett nicht seltener als in Stickereien oder der Tracht« (Hans Strobel. Bauernbrauch im Jahreslauf. 1937).

Ebenso stieß derart missbräuchliche Runenlehre in der SS auf großes Interesse, deren Chef Heinrich Himmler (1900–1945) ohnehin brennend an germanischer Vorgeschichte und esoterischen Welterklärungen interessiert war. Er dürfte insofern mit Genugtuung zur Kenntnis genommen haben, was Albrecht Dieckhoff in seiner *Nordische[n] Runenlehre* (1935) den SS-Männern bescheinigte: »Vor allem aber findet sich bei manchen Führern in der SS und der NSDAP tiefgründiges Wissen um die Runen und ihre seit Jahrtausenden geheiligte Bedeutung, das z. T. auf Überlieferung von Geschlechterfolge an Geschlechterfolge beruht.« Einen bemerkenswerten Niederschlag fanden Himmlers dubiose Interessen mit der Gründung der »Forschungsgemeinschaft Das Ahnenerbe«, die einer »Geistesurgeschichte« auf der Spur war und deren Wappen bezeichnenderweise den Namen in Runenschrift zeigte. Ziel der Organisation war letztlich der »wissenschaftliche« Beweis der NS-Rassenlehre mit dem Primat arischer bzw. germanischer Kultur und Geschichte über die ganze Menschheit. Auch hier stellten Runen und Sinnbilder ein zentrales Forschungsfeld dar.

Dabei spielte der Niederländer Herman Wirth (1885–1981) als Protagonist urgeistesgeschichtlicher Studien und insbesondere völkischer Symbolforschung eine herausragende Rolle. Als SS-Hauptsturmführer des Bereichs »Schrift- und Sinnbildkunde« unterstand ihm in Marburg ein ganzer Mitarbeiterstab. Wirths ideologische Färbung zeigte sich bereits in der *Ura-Linda-Chronik* (1933), einer angeblich von ihm entdeckten friesischen Familienchronik, die er als »ältestes Testament« des Nordens bezeichnete und die die germanische Urgeschichte bis in die jüngere Steinzeit bezeugen sollte. Wirth sah dann auch die Runen als »Gottesideogramme« an. Daneben war er Verfechter einer im völkischen Umfeld verbreiteten Lehre, wonach es einstmals eine germanische Hochkultur im Norden gegeben habe, ein arktisches Atlantis gewissermaßen, dessen Spuren auf Grönland und Spitzbergen zu finden seien. Als Symbolsucher unternahm Wirth etliche Expeditionen, darunter auch zwei nach

Skandinavien, wo einheimische Runologen über den seltsamen Wissenschaftler nur den Kopf schütteln konnten. Herman Wirths kuriose Anschauungen überlebten übrigens das Ende des »Dritten Reiches« und er durfte sich noch Jahrzehnte eines gewissen Interesses an seiner Symboldeutung erfreuen.

Derartiger, hier an einigen Beispielen belegter Missbrauch der germanischen Runenschrift führte zu deren üblem Ruf in der Nachkriegszeit. Letztlich waren es die modernen völkisch kreierten Runen, derer sich auch nach 1945 deutsche Neonazis, dubiose Urgeschichtsinterpreten und harmlose Esoteriker bedienten (und manchmal noch bedienen). Mit den historisch bezeugten Runenreihen haben diese Zeichen indes nichts zu tun. Für Gegenwart und Zukunft kann man nur nachdrücklich auf eine strenge Unterscheidung pochen; und auf einen künstlerisch-kreativen Umgang mit der alten Schrift hinweisen – womit wir wieder bei Jules Verne und J. R. R. Tolkien wären.

# 12. Der ständige Runenstreit:

## Funde und ihre Deutungen

Nach Fälschungen, Fabeleien, ideologischen Phantasiegebilden und eindeutigem Missbrauch, die das Thema der beiden vorausgegangenen Kapitel waren, soll zum Abschluss ein kurzer Blick auf das Handwerk der runologischen Forschung geworfen werden. Er wird deutlich machen, warum der notwendige Weg über Inschriftenträger und Inschrift, deren Lesung und schlussendliche Deutung ungemein arbeitsintensiv ist und über etliche verschieden zu beantwortende Fragestellungen und in der Folge zu Ergebnissen führt, die recht selten punktgenau übereinstimmen.

Als einstimmendes Beispiel sei hier ein Fund in einem Museumsmagazin angeführt, was übrigens gar nicht so selten vorkommt und naturgemäß mehrere Schwierigkeiten mit sich bringt. Auf diesem Wege fand jedenfalls der Runologe Klaus Düwel die Inschrift der Fibel von Meldorf, die bekanntlich eine sehr frühe Inschrift unsicherer Schriftzuordnung ist (vgl. Kap. 4): »Im Februar 1979 entdeckte ich im Beigabenmagazin des Schleswig-Holsteinischen Landesmuseums für Vor- und Frühgeschichte zufällig eine Fibel, deren Nadelhalter mit schriftähnlichen Zeichen bedeckt war.« (Die Fibel von Meldorf und die Anfänge der Runenschrift. In Düwel 2015, S. 127–146). Was auf den ersten Blick wie ein kleines archäologisches Abenteuer daherkommt (Funde in Museumsmagazinen sind im populären Film wie in der Literatur ein durchaus beliebtes Thema), erweist sich im Detail als mühsame Recherche- und Forschungsarbeit, bei welcher der einzelne Wissenschaftler auf die Hilfe anderer Fachgebiete angewiesen ist.

Das betrifft insbesondere den Fundgegenstand, in unserem Fall also die Fibel. Eine erste Frage stellt ihr Begutachter logischerweise an »Fundstück und Fundgeschichte«, wobei sie mit Hilfe der archäologischen Erkenntnisse der Vor- und Frühgeschichte einem bereits klassifizierten Typ einer Rollenkappenfibel zugeordnet werden kann. Diese erste Untersuchung (Autopsie) belehrt über den Zustand der Fibeloberfläche und mögliche Abnutzungsspuren. Zu diesen ersten Schritten gehört selbstredend die Vergewisserung darüber, ob die Archäologen den Gegenstand als echt einstufen.

Der Fund im Schleswiger Museum bringt zudem besondere Probleme mit sich, etwa über den eigentlichen Fundort (der ist vermerkt als Meldorf im Kreis Süderdithmarschen) und ob die Archivierung mit anderen Objekten tatsächlich den archäologischen Fund betrifft – eine bronzezeitliche Scherbe schien irgendwie zur Fibel gelangt zu sein, ohne etwas mit ihr zu tun zu haben. Die Beantwortung dieser Fragen führt zu der höchstwahrscheinlichen Annahme, dass die Fibel als eine Grabbeigabe zu betrachten sei. Auch hier hilft die Vor- und Frühgeschichte mit vergleichenden Auskünften über die Verbreitung dieses Fibeltyps.

Dann stehen Fragen an, deren Beantwortung die Fibel mit erstaunlichem Leben füllen, geht es doch darum, wer das Schmuckstück getragen hat, wann und wo das war und wie die Fibel an der Tracht überhaupt Verwendung fand. Laut typologischer Einschätzung trugen die Germanen und Germaninnen solche Fibeln in der ersten Hälfte des 1. Jahrhunderts n. Chr. Anscheinend wurden sie nicht vererbt, sondern dem Besitzer als Beilage mit ins Grab gegeben. Unter Zugrundelegung der damals gewöhnlichen Lebenserwartung, dürfte das Stück noch im 1. Jahrhundert n. Chr. in den Boden gelangt sein – ob der oder die Tote verbrannt oder unverbrannt bestattet wurde, gehört auch zu diesem Bereich der Autopsie. Als markantes Verbreitungsgebiet der Fibel-Gruppe gilt Ostholstein, wo man die Meldorfer Fibel in der Tat gefunden hatte. In diesem Gebiet dürfte somit auch der Letztbesitzer gelebt haben. Klaus Düwel geht im Folgenden sehr dezidiert der Frage nach, welchen Geschlechts und Alters der Träger war. Hier kürzen wir ab und präsentieren das Ergebnis dieser Überlegungen, demzufolge die Fibel von einer erwachsenen Frau auf der rechten Seite eines Kleides oder Mantels getragen wurde. Darauf weisen die erkannten Gebrauchsspuren hin.

Nach dieser wahrscheinlichsten Klärung zum Inschriftenträger wird den entdeckten Zeichen die Aufmerksamkeit gewidmet. Dabei steht die Frage im Mittelpunkt, ob es sich wirklich um Schriftzeichen oder Ornamente handelt. Laut Düwel wurden die vier »Zeichen«, um die es hier letztlich geht, von anderer Hand und mit anderem Werkzeug angebracht als die übrigen vorhandenen Ornamente. Hier lässt sich sogar je nach angewandter Technik differenzieren, ob der Gegenstand bzw. die Ornamente ein Serienerzeugnis waren oder Produkt einer individuellen Herstellung, was für die Fibel zu gelten scheint.

In diesem Zusammenhang wird auch der Frage nachgegangen, von welcher Seite die Schriftzeichen überhaupt sinnvoll gelesen werden konnten: Aus der Perspektive der Trägerin oder aus der des Gegenübers? Interessanterweise verweist Düwel auf Erkenntnisse über die provinzialrömische Frauentracht des Noricums und Pannoniens im Donauraum, von dem starke Anregungen ins Ostseegebiet und damit in die Nähe des Fundorts nachgewiesen werden konnten. Jedenfalls wurde die Inschrift in Schleswig-Holstein angebracht und danach wurde die Fibel noch längere Zeit getragen.

Anschließend geht es zum Thema, wie Schrift und Wissen um Schrift überhaupt hierhin zu den Germanen gelangen konnte. Eine Fragestellung natürlich, die für den Runenmissbrauch des »Dritten Reiches« völlig obsolet gewesen wäre, aber für die seriöse Runenforschung seit dem 19. Jahrhundert auf der Hand liegt. Wir wollen uns diesem grundlegenden Problem hier nicht weiter widmen und stattdessen auf das 4. Kapitel verweisen. Das gilt ebenso für die Behandlung der Inschrift, wie sie in Düwels Fundgeschichte nun folgt. Die Inschrift von Meldorf ist und bleibt jedenfalls bis heute ein hochspannender Problemfall, für dessen Zuordnung gemäß Düwel gilt: »Ornamente, Symbole, Schriftzeichen: römische, etruskische oder Runen […]« (Düwel 2015, S. 139).

Das Meldorf-Problem gilt glücklicherweise für die wenigsten Runenfunde. Aber selbst bei Klarheit über deren Schriftnatur tut sich eine Fülle von Fragen auf, die hier in wiederum verkürzter Form aufgelistet werden (ich orientiere mich dabei an Robert Nedomas kurzer Einführung sowie an Düwel 2008, S. 15 ff.):

1) Vorfragen

   Handelt es sich tatsächlich um Runen? Sind sie historisch authentisch oder rezent, also nachgemacht?

2) Die archäologisch-materialkundlichen Grundlagen (vgl. oben Klaus Düwels Ausführungen)

   Welcher Fundgattung ist der Runenträger zuzurechnen (Grab, Depot, Siedlung bzw. ortsfest wie viele Runensteine)? Handelt es sich um lose Gegenstände wie das berühmte Goldhorn von Gallehus? Hier finden natürlich auch alle weitergehenden Untersuchungen über den Runenträger ihren Platz, also etwa nach Gebrauchsspuren und wann die Inschrift angebracht wurde.

3) Epigraphische Aspekte

   Nach diesen Klärungen gilt das Interesse der Inschrift, etwa ob sie gut sichtbar oder gar absichtlich versteckt angebracht wurde. War ein geübter Ritzer tätig oder waren es sogar mehrere Personen? Weiterhin hat die Aufmerksamkeit noch möglichen anderen Zeichen auf dem Inschriftenträger zu gelten. Dienen sie nur als Ornament oder haben sie eine symbolische Bedeutung, was selbstredend schwierig nachzuweisen ist. Daran schließt sich die Frage nach der Vollständigkeit der Inschrift und die Zuordnung der Runen in die bekannten Reihen an. Dabei geben bereits einzelne Runenformen nebst ihren eventuellen Abweichungen eine Fülle an Informationen oder zumindest Diskussionsgrundlagen. Nachdem die Runenlesung geklärt ist, folgt mit der Transliteration der Inschrift eine buchstabengetreue Umschrift mit lateinischen Buchstaben. Dem schließt sich eine Transskription an, nämlich die Übertragung in Wörter in normalisierter Schreibweise und in einer bestimmten Sprachstufe, die man in der Inschrift identifizieren kann. Um dieses Ergebnis weithin nutzbar zu machen, wird eine Übersetzung in eine moderne Sprache vorgenommen.

4) Sprachwissenschaftliche Deutung der Runeninschrift

Auf diesen Grundlagen folgt eine möglichst genaue sprachwissenschaftliche Analyse etwa von Lauten, Grammatik, Satzbau und Bedeutung der Inschrift. Nun kann auch darüber entschieden werden, mit was für einer Textart man es zu tun hat, also etwa mit einer Totengedenkinschrift. Für die fortgeschrittene epigraphische und die folgende sprachwissenschaftliche Analyse ist Wörterbucharbeit gefragt. Es gilt also diverse Wörterbücher und Grammatiken der altgermanischen Sprachen zu konsultieren, um die Inschrift entsprechend klassifizieren zu können. Noch authentischere Ergebnisse kann die Heranziehung eines bereits bekannten Runenwortschatzes des Fundgebietes liefern, was etwa für die zahlreichen Runensteininschriften Upplands gilt. Als weitere mögliche Informationsquellen seien hier noch namenkundliche Forschungszeugnisse und literarische Quellen genannt.

5) Inhaltliche, kulturgeschichtliche Deutung

Die letzte Stufe der Interpretation einer Runeninschrift stellt deren mögliche inhaltliche Bedeutung dar, ihren »Sitz im Leben«, die für viele womöglich am interessantesten ist, die aber ohne die vorausgehenden Stufen keinen ernsthaften Sinn macht. Damit wären unter anderem Fragen nach dem historischen Kontext zu verbinden (vgl. etwa den Großen Jelling-Stein) oder Fragen nach der Handelsgeschichte, worauf etwa schwedische Inschriften der späten Wikingerzeit Auskunft geben können. Dazu gehören ebenso Themen der Religionsgeschichte wie etwa der Name Wodans auf der Nordendorfer Fibel oder die Futhark-Reihe auf der Steinplatte von Kylver, die dem Toten zugewandt war. Und nur zu oft führt die Frage nach dem Sinn der Inschrift zum noch heute geführten Streit über magische und profane Bedeutungen (vgl. den Kamm von Frienstedt: ein bloßes Spiel mit der Bezeichnung »Kamm« oder die magische Benennung eines besonderen Gegenstands?).

Solche Fragen werden den ständigen Runenstreit weiter beflügeln – wie es sich für seriöse und disputbereite Forschung gehört. Als Forschungsgegenstand bieten die germanischen Runen in ihren vielfältigen Formen und mit ihrer bewegten Geschichte weiterhin ein Zeugnis der europäischen Geschichte und ihrer Kulturen.

# Anhang

## *Abkürzungsverzeichnis*

| | |
|---|---|
| altengl. | Altenglisch |
| althochdt. | Althochdeutsch |
| altnord. | Altnordisch |
| altsächs. | Altsächsisch |
| Angels. | Angelsächsisch |
| german. | Germanisch |
| got. | Gotisch |
| indogerman. | Indogermanisch |
| lat. | Lateinisch |
| urgerman. | urgermanisch |
| | |
| RGA | Reallexikon der Germanischen Altertumskunde |

## *Bibliographie*

Verzeichnisse von Runeninschriften

Düwel, Klaus: Runenkunde. Stuttgart 2008 (4. Aufl.) (Sammlung Metzler, 72), S. 237–239.

http://www.runenprojekt.uni-kiel.de (Sprachwissenschaftliche Datenbank der Runeninschriften im älteren Futhark).

http://www.nordiska.uu.se/forskn/samnord.htm/ (Samnordisk runtextdatabas. Datenbank der skandinavischen Runeninschriften).

http://www.raa.se/kulturarvet/arkeologi-fornlamningar-och-fynd/runstenar/ (Ausgaben der schwedischen Runeninschriften).

http://www.runer.ku.dk/ (Datenbank der dänischen Runeninschriften).

Krause, Wolfgang; Jankuhn, Herbert: Die Runeninschriften im älteren Futhark. Göttingen 1966.

## Literaturverzeichnisse

Düwel, Klaus: Runenkunde. Stuttgart 2008 (4. Aufl.) (Sammlung Metzler 72), S. 236–271.

http://fornsvenskbibliografi.ra.se/pub/Default.aspx?item=18 (schwedische Runenbibliographie).

http://www.khm.uio.no/english/research/publications/nytt-om-runer/ (jährliche Bibliographie seit 1995).

Jucknies, Regina; Neuroth, Sonja (Hg.): Studienbibliographie zur Altnordistik. Köln 2013, S. 56–61 (auch als aktualisierte Online-Version zugänglich).

## Einführungen

Barnes, Michael P.: Runes. A Handbook. Woodbridge 2012.

Beck, Heinrich u. a. (Hg.): Reallexikon der Germanischen Altertumskunde. 37 Bde. Berlin / New York 1973–2008 (zahlreiche runologische Artikel, insbesondere auch zu einzelnen Funden und Inschriften. Besonders Bd. 25 (2003) mit Artikeln zu Runen und Runendenkmälern, Runendichtung, Runengedichten, Runeninschriften, Runenmeistern, Runennamen, Runenreihen, Runenschrift, Runensteinen, Runica manuscripta).

Düwel, Klaus: Runenkunde. Stuttgart 2008 (4. Aufl.) (Sammlung Metzler, 72).

Findell, Martin: Runes. London 2014.

Fjellhammer Seim, Karin: Runologie. In: Haugen, Odd Einar (Hg.): Altnordische Philologie. Norwegen und Island. Berlin 2007, S. 147–222.

Krause, Wolfgang: Runen. Berlin 1970 (Sammlung Göschen Bd. 1244/1244a).

Nedoma, Robert: Runenschrift und Runeninschriften – eine kurze Einführung: http://www.univie.ac.at/skandinavistik/txt/ms2.pdf

## Weitere Sekundärliteratur

Askedal, John Ole u. a. (Hg.): Zentrale Probleme bei der Erforschung der älteren Runen. Akten einer internationalen Tagung an der Norwegischen Akademie der Wissenschaften, Oslo 2004. Frankfurt a. M. 2010 (Osloer Beiträge zur Germanistik, 41).

Bammesberger, Alfred; Waxenberger, Gabriele (Hg.): Das fuþark und seine einzelsprachlichen Weiterentwicklungen. Akten der Tagung in Eichstätt vom 20. bis 24. Juli 2003. Berlin / New York 2006 (Ergänzungsbände zum Reallexikon der Germanischen Altertumskunde, 51).

Bammesberger, Alfred (Hg.): Pforzen und Bergakker. Neue Untersuchungen zu Runeninschriften. Göttingen 1999.

Bauer, Alessia: Runengedichte – Texte, Untersuchungen und Kommentare zur gesamten Überlieferung. Wien 2003 (Studia Medievalia Septentrionalia, 9).

Beck, Heinrich; Geuenich, Dieter; Steuer, Heiko (Hg.): Altertumskunde – Altertumswissenschaft – Kulturwissenschaft. Erträge und Perspektiven nach 40 Jahren Reallexikon der Germanischen Altertumskunde. Berlin / New York 2011 (Ergänzungsbände zum Reallexikon der Germanischen Altertumskunde, 77).

Birkmann, Thomas: Von Ågedal bis Malt. Die skandinavischen Runeninschriften vom Ende des 5. bis Ende des 9. Jahrhunderts. Berlin / New York 1995 (Ergänzungsbände zum Reallexikon der Germanischen Altertumskunde, 12).

Böldl, Klaus: Götter und Mythen des Nordens. Ein Handbuch. München 2013.

Derolez, René L.: Runica Manuscripta. The English Tradition. Brugge 1954.

Düwel, Klaus (Hg.): Runeninschriften als Quellen interdisziplinärer Forschung. Abhandlungen des Vierten Internationalen Symposiums über Runen und Runeninschriften in Göttingen vom 4.–9. August 1995 / Proceedings of the Fourth International Symposium on Runes and Runic Inscriptions in Göttingen, 4–9 August 1995. Berlin / New York 1995 1998 (Ergänzungsbände zum Reallexikon der Germanischen Altertumskunde, 15).

Düwel, Klaus: Runenkunde. Stuttagart 2008 (4. Aufl.).

Düwel, Klaus: Runica minora. Ausgewählte kleine Schriften zur Runenkunde. Hg. v. Rudolf Simek. Wien 2015 (Studia Medievalia Septentrionalia, 10).

Düwel, Klaus (Hg.): Runische Schriftkultur in kontinentalskandinavischer und -angelsächsischer Wechselbeziehung. Internationales Symposium in der Werner-Reimers-Stiftung vom 24.–27. Juni 1992 in Bad Homburg. Berlin / New York 1994 (Ergänzungsbände zum Reallexikon der Germanischen Altertumskunde, 10).

Düwel, Klaus; Gebühr, Michael: Die Fibel von Meldorf und die Anfänge der Runenschrift. In: Simek, Rudolf (Hg.): Klaus Düwel. Runica minora. Ausgewählte Schriften zur Runenkunde. Wien 2015, S. 127–146.

Düwel, Klaus; Marold, Edith; Zimmermann, Christiane (Hg.): Von Thorsberg nach Schleswig. Sprache und Schriftlichkeit eines Grenzgebietes im Wandel eines Jahrtausends. Internationales Kolloquium im Wikinger Museum Haithabu vom 29. September – 3. Oktober 1994. Berlin / New York 2001 (Ergänzungsbände zum Reallexikon der Germanischen Altertumskunde, 25).

Ebel, Else: Die Terminologie der Runentechnik. Göttingen 1963.

Findell, Martin: Phonological Evidence from the Continental Runic Inscriptions. Berlin / New York 2012 (Ergänzungsbände zum Reallexikon der Germanischen Altertumskunde, 79).

Flowers, Stephen E.: Runes and Magic: Magical Formulaic Elements in the Older Runic Tradition. Bern / Frankfurt a. M. / New York 1986.

Focke-Museum (Hg.). Graben für Germanien. Archäologie unterm Hakenkreuz. Stuttgart 2013.

Fuhrmann, Manfred (Hg. u. Übers.): Tacitus, Germania. Stuttgart 1972.

Graf, Martin Hannes: Paraschriftliche Zeichen in südgermanischen Runeninschriften. Studien zur Schriftkultur des kon-

tinentalgermanischen Runenhorizonts. Zürich 2010 (Medienwandel – Medienwechsel – Medienwissen, 12).
Grimm, Wilhelm Carl: Ueber deutsche Runen. Göttingen 1821 (Neudruck Hildesheim 2008)
Grünzweig, Friedrich E.: Runeninschriften auf Waffen. Inschriften vom 2. Jahrhundert n. Chr. bis ins Hochmittelalter. Wien 2004 (Wiener Studien zur Skandinavistik, 11).
Heizmann, Wilhelm; Axboe, Morten (Hg.): Die Goldbrakteaten der Völkerwanderungszeit – Auswertung und Neufunde. Berlin / New York 2011 (Ergänzungsbände zum Reallexikon der Germanischen Altertumskunde, 40).
Heizmann, Wilhelm; Nahl, Astrid van (Hg.): Runica – Germanica – Mediaevalia. Berlin / New York 2003 (Ergänzungsbände zum Reallexikon der Germanischen Altertumskunde, 37).
Höfler, Otto: Herkunft und Ausbreitung der Runen. In: Die Sprache 17, 1971, S. 134–156. Wieder in: Höfler, Otto. Kleine Schriften. Hamburg 1986, S. 285–307.
Hunger, Ulrich: Die Runenkunde im Dritten Reich. Ein Beitrag zur Wissenschafts- und Ideologiegeschichte des Nationalsozialismus. Frankfurt a. M. 1984 (Europäische Hochschulschriften, Reihe 3, Geschichte und ihre Hilfswissenschaften, 227).
Klos, Lydia: Runensteine in Schweden. Studien zu Aufstellungsort und Funktion. Berlin / New York 2009 (Ergänzungsbände zum Reallexikon der Germanischen Altertumskunde, 64).
Köster, Janine: Sterbeinschriften auf wikingerzeitlichen Runensteinen. Berlin / New York 2014 (Ergänzungsbände zum Reallexikon der Germanischen Altertumskunde, 89).
Krause, Arnulf: Die Geschichte der Germanen. Hamburg 2012.
– Die Welt der Wikinger. Hamburg 2012.
– Die wirkliche Mittelerde. Tolkiens Mythologie und ihre Wurzeln im Mittelalter. Stuttgart 2012.
– Reclams Lexikon der germanischen Mythologie und Heldensage. Stuttgart 2010.
– Von Göttern und Helden. Die mythische Welt der Kelten, Germanen und Wikinger. Stuttgart 2010.

Krause, Arnulf (Übers.): Die Götter- und Heldenlieder der Älteren Edda. Stuttgart 2004.

Krause, Wolfgang: Die Sprache der urnordischen Runeninschriften. Heidelberg 1971.

Krause, Wolfgang: Schriften zur Runologie und Sprachwissenschaft. Hg. v. Heinrich Beck u. a. Berlin / New York 2013 (Ergänzungsbände zum Reallexikon der Germanischen Altertumskunde, 84).

Logan, F. Donald: Die Wikinger in der Geschichte. Stuttgart 1987.

Looijenga, Tineke; Quak, Arend (Hg.): Frisian Runes and Neighbouring Traditions. Proceedings of the First International Symposium on Frisian Runes, Leeuwarden 1994. Amsterdam 1996 (Amsterdamer Beiträge zur älteren Germanistik, 45).

McKinnell, John; Simek, Rudolf: Runes, Magic and Religion. A Sourcebook. Wien 2004 (Studia Medievalia Septentrionalia 10).

Millet, Victor: Germanische Heldendichtung im Mittelalter. Eine Einführung. Berlin / New York 2008.

Naumann, Hans-Peter u. a. (Hg.): Alemannien und der Norden. Internationales Symposium Zürich 2001. Berlin / New York 2004 (Ergänzungsbände zum Reallexikon der Germanischen Altertumskunde, 43).

Pesch, Alexandra: Die Goldbrakteaten der Völkerwanderungszeit – Thema und Variation. Berlin / New York 2007 (Ergänzungsbände zum Reallexikon der Germanischen Altertumskunde, 36).

Pesch, Alexandra: Noch ein Tropfen auf die heißen Steine … Zur 1992 entdeckten Runeninschrift an den Externsteinen. In: Heizmann, Wilhelm; Nahl, Astrid van (Hg.): Runica – Germanica – Mediaevalia. Berlin / New York 2003 (Ergänzungsbände zum Reallexikon der Germanischen Altertumskunde, 37.), S. 567–580.

Pohl, Walter: Die Germanen. München 2000 (Enzyklopädie Deutsche Geschichte, 57).

Puschner, Uwe: Germanenideologie und völkische Weltanschaung. In: Beck, Heinrich u. a. (Hg.): Zur Geschichte der Gleichung »germanisch – deutsch«. Sprache und Namen, Geschichte und Institutionen. Berlin / New York 2004 (Ergänzungsbände zum Reallexikon der Germanischen Altertumskunde, 34), S. 103–120.

Puschner, Uwe; Großmann, G. Ulrich (Hg.): Völkisch und National. Zur Aktualität alter Denkmuster im 21. Jahrhundert. Darmstadt 2009.

Roesdahl, Else (Hg.): Wikinger Waräger Normannen. Die Skandinavier und Europa 800–1200. Ausstellungskatalog. Berlin 1992.

Sawyer, Peter (Hg.): Die Wikinger. Geschichte und Kultur eines Seefahrervolkes. Hamburg 2008.

Schwab, Ute: Franks Casket – Fünf Studie zum Runenkästchen von Auzon. Wien 2008 (Studia Medievalia Septentrionalia, 15).

Simek, Rudolf: Die Germanen. Stuttgart 2011 (2. Aufl.).

– Die Wikinger. München 2005 (4. Aufl.).

– Lexikon der germanischen Mythologie. Stuttgart 2006 (3. Aufl.).

– Mittelerde. Tolkien und die germanische Mythologie. München 2005.

– Religion und Mythologie der Germanen. Darmstadt 2014 (2. Aufl.).

Simek, Rudolf; Pálsson, Hermann: Lexikon der altnordischen Literatur. Stuttgart 2007 (2. Aufl.).

Stoklund, Marie u. a. (Hg.): Runes and their Secrets. Studies in runology. Copenhagen 2006.

Symons, Victoria: Runes and Roman Letters in Anglo-Saxon Manuscripts. Berlin / New York 2016 (Ergänzungsbände zum Reallexikon der Germanischen Altertumskunde, 99).

Tolkien, J. R. R.: The Hobbit: Or There and Back Again. London 1937 (dt. Der Hobbit oder Hin und Zurück. Übersetzt von Wolfgang Krege. Stuttgart 1998).

Wolfram, Herwig: Die Germanen. München 2005 (8. Aufl.).

## *Alphabetisches Verzeichnis der besprochenen Runeninschriften*

## *Abbildungsnachweis*

akg-images: S. 107, 113, 115
mauritius images: S. 83, 132, 142 144 f., 159
Thüringer Allgemeine / Foto: Alexander Volkmann: S. 59
Wikimedia Commons: S. 77, 83, 93, 95, 102, 125

Wir danken allen Rechteinhabern für die freundlichen Abdruckgenehmigungen. Da in einigen Fällen die Inhaber der Rechte nicht festzustellen oder nicht zu erreichen waren, verpflichtet sich der Verlag, geltend gemachte rechtmäßige Ansprüche nach den üblichen Honorarsätzen zu vergüten.

FSC
www.fsc.org
MIX
Papier aus verantwortungsvollen Quellen
FSC® C083411

Bibliografische Information der Deutschen Nationalbibliothek
Die Deutsche Nationalbibliothek verzeichnet diese Publikation in der Deutschen Nationalbibliografie; detaillierte bibliografische Daten sind im Internet über
http://dnb.d-nb.de abrufbar.



2. Auflage 2020


Lektorat: Dr. Timo Gimbel
Covergestaltung: Karina Bertagnolli, Wiesbaden
Bildnachweis: Runenstein von Rök © akg-images / Erich Lessing
Satz und Bearbeitung: SATZstudio Josef Pieper, Bedburg-Hau
Der Titel wurde in der Palatino Linotype gesetzt.
Gesamtherstellung: CPI books GmbH, Leck – Germany

ISBN: 978-3-7374- 1056-4

Mehr über Ideen, Autoren und Programm des Verlags finden Sie auf www.verlagshausroemerweg.de und in Ihrer Buchhandlung.